哲學研究叢書‧荀子研究叢刊

荀學與荀子思想研究

評析‧前景‧構想

佐藤將之　著

目次

第三章　二十世紀《荀子》研究綜述：
　　　　由國際視野的比較回顧 ………………… 93

第四章　《荀子》「禮治論」的思想特質暨
　　　　歷史定位 …………………………………… 123

萬卷樓「荀子研究叢刊」發刊詞

　　在二十一世紀的中國哲學、思想或經典研究的領域中，愈來愈顯著的情形是《荀子》研究的快速成長。由於過去從事《荀子》研究者的不斷努力，學界也漸漸開始關注《荀子》研究在中國思想研究、東亞儀禮研究、東西方比較哲學研究等領域的重要性。如此情形，與整體荀子形象由於以所謂的「性惡論」之聯想而被貶視的二十世紀之情形相比，二十一世紀可以被形容為荀學復興的時代。不過，不可諱言，《荀子》相關著作數量的大增並不一定代表《荀子》研究的發展。目前的《荀子》研究，由於其龐大數量的總數，面對著「初次研究《荀子》不知從何蒐集合適的研究資訊」、「許多研究實為反覆過去早已被發現的見解」、「中文學界絕大多數的研究並不熟悉不同語言的相關成果」等問題。

　　再者，在歐美日的學界均存在著以特定的思想家為主題的各種學術期刊和學會。這種學術期刊或學會的存在，具有防止發生如上所舉的狀況之效果。相對地，在中文學界則幾乎不存在類似的專題學刊或學會。在此意義上，以《荀子》為特定對象的萬卷樓「荀子研究叢刊」之開展，可說是帶動人文思想研究新趨勢之嘗試。唯有在此，之所

以並不選擇學術期刊而選擇「學術叢刊」的方式，考量到
當今中文界人文學術成果發表方式的趨勢──學界要求每
個學者將自己學術成果先發表於學術期刊──所致。換言
之，本叢刊反而由於「退於」第二次發表的階段，一方面
不會奪取學者將自己的成果先發表於學術期刊的方式，而
另一方面，讓本叢刊充分思考哪一些論著值得透過收錄於
本叢刊來獲得更為廣闊的讀者，進而對學界能夠帶來長期
的貢獻。

　　有鑑於此，本叢刊的目標，除了將《荀子》相關主題
最新的研究成果提供給學界之外，也將特別幫助初次加入
《荀子》相關題目的研究者能夠去掌握過去研究成果的脈
絡以提高研究品質與效率。本叢刊將收錄的著作包括有如
下四類：（1）《荀子》的文本和思想以及荀學研究相關重
要研究，包括優秀的博士論文；（2）對未來《荀子》研究
會有貢獻之註解以及相關目錄；（3）對過去相關主要研究
的評述；以及（4）外文相關成果的翻譯。本叢刊將先設
定第一期十年的作業期間，在此期間計畫一年出版平均一
本到兩本，總共十五本左右之《荀子》研究相關的優良學
術成果。如此，期待本叢刊所收錄的各類著作將相輔而
成，並將再發展為未來十年的學者和學生開始研究《荀
子》時的首要參考文獻群。

　　敬請研究《荀子》的學者和讀者諸賢之指導和支持！

二○一五年十一月二十日
萬卷樓「荀子研究叢刊」主編

佐藤將之 謹識

自序

　　本書的書名為《荀學與荀子思想研究：評析・前景・構想》，聽起來是很模糊的寫法。讀者應該會不由得想問作者：「到底是要討論荀子思想的什麼問題？」筆者想以這樣的題目來敘述《荀子》研究的過去傳統、當今情形以及未來構想。這主要是為了現在或未來有機會探討《荀子》思想之學者和學生，提供如何思考《荀子》相關問題的一些材料。這樣的目標同時也表明本來要撰作本書這種性格的專書之動機：筆者在過去二十年的《荀子》研究生涯中，經過與許多學者和學生的交流和互動，在自己的心裡逐漸產生了要撰作這樣的專著之必要的想法。要撰作本書的另一個動機，則是由於過去十幾年的臺灣學術環境所帶給筆者的經驗。

　　回想筆者在二○○二年八月開始於臺灣任教的時候，當時臺灣學界人文研究領域的學術氣氛，正充滿著對年輕學者「為了提升某個學術領域，一定要充分掌握對此主題的過去研究之主要脈絡和其中代表性研究著作的優缺點」的要求。筆者任教後在申請國科會（當今的科技部）專題研究計畫時，就注意到國科會要求每一位申請人提供「過

去相關研究的評述」。經過筆者大概了解臺灣學術界進行學術活動的方式（主要內容包括：其一、獲得研究經費；其二、舉辦學術研討會；以及其三、編輯學術著作）之後，也漸漸展開各項「研究計畫」和「國內外合作」。而在此過程中，筆者也主動以各種方式提供對（主要是國外的）《荀子》相關研究成果的評述。就過去十多年的筆者研究生活而言，撰寫相關「評述」幾乎變成筆者進行研究的「第二天性」。在此意義上「研究計畫」和「國內外合作」兩詞也許就是導出本書產生的主要契機。

不過，這並不意味著本書只是彼此單獨撰寫「評述論文」的一本「合集」而已。正如「緒論」所述，筆者從構想撰作本書的階段就已經有比較一貫的想法：本書應該是經由「迂迴路」的方式來鳥瞰《荀子》思想研究特有的各種問題（關於「迂迴路」，請看「緒論」），以勾勒出《荀子》研究的過去和現在情況之輪廓，進而構想未來的研究方向之作品。具體而言，本書提供與《荀子》研究的相關資訊、評論以及基於筆者自己的研究所導出的觀點，藉此期盼能幫助新加入《荀子》思想研究的年輕學子。這一點會涉及筆者真正想要撰作本書的內在動機。

就筆者的印象，在中文學界比較少有這樣的專書。觀察最近十多年人文研究方面中文專書的出版情形——尤其是同筆者年紀，即一九六〇年代出生的學者，實際上若不是由對某種主題的專題研究論文集合起來的專書（大部分實為「論文集」），就是對此相關專題的課本之類的書籍。的確，本書絕大多數的篇章是筆者早已先後在臺灣、大陸或日本的期刊發表過的文章，至少是在形式上將之集合而

成。在此意義上，本書不僅是將以前曾發表過的文章輯成
的評述論文合集，也是基於筆者長期籌備各種各樣（如讀
書會、期刊專題、國際研討會、研討會下面的小組討論會
等）《荀子》相關的計畫和活動的經驗，以及過去二十年
思考過「《荀子》思想研究」這個題目相關問題之基礎
上，將筆者目前的構想主要提供給中文學界的讀者參考之
專書。

　　雖然本書的出版，一方面在某種程度上表明了臺灣學
界最近十多年的發展方向與由此所產生的必然需求，但另
一方面，不可諱言，也是臺灣學界的評鑑制度基本上催促
了從事人文領域的學者不斷產出針對其研究對象本身進行
的「第一手」成果。聽起來弔詭的是，學界要求學者產出
第一手研究的同時，也相當期盼學者提供針對相關研究
（尤其是國外，或中文以外）研究成果的評述，但是個別
具體評估學者的情況卻無法趕上如此一般的需求：就個別
學者的立場而言，哪怕寫出多少評述性文章，也無法將之
視為「學術成果」，因而學者通常不會主動花費很大的力
氣撰作「評述性」文章。藉著本書出版，筆者想要挑戰這
樣的氣氛。至少，在筆者學術構想的長期脈絡來說，本書
的角色不亞於筆者過去出版三本專書的意義；唯與筆者其
他專書的內容相比，則少了一些論證的過程，但透過本書
的內容，讀者將充分掌握過去和當今《荀子》研究的主要
脈絡和問題。其實，就筆者自己對人文研究的構想而言，
能將本書這樣具有特性的專書提供給中文學界的事實本
身，正代表著臺灣學界對《荀子》研究過去累積下來的實
力和未來發展的潛力。也就是說，臺灣學界正站在國際

《荀子》研究的第一線。筆者也期盼本書的出版也能推進
臺灣的中國思想研究進一步與國際漢學的相關成果接軌的
方向。這些應該是本書這樣的題目和內容之專書所要提供
給學界的意義。

　　懇請讀者不吝批正！

二〇一五年十一月二十八日

佐藤將之　謹識

緒論

一　《荀子》思想研究的重建

　　在現今中國哲學、思想或經典研究的領域中，愈來愈顯著的情形是《荀子》研究的快速成長。當今《荀子》相關的學術著作，包括註解、當代語言或外文翻譯、博碩士論文以及相關論述之總量，總數已有超過五千筆之勢，並且，其中大概三分之二是最近二十年才出版的。據筆者所悉，從一九九〇年迄今，以《荀子》為主題的國際會議已總共召開過七場：五場在大陸、一場在美國、一場在臺灣。[1] 特別是目前大陸的學術界正在進行學術環境的大規

1　筆者得悉的相關會議有：(1) 山東孔子學會：「首屆全國荀子學術研討會」(1990年10月5-9日)；(2) University of Michigan: "Workshop on Virtue, Nature, and Moral Agency in Xunzi"（2001年3月10日)；(3) 國立雲林科技大學：「荀子研究的回顧與開創」國際學術研討會（2006年2月18-19日)；(4) 山東大學：「荀子思想的當代價值」國際學術研討會（2007年8月6-8日)；(5) 邯鄲學院：「荀子思想的地位與價值」國際學術研討會（2012年10月12-15日)；(6) 孔子基金會、山東社會科學院：「荀子思想的當代價值」學術研討會（2013年10月13-14日)；(7) 邯鄲學院：「荀子研究的回顧與新探索」國際學術研討會（2014年6月9-10日)。其中筆者所參加過的是 (2)(3)(4)(5) 以及 (7)。其中 (3) 為筆者所籌備，而 (5) 和 (7) 則為筆者參與籌備的。林桂榛提供其中 (1)(4)(5) 以及 (6) 的較為仔細的會議消息。請參

模整備和提升，並且由於過去二十年來還沒有冷卻的「國學熱」所引起的從事國學研究人口之增加等因素，也確實將會促進《荀子》研究擴張之趨勢。這幾年來中國大陸的多所大學，如邯鄲學院、山西師範大學、臨沂大學等，紛紛成立或籌備以《荀子》為主要研究對象的研究中心。在此擴張趨勢之下，就從事研究《荀子》的相關學者而言，對於與《荀子》相關主題的論文撰作之指導、相關研究成果之整理和評估，以及協助上述研究機關等推行的各項計畫之作業量，也將一年加劇於一年。因此，在臺灣、香港、澳門、新加坡以及大陸（即華語的研究地區）的《荀子》研究，若與形成於二十世紀西方哲學領域，並擁有大量專門學者的「康德產業」（Kant industry），或是因為羅爾斯（John Rawls）的《正義論》（*A Theory of Justice*）於一九七一年出版之後，四十年來不斷擴大成長之「羅爾斯產業」（Rawls industry）相比，[2] 足以稱得上是「《荀子》產業」。[3]

閱林桂榛：〈荀子生平、墓地研究及荀子研究的回顧與展望〉，收於「Confucius 2000」網站（http://www.confucius2000.com/admin/list.asp?id=5923）

2　「羅爾斯產業」和《荀子》思想研究的「邂逅」於于學平、黃春興：〈荀子的正義理論〉（戴華、鄭曉時合編：《正義及相關問題》，臺北：中央研究院中山人文社會科學研究所專書，1991年，頁93-110）中可以看到。

3　耐人尋味的是，在大陸山東省的臨沂市（蒼山縣）、河北省的邯鄲市、以及山西省的臨汾市（安澤縣）的政府和工商界等也進行將「荀子」做成觀光資源化，而舉辦有關紀念荀子的不少活動。可謂是名正言順振興「荀子產業」的嘗試。不過敘述這些文化活動並非本文宗旨，故不贅述。茲只介紹對臨汾市政府官網中的「荀子文化園」的網址（http://www.linfen.gov.cn/Article_Show.asp?ArticleID=377）。

　　到此，筆者為何將二十一世紀這般如火如荼發展中的
《荀子》思想研究的「崛起」還以「重建」這個詞來形容
呢？又，《荀子》思想研究的「重建」、成形及擴大，將會
帶來《荀子》思想研究本身的發展嗎？筆者之所以將此成
長以使用「思想研究的重建」來稱呼者，是因為此與學者
和東亞知識分子對荀子評價的「平反」息息相關（後詳
述），尤其在臺港澳學界廣泛存在著對「荀子」（特別是其
「性惡論」）的負面形象。然而進入二十一世紀後此狀況
也漸漸改善：在臺灣，長期以來主張荀子「潛在的性善
論」或「弱性性善論」的學者劉又銘（國立政治大學中文
系）[4] 近年來進一步提倡「新荀學」——以對《荀子》思
想的內容和歷史角色下公正的評價為基礎，重新勾勒出中
國思想史上孟子和荀子的思想角色。[5] 按照臺灣青年學者
曾瑋傑的觀點，除了劉又銘之外，陸德斌、王楷、東方朔
以及筆者等均屬「新荀學」潮流的學者。[6] 再者，與此趨
勢並駕齊驅，梁濤（中國人民大學國學院）、吳文璋（國
立成功大學中文系）等海峽兩岸的學者均提倡「新四
書」，也就是主張將《荀子》放入所謂「四書」之中。[7]

4　劉又銘：〈從「蘊謂」論荀子哲學潛在的性善觀〉，收入於《「孔學與
　　二十一世紀」國際學術研討會論文集》（臺北：國立政治大學文學
　　院，2001年），頁54。

5　劉又銘：〈當代新荀學的基本理念〉，收入於龐樸主編：《儒林》輯4
　　（濟南：山東大學，2008年），頁4；劉又銘：〈儒家哲學的重建——
　　當代新荀學的進路〉，收入於《邯鄲學院學報》，卷22期1（2012年3
　　月），頁25-30，等。

6　參閱曾瑋傑：《打破性善的誘惑——重探荀子性惡論的意義與價值》
　　（臺北：花木蘭，2013年），頁13-15。

7　請參閱梁濤：《郭店楚簡與思孟學派》（北京：中國人民大學出版社，

　　或許一般印象中會認為《荀子》似乎並沒有如孔孟或老莊思想有著那麼大的吸引力，然而事實上《荀子》研究數量的大增是相當能被理解的。至少，學者都不會懷疑，《荀子》提供了相當豐富的學術題材給文史哲等人文領域，以及政治學、社會學等社會科學的研究領域。那麼，到此我們將要再次詢問如上的第二個問題：二十一世紀「《荀子》研究」的重構及擴大會帶來《荀子》思想研究本身的發展嗎？筆者卻認為不必然。下面我們將思考目前《荀子》研究內在包含的一些問題。

二　《荀子》研究快速成長下的困境

　　筆者想先從近年在《荀子》研究領域愈來愈明顯的情況談起。眾所周知，近年網路檢索功能的大幅發達。當今學者和研究生剛開始研究《荀子》而蒐集過去的研究著作暨論文時，靠網路和各種電子資料庫中進行蒐集相關資料的情形極為普遍。不過問題是，這些蒐集的資料數量雖然相當龐大，卻常常是互相沒有脈絡的資訊之混合，而且是難以消化的。

　　再加上。由於在網路中找到的資料之份量已經夠多了，此份量容易令人失去再去其他書庫尋找紙本資料的意願。而且，有鑑於網路資料庫中能直接檢索到的資料群通常多為最近幾十年的現象，而《荀子》研究的歷史光從引進西方哲學方法以來算起也已經超過了一百三十年（後詳

2008年），頁560；吳文璋編著：《新四書》（臺北：智仁勇出版社，2011年）等。

述）。因此，很多重要的相關資料（尤其是論文本身）遠超過靠網路可能入手的範圍。

雖然對一個學術領域而言，研究人口的增加和成果數量的成長本身應該是一件好事，但由於近年的《荀子》研究的狀況快速的成長，新加入《荀子》研究行列的學者和研究生，在面臨著這些有如茫茫大海般的過去研究成果，恐怕會不知從何著手找尋自己真正需要研究的參考資料。

另外，令人覺得諷刺的情形是，目前資料的數量有點「太豐富」反而會造成初學者對過去重要研究不熟的困境，而這樣情況在哲學領域對《荀子》的研究中愈來愈明顯。也就是說，以西方哲學為學科背景的學者及學生，在不熟悉過去相關研究之情況下，並不會努力梳理過去相關研究的脈絡，而乾脆直接在《荀子》文本中進行與西方哲學主要概念或論述的所謂「反向格義」之作業。[8] 當然，筆者並不意圖褒貶由某種哲學概念或理論來「重點突破式」的理解《荀子》哲學某種特點的作法，因為比較哲學的途徑為近代一百三十年的《荀子》思想研究歷史脈絡中的重要一支。此途徑確實擴大《荀子》思想研究的地平線（horizen）和維度（dimension），並且讓《荀子》研究與其他哲學議題能夠接軌。這也特別是美國學者未來促進《荀子》研究的主要方向。以在一九九〇年代美國學者金

---

8 請參閱劉笑敢：〈「反向格義」與中國哲學研究的困境——以老子之道的詮釋為例〉，《南京大學學報》（哲學‧人文科學‧社會科學版，卷43期2，2006年），頁76-90；以及劉笑敢：〈中國哲學，妾身未明——「反向格義」之討論的回應〉，《南京大學學報》（哲學‧人文科學‧社會科學版，卷45期2，2008年），頁74-88。

鵬程（Paul R. Goldin）的博士研究為例，他嘗試以許多西方哲學家和社會學家的主張，加上十幾種西方哲學的術語，來試圖說明荀子哲學的特質。[9]

不過，從研究《荀子》本身思想內容的角度來看的話，比較哲學途徑的問題是，它常有反覆挑選文本中同樣或類似的研究主題——如「性論」、「天論」等——的傾向。因此近年在此方面產出的專書和論文的大部分論述，就算推進了相關探討的若干深化，但就在整體荀子思想的闡明而言，相比於與《荀子》研究數量的龐大增加，研究內容本身卻似乎一直處於並無大幅進展的狀態。換言之，從《荀子》思想本身某個主題的闡明來看，近年產出的大部分研究內容確實並未超乎過去研究所導出的論點之反覆；其實際內容也只是借用《荀子》中一些有名的概念或論述來闡述作者自己的哲學觀點或主張。

三　《荀子》研究本身所內含的四個問題

以上所說明要加入《荀子》研究行列時的困難，主要是從如何面對其過去研究的龐大總量，尤其是如何梳理如此大量《荀子》研究二手文獻的問題。本書的「結論」中，筆者將回到此問題，並且介紹筆者對如何梳理過去二手文獻的問題之若干心得。不過，在這裡筆者則想先討論在《荀子》（特別是其哲學思想研究領域）中，會妨礙初學者開拓新方向的另一原因。其實，這就是過去《荀子》

---

9 Paul R. Goldin: *The Rituals of the Way: Philosophy of Xunzi* (La Salle, Ill.: Open Court, 1999)。

研究所內含之本身深根柢固的潛在態度或成見所引起的。
換言之，由於《荀子》思想的大部分初學者從開始研究時
就卡在此框架，無法進行較為客觀的思想研究。

按照筆者的觀察，初學者開始研究《荀子》思想的某
種議題時，通常會碰到過去《荀子》思想研究本身所內含
的問題，是如下四種：（1）學者在開始研究時，對《荀
子》的思想特質的定位和歷史意義已有很堅固的成見；
（2）無法擺脫固定歷史評估和固定文本解讀之間的「循
環論證」；（3）由《荀子》專題研究所導出的見解和中國
哲學通史所提出的見解之間的鴻溝；以及（4）長期以來
《荀子》研究隱含重複出現同樣研究見解的結構。值得注
意的是，這樣列出的四種狀況並非單獨發生，而常常彼此
結合成一種惡性循環，導致初學者在開始研究時無法順利
與過去《荀子》專門研究的成果接軌，或是受此惡性循環
而妨礙推論出新的觀點，這種狀況，儼然成為研究《荀
子》的一種「慢性疾病」。

為了討論的方便，筆者接下來將從「一般對荀子思想
的形象之問題」到「專門研究《荀子》思想時的特殊問
題」的方向一步步釐清。

（一）《荀子》思想特質的定位和歷史意義
　　之成見

在東亞地區，凡是受過高中程度以上的歷史教育的
人，大概都會知道荀子這位思想家的名字。高中歷史的知
識中，荀子的思想特色由「性惡論」一詞來描述，而與所
謂「性善論」的孟子對比。還有些人在歷史或中國思想的

通史中聽過或看過韓非和李斯兩人為荀子的學生這樣的說
法（後詳述）。由於荀、韓兩人均從理論方面和實際方面對
秦始皇的天下統一有所貢獻，荀子「性惡論」透過韓非、
李斯兩人的實踐，導致了秦始皇的法治虐政。也因此，荀
子被視為一位現實主義者，借用馮友蘭（1895～1990）的
說法，也就是一位 "realistic wing" 的思想家。[10]

　　一般對荀子思想意義的評述，多由這一點導向批判荀
子思想對此後歷史影響的嚴重後果。這般批判，淵源於唐
代韓愈（768～824）對荀子思想的評語，經過北宋蘇軾
（1037～1101）的〈荀卿論〉以及宋理學家的相關言論，
直到晚清譚嗣同（1865～1898）《仁學》的論述中愈來愈顯
著。[11] 諷刺的是，哲學和文獻考據的方法論雖然已逐漸普
遍，但過去半世紀學者對荀子的言論中，此種情形仍然沒
有改變。在臺灣和港澳的學界，所謂的當代新儒家在崇拜
孟子「民本論」的氣氛中，荀子的思想被視為阿諛帝王極
權，成為摘去此後中國思想發展之民主萌發幼芽的禍首。
有鑑於此，現在仍有許多人主張孟子宣揚民本而荀子提倡
尊王；孟子排斥霸道而荀子王霸混雜；孟子讚揚「士」的自
主性而荀子只提及順從主上的「臣道」……等等。

---

10 Feng Yu-lan (Feng Youlan) 馮友蘭：*A Short History of Chinese Philosophy*
　　(NY: Macmillan, 1948), p. 143. 相對地，孟子則被稱呼為"idealistic
　　wing"。同上書，頁68。
11 列出歷代註解家和傳統知識分子對《荀子》的批判（以及辯護）的
　　著作非常多，茲只舉其中兩本提供最完整之說明者。請參閱桂五十
　　郎（湖村）：〈敘說〉，收於桂五十郎譯注：《漢籍國字解全書‧荀子
　　（上卷）》（東京：早稻田大學出版部，1913年），頁1-103；以及馬積
　　高《荀學源流》（上海：上海古籍出版社，2000年）。

　　以上形象是廣泛的傳統知識分子對荀子思想內容和歷史定位的固有成見。下面所觀察的則是近現代的比較歷史學家對荀子思想在歷史角色上之成見。研究中國古代史的歷史學者長期所注重的議題，是秦漢兩朝如何達成之後延續兩千年的大一統國家與社會。在此探討上，歷史學者們對荀子「禮治」思想的評估態度，雖然沒有看成像韓非子「法術」思想那麼苛刻，也沒有簡單看作極權的理論基礎，但其觀點背後卻仍存在著「荀子支持或對皇帝專制的建立有所貢獻」的前提，使得荀子思想的自主性和理想性大打折扣。這種觀點在大陸和日本歷史學者的相關研究中都可以觀察出來。

　　先看大陸學者的觀點。大陸學者在共產革命以來由歷史決定論看待荀子思想的主要功能和其歷史意義。不可諱言，大陸學者之研究在馬克思、恩格斯歷史唯物論的模式之下，將荀子認定為某種階級的利益代表者，而由此來評估或批判荀子思想的歷史角色。然而若採取此途徑，將荀子思想視為代表「戰國時代新興地主階級」之立場的話，便無法說明荀子為何主張「沒落的古代奴隸制貴族的」社會規範──「禮」。

　　相形之下，日本一九六○至一九七○年代相當流行的「秦漢國家形成論」也將荀子思想的角色和意義看成相當被動。日本學者的途徑傾向推論荀子受到戰國整段歷史邁向統一的趨勢之影響，並且荀子思想在此趨勢中相對應地提供給大一統帝王一張社會制度藍圖。在此，荀子被描述為協助我們現在所得悉的歷史結果（即統一天下）的思想家。不過問題是，荀子當時在思想上是否真的主動協助秦

國來進行統一嗎？換個提問方式，荀子是否認為當時秦國的擴張會自動導致秦統一天下之「必然」趨勢呢？至此，我們必須區分戰國時代的人面對當時與未來社會的展望（vision）和歷史學家在事後回顧（retrospection）過去事件的歷史意義。就荀子本人的展望這一點而言，荀子並未將他所觀察到的秦國在進行領土擴張的行為，看作能夠因此達成統一大業。在此需要考慮的一點是，即便荀子受到當時歷史趨勢的影響，這也是所有戰國末年的思想家們所共同面對的問題，並不只發生在荀子身上。按照這個思路，我們應該要問的是：同樣的前提下，荀子所受歷史趨勢的影響之程度，與其他思想家相比之下如何的問題。具體而言，荀子與韓非或《呂氏春秋》的作者們，孰受此歷史趨勢的影響較大？

接著，我們也要理解荀子本人到底對於不久後將來由秦來達成中國統一的可能性有什麼看法？其實很諷刺的是，對於由秦國來統一的可能性這一點而言，荀子和韓非子兩人均沒有對秦國在短時間內能夠統一中國此事抱持樂觀的態度。至少荀子將秦國的軍事力貶為「末世之兵」（〈議兵〉）。這意味著，無論軍力實際上多強大，或其他國家的軍隊相對如何弱勢，荀子堅信不合乎仁義原則的秦國軍力不可能開創天下太平的新世界。

根據《史記》〈李斯列傳〉，司馬遷言李斯跟著荀子「學帝王之術」，司馬遷此記載似乎暗示著秦始皇之所以達成統一天下的主要理由之一就是李斯跟著荀子所學到「帝王之術」。若是如此，就歷史與思想之間的關係而言，比較正確的說法應該是，荀子「帝王之術」（雖然司

馬遷並沒有清楚的說出其「術」的具體內容）的思想反而影響到實際的歷史。而且，若我們考慮到荀子禮治理論還影響到漢朝禮制的建立，荀子思想的歷史意義應該在戰國時就奠定了未來漢朝四百多年的政治、社會制度的基礎。關於荀子禮治思想對漢朝國家社會制度的關鍵影響，在本書第四章詳論。

（二）無法擺脫固定歷史評估和固定文本解讀之間的「循環論證」

接下來，我們把上面觀察過的《荀子》思想的歷史評價問題，在更為具體的例子來進一步檢驗。就《荀子》思想的形象而言，在中國思想的相關文獻當中，並沒有像《荀子》如此長期（一千年以上！）脫離不了僅僅一兩種固定形象的思想家：即「性惡論」和與韓非的師生關係。而且，此兩者的形象還構成互相論證的一環。

通常論者主張荀子「性惡論」和與韓非子的人觀互相類似這一點時，其論據往往是荀子和韓非子有師生關係這一點。同樣地，論者提及韓非子是荀子的弟子時，其主張的背後含有「因為荀子『性惡論』和與韓非子的人觀互相類似」的前提。如此，「荀子和韓非子有師生關係」的見解和「荀子『性惡論』與韓非子的人觀互相類似」的兩個見解，構成只互為相支持的循環論證。

就一般的理解而言，將韓非的思想看作奠基於荀子思想這樣的主張，聽起來並不覺奇怪，然而，少數真正從事比較分析的學者幾乎都會發現兩位思想家的「人性論」之間具有顯著的差異。問題是，雖然仍有少許例外，但學者

基本上仍不敢主張「荀子和韓非之間恐怕沒有師生關係」
這一點，而停留在以「即使韓非為荀子的學生，但韓非與
荀子的思想有極大差異」的方式提出觀點。當然，過去學
者在態度上如此保留是有理由的。主要原因是，由於司馬
遷在〈韓非列傳〉中的著名記載，「（韓非）與李斯俱事荀
卿」[12]，使得即便辨別出荀、韓具顯著哲學差異的學者，
仍被迫承認兩者的師承關係。司馬遷記載歷史的準確性，
從未被傳統知識分子質疑，連研究早期中國哲學思想的現
代學者，除了少數例外，基本上也未曾挑戰之。因此，這
項記載始終作為主張兩者哲思相仿的學者的重要根據。一
方面利於解釋荀子和韓非之間的「共同」思想特色；另一
方面，卻也阻礙那些辨別出兩者差異的學者，進一步論證
荀子和韓非屬於不同哲學傳統。荀子與韓非關係的討論因
而陷於循環論證：兩位思想家的共通處可藉由韓非為荀子
學生的「史實」來解釋，司馬遷記載的準確性也根據兩個
思想看起來相似的印象而被「證實」。一旦這樣的循環論
證被用於荀、韓關係的討論，就妨礙了學者進行更進一步
客觀且全面的比較分析，甚至由此導致出推演荀子應擔負
秦國虐政及滅亡之理論責任的主張。

　　因此，要澄清荀、韓關係的首要之務即為切斷以下兩
個主張之間「循環論證的連結」：（1）韓非為荀子的學
生，以及（2）韓非思想溯源於荀子的人性論。若將此兩
個主張看作獨立的主張來個別檢驗此兩項主張的論據，可
以觀察出：第一點、司馬遷並無以他描述李斯的方法來描

---

12 原文：「與李斯俱事荀卿，斯自以為不如非。」

述韓非。然而，這一點仍難以證明司馬遷對於荀、韓關係的記述是史實或是純然虛構。第二點：若檢視《韓非子》中「性」字的全部用法及其人觀的特質，並且與《荀子》及其他文本比較分析的話，兩者的「性」概念和人觀中看起來比較類似的部分，實際上在其他文獻中幾乎也都可以找得到。重要的是，雖然荀子和韓非大致同意人類普遍有「趨利避害」、或是「做事基本上為了自己，不是為了他人」的傾向這一點，韓非思想中的這種特質，比起荀子的思想傾向，反而是與戰國其他諸子文獻中的立場更為一致。不但如此，就針對統治者是否要善用這樣人的趨利避害、以及「為己做事」的傾向之問題上，荀、韓兩人卻採取了彼此格格不入的態度。韓非所採用的觀點是慎到和田駢等稷下學者（「凡人為己，不為他人做事」）的人觀，以及善用此傾向的統治理論。反之，荀子則堅持「全人類一樣且具備道德可塑性」為大前提的人觀，而且從荀子的理路無法導出人主要善用如此人的特性的想法。因此，韓非的人觀應該直接整合慎到和田駢等稷下學者或「前期法家」的觀點，也就是說，荀子的「性」論和韓非人觀之間，應該沒有直接的思想影響關係。[13]

（三）荀子專題研究和中國哲學通史所提出的見解之間的鴻溝

如上所述，《荀子》思想的兩種形象可以說是作為理解中國思想意義的千年傳承下來的一種基因，但其內容的

---

13 這一段主張的詳細的論證，請參閱佐藤將之：《荀子禮治思想之淵源與戰國諸子之研究》，頁237-260。

適切性迄今幾乎都沒有被仔細檢驗，卻影響到《荀子》思想的一般理解。諷刺的是，雖然過去世界各地的各種《荀子》思想專題研究不斷地勾勒出與如上《荀子》傳統思想形象不同的內容，遺憾地，這些專業的研究見解無法成為下一世代研究的出發點。主要原因在於，學者和研究生在剛開始研究《荀子》思想時，通常會先參考對中文界的中國思想哲學具有廣闊影響力的著作，而比較遺憾的情況就是目前大部分中文界的中國哲學通史的內容很少吸收過去《荀子》思想專題研究的相關成果。因此，只能依靠這些通史來作為理解《荀子》思想第一步的初學者，便無法脫離如上的困境。結果，對《荀子》思想研究中所獲得的見解和其他支配學界對有關《荀子》思想意義的理解之間的距離一直無法縮短。

上述論及了在大陸仍有影響力的馮友蘭等過去大陸學者對《荀子》思想的理解之一些問題。若我們觀察其他華語地區的研究，由於海峽兩岸長期以來的意識型態對立，其實馮友蘭《荀子》見解對臺灣和港澳地區的學者、學生的影響力比較有限，而且就整體而言，由大陸學者寫的中國哲學通史，原來也沒有將荀子思想的歷史意義描述得較為被動，也並沒有太過負面。相形之下，屬於臺灣和港澳學界的學者則將《荀子》基於根據如上兩種形象（即荀子為孟子的批判者以及韓非的老師）直接論斷《荀子》思想的負面意義，甚至如此理解從一九八○年代到二○○○年代初幾乎成為此區域學界理解《荀子》思想內容和意義的「典範」。

就在大陸之外中文地區學界對《荀子》思想的情況而

言，擴大負面形象之影響最大者，莫過於勞思光（1927～
2012）的《中國哲學史》中的相關論述。此書在一九六八
年香港出版第一版以來重版十次以上，迄今長達四十年以
上在臺灣和港澳地區很多大學的中國哲學相關課程中主要
作為課本來使用。[14] 因此，在該地區對《荀子》的理解
中，勞思光的影響力遠遠大於任何其他有關《荀子》相關
專書的內容。

　　據筆者所悉，勞思光專論《荀子》哲學的文章只有兩
篇：一篇為在一九五四年以「苞桑」的筆名在《民主潮》
雜誌（第4卷第12期）中發表的〈牟宗三荀學大略讀後
感〉的書評，另一篇則是一九六一年在《大學生活》雜誌
（第7卷第13期）中發表，後來收入於一九六八年出版的
《中國哲學史》第一卷第六章的〈荀子與儒學之歧途〉。
在《中國哲學史》中的章題亦是「荀子與儒學之歧途」。[15]
除此之外，勞思光在《中國哲學史》第一卷第七章「法家
與秦之統一」之論述中，花了三頁列舉荀子思想和韓非思
想之間的三個共同點。[16]〈牟宗三荀學大略讀後感〉的大
部分內容，如其標題所示，比較屬於整理《荀學大略》主
要內容的筆記。其實，《中國哲學史》「荀子與儒學之歧
途」的內容也很少提供對文本的考證，基本上只提出勞氏
自己對《荀子》的看法。不過，只透過其整理性或論辯性

---

14 從香港：崇基書局出版。本論所參考的為一九八四年在臺灣出版的新
　　版。請參閱勞思光：《新編中國哲學史》卷1（臺北：三民書局，1984
　　年）。
15 勞思光：《新編中國哲學史》（卷1），頁329-374。
16 勞思光：《新編中國哲學史》（卷1），頁354-356。

的論述，勞思光竟然成為發揮臺灣港澳地區長達四十年
《荀子》形象上最大影響的學者。

　　首先，我們要注意，勞氏對《荀子》思想的理解基本
上是依靠牟宗三《荀子大略》的理解架構。[17] 勞思光在
其對牟著的書評中，開宗明義地說：「倘若一個人不能把
握荀子學說的整體理論脈絡，則對於性惡說便很難有徹底
了解（強調點由筆者加）」，而斷論知道孟荀性論對立的
「真面目」的人很少。[18] 因此，對勞氏而言，牟著「不
重細微處之瑣屑討論，而在作一整體性的闡釋及評估（強
調點由筆者加）」[19] 的作業，就合乎理解荀子性惡論的
「真面目」中，最為關鍵的詮釋工夫。其實，勞氏對牟著
的高度評價已在《中國哲學史》的序文中透露，勞氏言：
「牟宗三先生闡述儒學精義而有解荀子與王陽明的專論
〔……〕（強調點由筆者加）」。

　　接著，勞氏對《荀子》文本和主要概念的闡述，與牟
著《荀學大略》的闡述態度一樣，幾乎沒有從荀子思想本
身的脈絡來理解；與此相反，勞氏論述的基本態度是，由
勞氏對《荀子》某段論述的自己的理解或信念，與勞氏所
理解的孟子性善論的深刻認同對立起來。其實，如此的
《荀子》理解就是回歸到傳統知識分子偏好的荀子觀，而
這與民國時期以來至今，許多《荀子》專家對其文本和思
想本身的研究所獲得的見解卻有很大的差距（後詳述）。

　　勞思光認為，儒家思想的「理論體系」（勞氏言）成

---

17 勞思光：《新編中國哲學史》（卷1），頁4。
18 苞桑（勞思光）：〈牟宗三荀學大略讀後感〉，頁17。
19 苞桑（勞思光）：〈牟宗三荀學大略讀後感〉，頁17。

於孟子。孟子由性善、四端、以及養氣之說來建立重德之
價值哲學的框架。而如勞書該章的題目所稱,荀子則「未
能順孟子之路以擴大重德哲學而言,是為儒學之歧途。」
其原因為「荀子倡性惡而言師法」。因此,他認為荀子
「中墮入權威主義,遂生法家」。勞氏還加了一句話:「學
者觀此處之大脈絡,則亦可知荀學之歧途,固無可置疑
者。」[20] 其實,勞氏所言本身也未超出此「大脈絡」(或
牟著所稱的「大略」)之範圍:他對荀子哲學的理解完全
依靠所謂的(也即以勞氏的理解詮釋的)「性惡論」,以及
對「荀子→韓非的思想系譜是歷史上存在過的」兩點信念
演繹而來。在此勞氏之所以稱(荀子哲學的)「大脈絡」
是因為這實為以「性惡論」來能理解《荀子》思想意義的
全部。由於勞氏正如同宋儒一般,將荀子哲學的「本質」
評斷為其所理解的「性惡論」,而同時完全忽略所謂「性
惡論」可能只是構成整體《荀子》思想體系的一部分。在
此勞氏的理路很明顯:孟子有道德內在的自覺,而這是我
們所要讚揚的儒家哲學之精華;而與此相比,荀子之「性
惡論」則只注意「人性」中的實然,意即勞氏所界定的
「動物性」。因此,勞氏認為,從這樣對於人的理解只好
導出人需要外在規範,而由此墮落於「權威主義」。在此
前提之下,就勞氏而言,荀子和韓非的思想特色便可以互
相拉近。勞氏道:「韓子承荀卿性惡之說而更作推進;認
為人之本性只知計較利害,無善惡的意識。」[21]

---

20 勞思光:《新編中國哲學史》(卷1),頁329-330。
21 勞思光:《新編中國哲學史》(卷1),頁356。

　　由是觀之，從整體主張內容來看，勞思光對荀子哲學
的特質以及與韓非思想的關係的相關主張可以歸納為：
（1）「因為韓非為荀子的弟子，韓非法術理論淵源於荀子
的性惡論」；以及（2）「因為韓非的法術為秦帝國的統治
理論基礎，荀子的性惡論亦是秦國暴政的遠因」兩點的組
合。如上兩個主張可再分為如下四個基本觀點：即（a）
「韓非為荀子的弟子」、（b）「韓非法術論淵源於荀子的性
惡論」、（c）「韓非的法術為秦帝國的統治理論基礎」、以
及（d）「荀子的性惡論亦是秦國暴政的遠因」。按照勞氏
的理路，由如上前面（a）到（c）三點便可以導出（d）
的結論，而此第四點（d）的「結論」應該就是勞氏把荀
子與孔孟的論述切開而與「法家與秦之暴政」一項連續起
來的原因。

　　然而，如筆者對荀子和韓非思想的比較研究所示（上
文也概述了要點），第一點（a）和第二點（b）彼此構成
循環論證的一環，而在嚴格的思想史分析的方法來看，
（b）點韓非的法術理論是否淵源於荀子思想是難以論證
的。其實同樣地，從實證歷史研究、或實證思想史研究的
途徑，韓非的法術思想是否成為秦始皇與李斯的統治理論
的基礎這一點本身亦難以證明，理由在於：顯然韓非所提
出的統治藍圖不等於虐政或暴政。勞氏在論述韓非政治哲
學與秦國的實際統治之間的時候，似乎將專制和虐政混在
一起；而勞氏的論述中提出的「荀子性惡論→韓非法術論
→秦朝暴政」的理解模式正好與蘇軾以來的傳統荀子觀相
吻合，只是勞氏之論由許多當代哲學術語來「修飾」如上
傳統理解模式而已。

　　關於這一點，或許有讀者會認為，就算勞氏對荀子思想的理解以「性惡論」為中心建構，但假若他的說明至少根據了當代的哲學分析，他的哲學途徑對荀子「性惡論」的理解應該仍有某種程度的妥當性。針對這一點，筆者只能說，勞氏的荀論基本上脫不出由他自己對《荀子》「性」概念的片面理解來建構的框架，他並沒有按照荀子（或《荀子》的作者）在文本上主張的脈絡來闡述其「性」論的思想特質。[22]

　　我們先檢視勞氏對荀子「性」概念和整體「人」觀的理解相當武斷的這一點。眾所周知，勞氏對荀子的性概念的理解是「絕非人之essence」而是「事實義」的「動物性」。勞氏根據如此理解接著主張「（荀子）不能說明『性惡』之人何以能有『人為之善』[⋯⋯] 遂伏下荀子理論之致命因子。」[23] 其實，「性惡之人為何能為善？」的質問亦代表傳統反荀知識分子的所歷來提出過的論點，而並非只勞氏特別發明的。不過就身為當代的哲學家的論述而言，勞氏對荀子「性」概念的理解有兩個問題：

　　第一、荀子並沒有將「性」概念直接與「動物性」相結合，正如勞氏所引用的，荀子只說：「凡性者天之就也；不可學，不可事 [⋯⋯]」（〈正名〉）。這「性」概念係指「生命體被賦予的屬性」，何必只以含有負面價值意涵的「動物性」來稱呼之？不但如此，若我們反觀《孟子》

---

22 關於針對勞氏「性」="essesnce" 這樣的觀點的批判，請參蕭振聲：〈論人性向善論——一個分析哲學的觀點〉，《中央大學人文學報》，期51（2007年），頁93-94。

23 勞思光：《新編中國哲學史》（卷1），頁333。

對「性」概念，正如〈告子上〉中孟子對告子說「生之謂性也」一句也並沒有反對，而這意味著：就孟子而言，「性」概念並不只係「仁義禮智」或其「四端」而已，還含有「生命的動力」之意。[24] 如此，尤其我們在考慮到荀子並沒有說此「性」代表「動物性」的事實時，勞氏所提出的「孟子的性＝人的本質」vs「荀子的性＝動物性」的模式有太過強調彼此對立面之嫌。不過，如勞氏所稱，孟子確實強調「性」概念中的「人之所以人」之部分──即「道德意涵」──這一點大概是可以接受的。因此，真正的問題為如下第二點：即便荀子對「性」概念只看一種「動物性」，這是否等於說荀子認為「動物性就是人類的本質」呢？勞氏的論述明顯包含引導往此方向的意圖。勞氏即主張荀子的「人之性既惡，則人只有動物性。」（由筆者來加強調點）在此勞氏把荀子的「性＝動物性」的觀察忽然跳到「人＝動物性」的結論。在此勞氏完全忽略就荀子而言，「性」只是人類所含有的屬性之一而已（對荀子而言，也有人之「心」、人之「偽」、人之「慮」、人之「能」等等）。這一點，荀子從未由「性」字來代表（勞氏所意味的）人類的本質。也就是說，荀子從來沒有主張「人」並不具有道德性，甚至更遑論荀子主張人就是「只有動物性」的生物。相反，荀子對這一點〈王制〉中即稱：

> 水火有氣而無生，草木有生而無知，**禽獸有知而無**

---

24 〈告子上〉：告子曰：「生之謂性。」孟子曰：「生之謂性也，猶白之謂白與？」曰：「然。」

> 義，人有氣、有生、有知，**亦且有義**，故最為天下
> 貴也。

在這一段荀子清楚地以「義」的有否來區分人類和動物的
特質。荀子在〈非相〉也稱：

> 今夫狌狌形狀亦二足而無毛也，然而君子啜其羹，
> 食其胾。故人之所以為人者，非特以其二足而無毛
> 也，以其有辨也。**夫禽獸有父子，而無父子之親，**
> **有牝牡而無男女之別。故人道莫不有辨。**

對荀子而言，只有人類才具備的「辨」，係指做出人倫道
德上的判斷能力。由是觀之，對荀子而言，即使「人」的
「性」的部分無法靠自身改善「性」，但這絕對不等於說
整體意義的「人」並不具備「化性」的能力之意思。在這
裡所要發揮的能力就是「義」和「辨」，而這兩種特質是
如上荀子所稱不外乎是人類固有的。荀子強調「性偽之
分」——生物的傾向和「偽」這樣人類特有的倫理工
夫——的意義也在這裡。也就是說，荀子主張，「人」需
要藉由發揮「人」中所含的其他屬性——「義」「辨」、
「慮」、「能」、「偽」等——的功能來達成「化性」。
　　除此之外，勞思光對《荀子》「性惡論」的解釋還有
荀子所說的「惡」是否涉及人的「本質惡」的問題，而這
一點在過去一百三十年來的近現代《荀子》思想研究已不
斷地被重述。荀子所說的「性惡」其實並不是「性」本身
的「本質惡」或「本源惡」，而是指放縱「性」所會產生
的「亂」之「結果惡」。勞氏則完全無視此過去荀子研究

不斷提出過的重要論點，而由於保持荀子「性論」的
「惡」為「本質惡」，回到「人之性即惡，何以能成為聖
人？」（按：前一句的勞氏之讀法為：若人的本質是
「惡」的話⋯⋯）的宋儒以來的傳統反荀觀點。

　　除此之外，勞氏對荀子思想中其他概念和主張的理解
也有不少問題，如荀子所說「制天命」的部分，解釋為
「制天」[25]；將模糊的「權威主義」這樣的術語來評斷荀
子政治思想的基本性格等。針對這一觀點，正如吳文璋曾
提出批評：「荀子並非以『外在權威秩序』代『內在道德
秩序』，而是以『知性的道德主體』作為每一個人內心中
價值根源，並成就客觀的禮義法度。」[26]

　　畢竟，勞氏的荀論基本上無視從民國時期以來豐富的
孟荀性論比較分析的成果，而只在牟宗三《荀學大略》的
壓倒性影響之下所寫出來的。很諷刺的是，與勞氏的主張
相反，從一九二〇年代以來，如馮振[27]、姜忠奎[28]、羅根
澤[29]、陳大齊[30] 等學者不斷地提出孟荀的「性論」並不像

---

25 這一點恐怕受到勞氏自己嚴屬批判其內容的胡適《中國哲學史大
　　綱・上卷》中的荀子相關論述之影響。
26 請參閱吳文璋：〈荀子哲學與權威主義〉，收於氏著：《儒學論文
　　集——追求民主科學的儒家》（高雄：復文圖書出版社，2006年），
　　頁17。
27 馮振：《荀子性惡篇平議》（原出版於1923年，今收於《無求備齋荀
　　子集成（卷38）》）。
28 姜忠奎：《荀子性善辨》（原出版於1920年，今收於《無求備齋荀子
　　集成（卷38）》）。
29 羅根澤：《孟荀論性新釋》（原出版於1930年，今收於氏著：《諸子考
　　察》，北京：人民出版社，1958年），頁377-384。
30 陳大齊：〈孟子性善說與荀子性惡說的不相抵觸〉，《孔孟學報》，期
　　13（1967年）。

如表面上所看見的那麼彼此對立的觀點。至少他們的論述
並非如勞思光說主張「重細微處之瑣屑討論」的論述。

　　由是觀之，勞思光雖然根據當代哲學方法和文化精神
的關懷，對《荀子》哲學的「意義」提供了貌似客觀的闡
述，但他的論述實際上卻只不過代表由一些哲學術語來修
飾如上傳統之知識分子深根柢固《荀子》觀的敘述。[31]
僅根據自身心性論哲學價值的信念，將整體《荀子》思想
體系簡化成他所理解的以缺乏「內在道德自覺」的「性
惡」哲學，並且將之與孟子的「性善論」（對勞氏而言，
這就無疑是儒家哲學的精髓）互相對立起來。由於荀子學
說站在與勞氏所想的「精義」的對立面，其說便形同於
「糟粕」。勞氏的觀點長期以來能夠很巧妙地說服初學
者，並不是因為論說內容的學術嚴謹性，而主要是由於完
全符合傳統荀子觀的思維模式。勞思光雖然言及荀子哲學
的「整體系統」，在他的論述中始終無法看見他由《荀
子》的文本內容和論述脈絡來建構荀子哲學固有的系統之
用意。何況，勞氏的論述從出版以來已經超過了四十年
（牟氏的論述當然為更早），迄今為止，有不少學者已經

---

31 其實，學者也發現勞氏的論述含有此種傾向。譬如，蔡錦昌將勞思
　　光的《荀子》論與牟宗三組合在一起稱為「道學派」，並且與陳大齊、
　　龍宇純等的「文學派」相對比。請參閱蔡錦昌：〈「不若」說變成
　　「基於」說──檢討臺灣的荀子研究〉，宣讀於「荀子研究的回顧與
　　開創國際學術研討會」（雲林：國立雲林科技大學漢學資料整理研究
　　所主辦，2006年2月18日）。另外，曾瑋傑也感覺到這一點指出：
　　「（勞思光批荀的內容）實有宋明儒以強烈語言評述荀子的影子。」
　　請參閱曾瑋傑：《打破性善的誘惑──重探荀子性惡論的意義與價
　　值》，頁7。

展開對勞氏（以及牟氏）的荀論之批判工作，此對勞氏論述的批判從勞氏的影響開始擴大的一九八〇年代以降逐步成形至今。如龍宇純[32]、蔡錦昌[33]、周天令[34]、吳文璋、蕭振聲、陳哲儒[35] 等彼此屬於不同世代的學者，都不斷指出勞氏荀論的問題並提出反駁，這些批評已充分呈現勞思光對《荀子》思想意義之理解方式的缺陷。

（四）重複出現同樣研究成果的結構

下面我們也檢視《荀子》研究本身長期以來無法克服的問題。這是類似或同樣研究成果重複出現的狀況。譬如，在「性惡論」的相關論述中，「孟荀對『性』概念的定義不太一樣」、「孟荀性論實際上並不衝突」、「性惡論的『惡』為『結果惡』」、「荀子性惡論實為『性樸』論」等觀點在相隔十幾年至幾十年再次反覆出現。如上所列的四種見解中的前三種，在十九世紀日本明治時期的《荀子》相關論述中早已被提及。當然，如此類似甚至同樣的研究見解反覆出現的情形，部分原因應該淵源於不同語言之間相關成果交流不足所致。但除了這樣外在環境的因素之外，似乎還存在著《荀子》研究本身固有的結構性原因。根據筆者的觀察，其可能的原因有三種。（1）對《荀子》

---

32 龍宇純：《荀子論集》（臺北：臺灣學生書局，1987年），頁79-85。

33 蔡錦昌：《拿捏分寸的思考：荀子與古代哲學新論》（臺北：唐山出版社，1989年），頁121-189。

34 周天令：〈「荀子是儒學的歧出」之商榷〉，《孔孟學刊》，卷42期10（1993年），頁31-38。

35 陳哲儒：〈對勞思光先生與牟宗三先生荀子詮釋的考察與反省〉，《衍學集》，卷5（2012年），頁36-50。

原先特有的固定負面形象；（2）其研究歷史本身的長期性；（3）整條研究脈絡的一種「斷絕」以及個別研究者的孤立化。

首先，東亞知識分子長期以來對《荀子》的負面形象塑造了論述和評價《荀子》思想的一種固定形式。如上所述，由於《荀子》的思想從宋代以來長期遭到理學家的歧視，十八世紀以來專門研究《荀子》的學者通常有「為荀子思想平反」的心態。在《荀子》思想內容開始受到重視的過程當中，不管是《四庫全書總目提要》的撰寫者紀昀（1724～1805）[36] 以來的清朝考證家，或是日本德川時期荻生徂徠（1666～1728）[37] 以來所謂「古學派」或「折衷派」的《荀子》考證傳統，大部分從事《荀子》註解的學者之腦海裡已有「因為荀子思想遭到歧視，一定要為此平反」的強烈使命感。

值得注意的是，推動「荀學」學者所具有的這種「使命感」，到了十九世紀末從西方文明引進「哲學」學門的過程中依然沒有改變。換言之，從十九世紀末到二十世紀初的《荀子》研究，由於獲得「哲學」這樣全新的詮釋研究工具，「要釐清《荀子》思想的真面目」的使命感和期待比以前還要更加強大了。因此，「荀子長期以來遭到歧

---

36 其《四庫全書總目提要・子部儒家類》中評《荀子》說：「平心而論，卿之學源出孔門，在諸子之中最為近正，是其所長。」在清廷欽定著作中獲得如此「平反」似乎推動了其後清代考證家「盛行」《荀子》註解的主要原因之一。

37 荻生徂徠的《讀荀子》成為日本「荀學」的濫觴（此書名似乎也仿效韓愈的《讀荀子》）。其書原來為徂徠自己的筆記本而已，而在徂徠死後的一七六三年由徂徠門人宇佐美灊水（1710～1776）校訂出版。

視與誤解」這一句話無論是在明治時期的日本知識分子或是晚清到民國時期的中國知識分子，在論述《荀子》的開頭時所常使到的慣用辭。雖然最近半世紀日本學界的《荀子》研究中，除了特別介紹傳統知識分子對《荀子》觀的相關著作之外，如此的論述態度已經大大減少。然而相形之下，經過新儒家模式對《荀子》負面評價影響的臺灣和港澳學者的《荀子》研究著作中，「荀子長期以來遭到歧視與誤解」的觀點直到二〇〇〇年後的論述中卻還能偶爾看到。不過此種情況由於與中文學界《荀子》研究的一種「斷絕」情形也有關係，在後面將再提及。總之，「因為荀子遭受歧視，我要為此平反」的心態一方面讓學者不斷探討其「性惡論」的動機，另一方面，「被歧視的內容」反而成為其探討的對象，而在此卻往往忽略過去研究的相關成果應該當作其研究出發點這一點。

其次，類似研究成果反覆出現的原因之二，似乎也與研究《荀子》文本和思想的歷史經過悠久的時間有關。撇開傳統時期註解傳統的階段，在日本到了明治時代之後，由東京大學哲學科的第一屆畢業生井上哲次郎（1856～1944）在一八八二年於東京大學開過「東洋哲學史」這一門課。而在此，《荀子》一書的內容也成為了「哲學研究」的主要對象之一。[38] 在此課程中，井上哲次郎明確闡述在「哲學史」上的《荀子》思想之內容和意義。[39] 接著，井

---

38 井上哲次郎指出：「荀子的所謂『禮』的意義非常濶大，且係秩序之意。此內涵與西方的 "moral order" 的意思相接近。」（井上哲次郎講述、井上圓了筆記：《東洋哲學史‧卷一》（第十六講，1883年5月24日）。

39 雖然由井上哲次郎的講義沒有流傳，幸好當年井上圓了仔細寫下來

上哲次郎的學弟,亦是其學生的井上圓了(1858～1919),
在一八八四年撰作的東京大學畢業論文的主題也是《荀
子》。[40] 此論文的名稱竟與荻生徂徠的《讀荀子》同名。不
過其內容並非是由一般「讀書心得」或「文句註解」的範
疇來界定;而是由西方哲學(和社會科學)的角度來論較
《荀子》思想的長短處和歷史意義的專論。可見,井上圓
了是抱持著由當時剛學習到最新的「哲學途徑」來試圖推
翻傳統《荀子》研究的典範之雄心來撰作此文。如此,從
井上圓了的《讀荀子》算起,針對《荀子》內容的哲學研
究從其開始,迄今也已經過了長達一百三十年以上的歲月。

　　事實上,從一八八〇年代到一九〇〇年代,即在明治
時代最後三分之一的十幾年時段,至少有二十位以上的學
者——其中多數為東京大學出身的青年學者——撰寫了有
關《荀子》的期刊或專書論文[41],而到了蟹江義丸(1872
～1904)[42] 和綱島榮一郎(1873～1907)[43] 的論考,以

上課內容的筆記保存於東洋大學井上圓了研究中心。從此筆記可以
理解。

40 此文收入於《學藝志林》,卷85(1884年),頁182-204;今收入《井上
圓了選集．卷25》(東京:東洋大學,2004年),頁727-744。

41 請參閱佐藤將之:〈漢學與哲學之邂逅:明治時期日本學者的《荀子》
研究〉,國立雲林科技大學《漢學研究集刊》,期3(2006年12月),
頁153-182。

42 蟹江有兩篇有關《荀子》的論考。第一篇在一八九七年(蟹江還在
東京大學在學時)由《太陽》雜誌出版的〈荀子の學を論ず〉(卷3
號8、9、10)。第二篇則他在去世前一年的一九〇三年由《東洋哲
學》(編10號8)出版的〈荀子學說の心理學的基礎について〉乙文。

43 綱島對《荀子》的論考在他的《春秋倫理思想史》(《梁川全集》,卷
1。東京:春秋社,1921年,但撰寫時期為1907年左右)的第六章「荀
子」(頁423-450)中。

「哲學方法」來闡述《荀子》思想的研究水平達到了其頂峰點。接著，在二十世紀前半，所謂「支那學派」和「文獻思想史學」的崛起，到了一九四〇年代日本的《荀子》研究又達到了另一個頂點。其中石黑俊逸在一九三〇至一九四〇年代所發表的研究可謂是最具代表性的成果。[44] 然而很遺憾地，據筆者所悉，在日本最近五十年的《荀子》研究全部的論文和專書之中，沒有一本著作或論文引用過如上從十九世紀到二十世紀前半《荀子》研究上貢獻幾乎最大的五位學者（井上哲次郎、井上圓了、蟹江、綱島以及石黑）在解釋《荀子》思想時所提出的任何相關觀點。很諷刺地說，日本《荀子》研究，以第二次大戰結束前後為轉捩點，其後到現在的研究幾乎沒有參考其之前六、七十年的研究累積；而是重新反覆提出過去學者已經提出的類似觀點。近三、四十年中文學界的《荀子》研究，不太重視過去相關成果的情形也與日本的情況比較類似[45]，但其原因似乎是不一樣的。

那麼，我們就繼續探討「重複的研究見解不斷出現」

---

44 據筆者所悉，石黑對《荀子》出版一本專書和五篇論文。請參閱石黑俊逸：《荀子》（東京：日本評論社，1943年）。論文茲只舉其中最代表性的如下一篇。石黑俊逸：〈荀子性惡說の構造〉，《漢學會雜誌》卷6號1（1938年）。

45 林桂榛強烈指正目前大陸學界蔓延的此種心態，他說：「大陸學人多坐井觀於天於臺日荀學著作及其他古今文獻，看了看《荀子》白文，就自說自話作起博士論文或專著，枉顧前人見解之早陳，又不通字學訓詁及戰國學術思潮，所作無非拾人牙慧甚至拾人牙慧亦不如。」請參閱林桂榛：〈荀子生平、墓地研究及荀子研究的回顧與展望〉，收於「Confucius 2000」網站，2015年2月18日（http://www.confucius2000.com/admin/list.asp?id=5923）。

的第三個原因：整條研究脈絡的一種「斷絕」以及個別研究者的孤立化。其實，當我們一說起《荀子》研究的「斷絕」，在日本、大陸以及臺灣港澳的各個學界中所發生過的「《荀子》研究的斷絕」情形都不一樣。由於日本的情況比較複雜，無法由一兩段的文字闡述，這裡只舉大陸和臺灣的情形。事實上，在大陸《荀子》研究的「斷絕」主要是從共產革命至文化大革命的社會大變動和混亂所造成，因此並非只在《荀子》研究或思想研究的層面上發生這種的情形。[46] 相形之下，在臺灣港澳地區所發生的「斷絕」則值得注意。如上所述，在臺灣和港澳地區，一九六〇年代至二〇〇〇年左右中國哲學研究的各個層面上，發揮最大的影響者就是所謂新儒家路線。而對《荀子》思想的理解而言，如上所述，牟宗三《荀學大略》和勞思光《中國哲學史》的影響則較為龐大。尤其在一九八〇年代以後，屬於臺灣學界的年輕學子在開始《荀子》的研究時也先要看的都是他們（也加上唐君毅、韋政通、徐復觀等）的著作。在此過程當中，臺灣從此以後世代的《荀子》研究基本上都與牟、勞氏的觀點為主導的《荀子》的理解框架為其出發點。相對地，與在其前由《荀子》專家所研究的（當然不用說大陸的研究）著作則愈來愈被疏離。不但如此，其實在一九九〇年代到二〇〇〇年代初期，在臺灣學界存在著不少研究《荀子》的學者，但反而他們都處於相互之間完全沒有學術交流而互相孤立的窮境。一九八〇至一九九〇年代開始，發表《荀子》相關

---

46 譬如，劉又銘指出：「大陸的儒學發展在1949年以後中斷了30多年。」
　　請參閱：劉又銘：〈儒家哲學的重建〉，頁26。

研究的學者們：如王慶光、蔡錦昌、吳文璋、劉又銘、李哲賢及何淑靜等當時出版的著作之間，竟幾乎沒有彼此參照的關係。也就是說，當時佔據他們腦海的《荀子》研究，其主要觀點都是來自如上所列的牟、勞、唐、徐等新儒家學者所提出來的。除了基本上認同新儒家觀點的學者（如王邦雄、蔡仁厚等）之外，當時專門研究《荀子》的學者，其思考都或多或少被「雖我獨行，往矣！」的孤獨感所支配。因此，由於在他們的心目中，新儒家以前的《荀子》思想研究幾乎不存在，因而直接連接至如上紀昀以來的清代考證學傳統。

由是觀之，在一九九〇年代以後臺灣學者和研究生的相關研究中，原本就不熟悉二十世紀前半民國時期的研究或日本學者的相關研究所提出的觀點。而他們的研究從一開始就不小心會提出與早期民國時期或日本學者類似或重複觀點之情形，也應該是無可厚非的。

四　本書的構想與內容

如上所述，近現代《荀子》思想、哲學研究的歷史也迄今已一百三十年之久，其研究成果之數量也相當龐大，對初學者而言，光是要讀完這些評述論文本身或許已經成為不小的負擔，何況，要掌握《荀子》研究的各個主題的主要研究脈絡的話，對從事《荀子》思想研究者而言，也已經並不容易了。再加上，近年來許多學者和研究生所關注的比較哲學——德性倫理學、建構理論、後現代理論，或與某個哲學家的比較——等的方式，將《荀子》思想、

哲學的研究放在更廣闊且多樣的學術領域的主題。面對這
樣的情況,當今和未來的《荀子》研究需要什麼呢?又該
往什麼方向走去?

　　在考慮當今《荀子》思想研究處於如此龐大、多樣,
以及複雜的情況,筆者在本書中所欲撰寫的內容並不是直
接提供過去《荀子》各種議題的評述,也並非試圖直接回
答當今和未來的《荀子》研究需要什麼、該往什麼方向走
去等問題。筆者要採用一種如法國比較哲學家朱利安
(François Jullien)在研究《孟子》哲學研究時提出的
「迂迴路」(detour)的途徑[47]:筆者在本書中所採用「迂
迴路」係一邊「繞著」《荀子》研究的周邊,一邊針對研
究的過去、現在以及未來的意義,描繪出一張鳥瞰圖。筆
者希望藉由這樣的途徑,讓剛開始研究《荀子》的學者和
研究生能夠理解當今《荀子》研究的整體情況和未來的可
能性。

　　職是之故,就作為一本主要提供給學術界的專書而
言,本書的整個內容聽起來包含幾個弔詭。其一、為了將
有關研究《荀子》的相關訊息提供給學者和研究生,本書
中針對《荀子》思想內容本身的論述卻因而較少。其二、
為了評估過去相關研究情形,因而針對相關研究的內容本
身的評論也恐怕較少,而敘述相關研究的背景說明會比較
多。其三、為求理解當今研究《荀子》思想的情況,論及

---

47 フランソワ・ジュリアン著;中島隆博、志野好信合譯:《道德を基
　礎づける》(東京:講談社,2002年;原書為 François Jullien: *Fonder
　la morale: Dialogue de Mencius avec un philosophe des Lumières*. Paris:
　Bernard Grasset, 1995),頁3-12(「日本の讀者へ」)。

相關研究的「最新」部分反而比較少，傾向回歸到相當遠的（甚至溯到一八八〇年代的荀子「哲學」研究）舊研究卻比較多。這麼一來，本書就是為了闡述或評論研究《荀子》的方法論而撰寫的嗎？也不是。其實，筆者在二〇一三年出版的拙書「自序」中曾經表示過：該書只是為了未來進一步研究《荀子》思想時的奠基工作而已，而就《荀子》思想中主要論述本身的探討則還待進一步的研究。[48] 的確，筆者在過去二十年所進行的《荀子》思想的研究似乎都是主要關注《荀子》思想的淵源和思想成分之間的關係。然而，筆者在面對著自己從事《荀子》研究的這二十年，荀子研究竟已擴張到幾乎無人能掌握其整體面貌的狀況，筆者開始相信：就是因為筆者在針對《荀子》思想的淵源問題的探討告一個段落而正要進入其思想體系本身的分析的此時此刻，需要回到與初學者一樣的地點來重新描繪《荀子》研究的宏觀鳥瞰圖，藉此構想其未來的方向與可能性。

　　本書的內容可以分成三個部分：第一部分、「文本和生平相關的問題」；第二部分、「荀子思想研究的回顧與思想意義」；以及第三部分、「荀子思想與當代思潮」。

　　第一部分討論在研究《荀子》的內容時首先碰到的兩個問題：即其文獻（第一章）與生平（第二章）的問題。這兩章所討論的主要目標並不在於提出相關問題的「定」論，而是努力讓讀者能理解探討這些問題時一定會碰到的

---

48 佐藤將之：《荀子禮治思想之淵源與戰國諸子之研究》，頁xii。

幾個困難。近年來，尤其在大陸學界，我們常常看到與
《荀子》文本及生涯相關的論述題目中「新證」等相當顯
眼的字眼，然而筆者始終懷疑在目前的資料狀態下，一口
氣證明有關荀子的生涯（如荀子在公元前幾年做了什麼
事；也寫了現本中哪一章）和文本真偽（如某某篇能代表
荀子本人的思想；而某某篇則否）問題的某個論點仍然無
法求證。因此，對初學者而言比較重要的是，譬如對文本
真偽和其文本的基本性格問題上，了解研究者自己——包
括讀者自己——未來要站在何種立場。

在第二部分則由國際視野來回顧整理二十世紀的《荀
子》研究的主要脈絡。接著介紹筆者過去出版的兩本專書
The Confucian Quest for Order 以及《荀子禮治思想的淵源
與戰國諸子之研究》的主要論點（分別為第三章和第四
章）。在第五章則試論《荀子》哲學在二十一世紀在人
文、社會科學領域的探索中新的可能性和意義。在最後的
第六章之目的則在於藉以解構當代學者理解《荀子》哲學
的兩組框架——「性惡論」和「天人之分」，來探索建構
荀子哲學之另一種可能性。在重建作業中的關鍵術語是
「綜合」和「變化」。筆者期盼這四篇論文的內容相輔而
成，以浮現《荀子》思想研究的一張鳥瞰圖。

第三部分是對筆者而言一種「應用荀學」的嘗試。筆
者分別選出在美國流行的「公共哲學」領域（第七章）和
在日本流行的所謂「共生哲學」領域（第八章），而將之
與《荀子》哲學中的「禮」和「禮義」概念相比較探析。
公共哲學這個領域和其中的核心價值的「正義」（justice）
擁有古典希臘哲學以來的悠久歷史，而把這樣在西方哲學

有悠久歷史的概念，忽然運用於歷史和價值原來大異於西方的東亞社會的相關問題之論述，始終無法脫離「反向格義」的困境。筆者對此也採取以「迂迴路」的方式面對。具體而言，筆者探索「正義」概念的源頭：亞理斯多德的「正」或「正義」（δίκαιον／dikaion）概念和《荀子》「禮義」概念之間的類似點。不過，筆者重申：筆者的意圖並不在於針對亞理斯多德和《荀子》的政治哲學是否類似的問題導出一個結論，也不在於主張在東亞社會的公共哲學的論述中西方起源的「正義」概念需要由《荀子》的「禮義」概念來取代等等。筆者只是試圖說服讀者：在我們探討東亞政治、社會中的「公共哲學」相關問題時，《荀子》的「禮義」富含著最能與西方哲學的「正義」互相參照的概念。

接著，在第八章筆者也將探討在日本的政府、工商團體、或大型公司的公開言論中不斷出現，而未來理想社會的代名詞之「共生思想」，以及《荀子》的「禮」概念在「共生思想」視野中的哲學意義。在日本，人人將此詞視為跨越人文與理工領域，能夠建構理想的「整體」關係（從每個個體到整個地球）之關鍵詞。然而，中文人文學界相對地尚不知悉如上圍繞著「共生」概念的情勢，有鑑於此，本文試圖傳達日本各界使用的「共生」一詞的含義，及其概念淵源，也將特別探討為何「共生」概念在日本何以大受歡迎的理由與問題。同時從中國哲學的當代意義之角度也試著將《荀子》「禮」概念與當代日本「共生」論中所提出的幾個主要論點進行交流。

在結論中，筆者先整理本書各章中所提出的一些觀

點，接著介紹筆者過去十多年進行「《荀子》研究的脈絡化」，亦即促進《荀子》研究者之間的學術交流的情形。筆者也介紹在經過此嘗試中所產生的評述論文，讀者可以將此部分的內容當作《荀子》初學者所先要參考的相關文獻（即評述論文）之簡介。最後，根據筆者自己的若干研究心得，也欲提出未來研究《荀子》思想的幾個可發展的主題和方向。這個部分本身是筆者本人的研究脈絡中自己原來要進行研究的方向，初學者假如先參閱此部分所提出的三個未來研究方向，也許在思考或設定自己的研究題目的時候，尤其是為了避免自己的研究會重複過去研究成果的對策上，會有一些幫助。

　　總之，本書的目的並不在於提供《荀子》研究的「指南」本身；只是提供為如同進行《荀子》研究「交通整理」的「指南」。如此，本書並不意圖將對《荀子》研究的固定見解或特定意識形態灌輸給初學者——這是筆者最為令己警惕的。筆者經過本書的探討，試圖整理過去《荀子》研究的多樣且複雜的問題意識的脈絡，並且展望未來發展的可能性，而藉以對未來要研究《荀子》的學者、研究生，以及對《荀子》研究的歷史和目前情形（a state of affairs of the present Xunzi studies）感興趣的讀者能夠提供有所幫助的參考材料。

　　另一方面，筆者也相信「《荀子》思想」這個研究領域無疑地富有對未來人文學發展以及藉此可導出人類社會福利的無限智慧的這一點。筆者希望閱讀本書的讀者能夠感覺到「《荀子》研究」本身具備動態（dynamism），並

且與鄰接學術領域互動而向未來繼續發展。思考把正在增加的「學術知識」如何轉換成不斷在人文學領域能夠提供智慧的寶藏，是未來從事《荀子》研究的人之共同目標。

第一章
《荀子》文獻與荀卿思想的關係探析

序言

　　筆者在觀察過去二十年，尤其是最近十年中文學界《荀子》[1] 思想研究的情形之後，有了以下兩點感觸。第一點是，無論是大陸或港臺澳的研究，除了對文獻考據問題較為敏感的少數學者，似乎皆未先考量過《荀子》文本流傳的歷史，就無意識地挑選王先謙（1842～1917）的《荀子集解》為底本，以至於文本考據的問題，也完全依靠《集解》所蒐集的歷代註解以及王先謙的注釋。其結果是完全不知悉《集解》所未載錄的其他成果。當然，筆者並非主張《荀子集解》內容不佳[2]，只是提出一個觀察：中文學界的研究者迄今尚未充分利用自德川時代末期到明治時代（大概十九世紀之間）於日本出版的考據和註解——

1　本文為了明確其文本和作者之間的區分，係指其文本時將使用「《荀子》」；而係指其人時則將使用「荀卿」。

2　《荀子校釋》（上海：上海古籍出版社，2005年）的作者、貴州民族大學教授王天海與他指導學生宋瑞漢近年提供中華書局的點校本《荀子集解》之校勘，頗為值得參考。請參閱王天海、宋漢瑞（校）：〈《荀子集解》點校本校勘檢討〉（上）（中）（下），《邯鄲學院學報》（2013年第4期、2104年第1期以及2104年第2期）。

特別是久保愛（筑水，1759～1835）的《荀子增注》（這些問題都將於後文詳述）。這樣的情形讓筆者認為，從東亞思想史研究的觀點，闡述《荀子》文本的淵源、西漢劉向的整理、唐朝楊倞（生沒年未詳）的「重編」，以至於清代中國、德川日本之考證此一整體脈絡之必要性。

第二種觀察是，在中文學界的《荀子》思想研究中，也許是二十世紀初「古史辨」疑古觀點研究的「風暴」或「教訓」所遺留之負面效果之故，在二十世紀後半以後，學者之間除了有最後七篇（按照劉向的排序為：〈宥坐〉、〈子道〉〈法行〉、〈哀公〉、〈大略〉、〈堯問〉、〈君子〉之七篇）恐為荀子後學所彙集而成的共識之外，愈來愈少學者意識到今本《荀子》是否代表荀卿的著作之問題。然而，若把這項問題與上述第一項問題放在一起思考，就會大大影響我們用以理解《荀子》思想的框架，以及對其整體的評估：在劉向把當時存在的三百二十二篇冠上荀卿之名並整理成三十二篇時，他將〈性惡〉放在第二十六篇，亦即被放在與當代學者視為所謂「雜錄」部分的七篇一起。直到唐朝，楊倞，才把〈性惡〉從原來的第二十六移為今本的第二十三篇。因此，若按照其原本排序來思考，我們便應該將〈性惡〉看作屬於後學「雜錄」中的一篇。雖然如此，本文的目的並不在於以此事實來主張〈性惡〉就屬於荀卿後學的作品。同樣地，筆者也並不認為過去的《荀子》研究者，都沒有思考過今本《荀子》是否代表荀卿本人思想的問題。筆者只是想要提出這樣一個觀點：至少據筆者所悉，一般而言，在二十世紀後半葉的中文學界裡，《荀子》思想的研究者，再也沒有對此問題提出較具

系統的整理和分析。更何況，如本文所述，對於此項問題的見解其實也相當多種，而其見解的差異也會影響對《荀子》整體思想之理解。是故，在尚未適當地整理與評述此問題的情況之下，要進行較具有說服力的《荀子》思想研究，恐怕較為困難。

有鑑於此，本文的前半將探討《荀子》的成書、編輯以及流傳；後半則針對《荀子》是否能代表荀卿本人思想這個問題之五種觀點，比較評述其得失。事實上，高正等學者業已詳細研究過劉向將各種原始資料整理為現本《荀子》的格式和份量後，流傳至今的各種版本的歷史。並且，到目前為止，也尚未出現能夠推導出新版本的資料。因此，本章不再贅述文本流傳的（如甲版的母本為乙版之類的）文獻學上的問題；而是由思想史的觀點，試圖闡述劉向、楊倞等人之編纂所帶來的思想意義。再者，由於中文學界中的大部分學者，對《荀子》版本流傳至日本之後的情形較不熟悉，故筆者將敘述「臺州刊本」東傳之後，直到一八八四年黎庶昌將之重刊於《古逸叢書》的過程。

第一節 《荀子》的文獻形成與流傳

關於《荀子》文本的相關議題，大概可以分成兩個：第一，西漢劉向（前77～前6）刪定《荀子》三十二篇之後的文本流傳問題；第二，今本《荀子》一書能否代表荀卿本人思想之問題。就筆者所悉，日本針對今本《荀子》各篇之間思想關係的研究，是從一九三〇年代開始崛起。

當時木村英一[3]、金谷治[4]、豐島睦[5] 等學者，各自發表了
對《荀子》文本成書和流傳的研究。至於今本《荀子》的
各種版本之間的流傳關係，近來高正對所有中國保存的現
有文本進行了詳細的考察，並描述出文本流傳的詳細系
譜。[6] 在英美學術界中，德效騫（Homer H. Dubs）也曾
經敘述過文本的歷史。[7] 率先提供《荀子》全英譯本的
John Knoblock，也在「介紹文本」的討論中，說明了主要
版本的來源和特色，以及彼此之間的引述關係。[8] 魯惟一
（Michael Loewe）同樣也提供了《荀子》主要版本的簡
介。[9] 在這些先行研究當中，高正的專書最為詳細。因
此，劉向編纂之後《荀子》文本歷史的闡述，大概都基於
上述的研究。而筆者在此的論述，則較注重這些文本的流
傳背後，所能觀察到的思想意義。

　　根據上面列舉的文獻學研究，我們可以知道，荀卿去

3　木村英一：〈荀子三十二篇の構成について〉，《支那學》，卷8（1935
　　年），頁15-45；木村英一：〈讀荀子二則：書誌學的劄記〉，木村：
　　《中國哲學の探求》（東京：創文社，1981年），頁183-197。

4　金谷治：〈荀子の文獻學的研究〉，《日本學士院紀要》（卷9-1，1950
　　年），頁9-33。

5　豐島睦：〈荀子文獻批判の一方法〉，《哲學》（廣島大學），卷5（1955
　　年），頁59-71。

6　高正：《荀子版本源流考》（北京：社會科學出版社，1992年）。

7　Homer H. Dubs: *Hsüntze: The Moulder of Ancient Confucianism* (London:
　　Probsthain & Co. 1927), pp. 39-47.

8　John Knoblock: *Xunzi: A Translation and Study of the Complete Works*,
　　vol. I. (California: Stanford University Press, 1988), pp. 105-128.

9　Michael Loewe: "Hsün Tzu" Loewe (ed.): *Early Chinese Texts: A
　　Bibliographic Guide* (CA: University of California, Berkeley, 1993), pp.
　　178-188.

世後，《荀子》成書及流傳的過程大概可以分成三個階段。
下面我們按照歷史順序，說明其文獻流傳的思想意義。

第一項　從荀卿生前到西漢劉向對文本的編纂（約前250年至前20年）

司馬遷在《史記‧孟子荀卿列傳》中撰寫關於荀卿的
情況時，如此寫道：「於是推儒、墨、道德之行事興壞，
序列著數萬言而卒」，現本《荀子》則總共大概有九萬一
千多字。雖然我們現在無法得知司馬遷是否看過現本《荀
子》的全部內容，而荀卿的弟子們應該各自流傳了不同樣
貌的荀卿書（此「荀卿書」在什麼樣程度上能代表荀卿本
人的思想則是另一個問題）。此處的問題在於，我們沒有
任何有關此時被冠上「荀子」之名的書本是如何流傳的記
錄。然而，也並非完全沒有關於此問題的線索。事實上，
在西漢時代撰寫或編輯成的文獻中，有許多與《荀子》相
似，甚至幾乎一樣的章節段落文字，我們可以由此推測，
在劉向編輯之前，「荀子」原型文獻的情況之蛛絲馬跡。

在可以認定為西漢前期撰寫或編輯的文獻當中，含有
與現本《荀子》類似或一樣的段落文字的文獻有《韓詩外
傳》、《史記‧禮書》、《禮記》以及《大戴禮記》此四者。
其實在二十世紀初期，學者們便已討論過，究竟這些段落
是抄錄自冠上「荀子」之名的原型文獻，還是現本《荀
子》（西漢時代）的作者或編者們從上述文獻抄下來之問
題。不過，無論是哪種情形，最近五十年的日本文獻學家
大概一致認為，現本《荀子》的幾種母本，在劉向編纂之

前應該已存在。[10]

首先，《韓詩外傳》中與現本《荀子》相似的章節段落高達五十五處。[11]《韓詩外傳》的編者韓嬰（韓生）是漢文帝時期博士之一，而《韓詩外傳》是在漢文帝統治期間，即大約公元前一七七至一五七年時期著作所編成。[12]因此，《韓詩外傳》是可以證實今本《荀子》內容存在過，最早時期的文獻。眾所周知，《韓詩外傳》一書是蒐集許多故事而組成的，並且藉由引述《詩經》的一節來當作總結。這種在結論部分引《詩》來證實自己論點的寫法本身與《孟子》和《荀子》的論述方式近似。

若我們假定荀卿於公元前二三〇年左右逝世，《韓詩外傳》的撰作時期則會落在荀卿死後的八十年以內。這一點也讓我們得以推測，韓嬰可能曾遇過荀卿的弟子，比如說浮丘伯。《漢書》上記載，浮丘伯在呂后（前241～180）統治期間的公元前一八七年到一八〇年，居住在漢朝首都長安，而當時正好是韓嬰擔任博士的前幾年。[13]因此，韓嬰至少應該接觸過，由浮丘伯或其他荀卿弟子所傳抄的《荀子》原型文獻。也就是說，《韓詩外傳》中與

---

10 在下節中，考察這課題的內容以及學者們的觀點。

11 豐島睦：〈韓嬰思想管見──《韓詩外傳》引用荀子句を中心として〉，《支那學研究》，號33（1968年），頁50-58。此外，余崇生也以列表的方式詳盡地對照了四十五段《荀子》和《韓詩外傳》相近的文句。余崇生：〈《韓詩外傳》研究（一）──《荀子》引用文との對照表〉，《待兼山論叢》，大阪：大阪大學文學部，號17（1983年），頁21-36。

12 請參照《史記》章61，頁3124。

13 請參照《漢書》章88，頁3608。

「荀子」相關的段落，很可能是從荀卿弟子的傳抄本中直接抄錄下來的（若韓嬰見到浮丘伯，那他甚至可能看過荀卿親筆的文稿！）。若是如此，筆者傾向於認為：《韓詩外傳》中的引文或多或少反映了荀卿的思想，也就是說，《韓詩外傳》無疑是一本可以用來重建《荀子》一書內容之原始狀態最為核心的資料。

　　此外，《禮記》與《大戴禮記》也含有六段與《荀子》相似的文字。其中有些因為篇幅夠長，甚至幾乎可以自成一篇。[14] 正如豐島睦與廖名春都指出的，《史記・禮書》也引用了《荀子・禮論》的大量文字。豐島睦進一步主張，〈禮書〉所保存的與「禮」相關的論述，甚至比現存《荀子》中所保存的更為完整。[15] 實際上，我們可以說司馬遷對「禮義」（即國家的倫理大綱）與「禮制」（即國家機構）的說明，基本上仍依據我們在現存《荀子》中所看到的內容。例如說，「禮者養也」、「先王惡其亂，故制禮義以養人之欲」、「故禮，上事天，下事地，尊先祖而隆君師」等，司馬遷用以界定「禮」的意義內容，都是可以在現本《荀子》文本中找出來的文句。[16] 關於司馬遷〈禮書〉的內容承襲《荀子》「禮治論」的思想意義，於本書第四章的「小結」提供較為詳細的探析。

---

14 楊筠如：〈關於荀子本書的考證〉，羅根澤編《古史辨》卷6（香港：太平書局，1963年），頁138。

15 請參照豐島睦：〈荀子文獻批判の一方法〉，頁59-71。

16 請參照章23，頁1161-1171。

第二項　從劉向之後到唐朝楊倞的重編
（約前20年至818年）

　　西漢時期的多種文獻，如《韓詩外傳》、《禮記》、《大戴禮記》以及《史記》等，都引述與現本《荀子》同樣的段落和句子。這個情形，暗示了冠名「荀子」的幾種版本──無論是以數萬字的整份文本，或只不過幾千字之單篇的形式──在劉向之前便應該已在漢代知識分子社群之間普遍流傳。以此為背景，劉向整理漢成帝（在位前33年至前7年）的帝室書庫之藏書，並且編輯在《孫卿書》名下保藏的各種文本。他在其〈敘錄〉中如此說明文本的狀況：

> 所校讎中，孫卿書凡三百二十二篇。以相校除復重二百九十篇，定箸三十二篇。

此引文的大意是：「所校勘過的是，漢朝的皇家書庫，所收集的冠上「孫卿」之名的書籍，總共有三二二篇。互相比較核對這些文本之後，除掉重複的二九〇篇，最後校訂為三十二篇。」根據劉向之說，在《孫卿書》名下有三二二篇文本。或許在當時，現存《荀子》文本中可見的篇章已有數量不少的重複，因此劉向在校對後，除去重複的兩百九十篇文章，將其餘的內容編輯成三十二章的文本。如金谷治所指出的，相較於從三十篇校除成八篇的《晏子春秋》，以及從二十篇校除成八篇的《列子》，劉向所收集到

的「荀子」母本，其規模十分龐大。[17] 此外，我們也可以此知道「荀子」母本在當時確實是相當廣為流傳的。

　　值得注意的是，若從字面上來理解劉向所言，原來稱為《孫卿書》諸抄本的數量，幾乎與他最後定下的文本相差了十倍，因而可知當時應該有許多套的《孫卿書》。如此大量的文獻來源，可能使劉向並不需要再從其他文本抄寫，其工作反而是致力去除重複的部分。劉向將其彙編的文本稱作《孫卿新書》，而此「新」的《孫卿書》的出現，除了已刪除重複的內容之外，對於後世的影響其實還有更重大的意義。亦即，此《孫卿新書》比過去流傳過的任何版本的《孫卿書》，都具備更為「完整」的內容。因此《孫卿新書》和《孫卿書》的區分，等於是表明一份唯一完整的文本，和其他不完整文本之間的差別。

　　在劉向之後，《孫卿新書》以抄寫為主的方式流傳下來。如上所述，由於《孫卿新書》比之前的任何版本都更為完整，所以《孫卿新書》必然逐漸取代了其他版本的《孫卿書》。而一旦其他「不完整」的版本逐漸被淘汰且不再流傳，此「完整」版本名字中的「新」字也不再需要，而可能開始只被稱為《孫卿書》。在《隋書·經籍志》中可以看到十二卷的《孫卿子》版本，但其中「新」字已經不存在。而其卷數的減少，則是由於紙的發明使得抄寫者能夠縮減文獻抄錄體積的大小。唐代政治哲學的文選《群書治要》的第三十八章，引述了楊倞之前《荀子》

---

17 請參照金谷治：《荀子の文獻學的研究》，頁12-13。

版本中的二十九條句子。[18] 但不幸的是，所有楊倞之前
存在過的版本後來都亡佚了。

第三項　從楊倞的重編至今（818年至今）

　　唐朝憲宗（778～820；在位805～820）時的朝臣楊倞
（生沒年未詳），在八一八年（元和十三年）對當時流傳
文本的校勘以及變更，是自劉向以來整個《荀子》文本歷
史上最大的事件。楊倞的校勘包含了下面三項重要作業：
第一，他把原來被稱為《孫卿書》或《孫卿子》的文本重
新命名為《荀子》。第二，他對當時知識分子難以讀通的
部分加上註解。根據楊倞在前言中所言，當時文本中存在
許多難以辨認的文字，導致讀者在閱讀上的困難；第三，
他按照篇章之間的相似性重新排列文本順序。例如〈禮
論〉從原本的第二十三章移動到第十九章，也就是排到了
〈樂論〉之前。這些改動之中對《荀子》整體思想的形象
影響最大者，就是〈性惡〉一篇的更動。原本〈性惡〉列
於第二十六章，亦即在〈子道〉（現本中的第二十九篇）
之後，代表〈性惡〉篇在劉向的排序中原本是混散在七篇
雜錄之中。楊倞把它移到〈正名〉之後的第二十三篇，其
結果則是給了讀者一個印象：〈性惡〉篇是荀卿探討理論
性或哲學性問題的重要篇章之一。由於楊倞以前的抄本都
已佚失，現在我們能讀到的所有《荀子》版本，都是基於
楊倞改過篇章次序的文本。

---

18 Knoblock 其中索出了二十九條與現本《荀子》含有的一樣的句子。請
　　參照 Knoblock, I, p.110.

　　楊倞加注以後的《荀子》文本，不再出現任何內容、
順序上的改動。而宋代開始刻印之後，要追溯版本則較為
容易的。迄今對於《荀子》文本流傳歷史的研究，大抵上
一致認為宋代以後的文本繼承，是以兩大系譜來展開：第
一條流傳系譜是從「國子監刊本」開始。此刊本在北宋神
宗時期國子監的監督下，於一〇六八年（熙寧元年）刊
出。到了南宋孝宗時期的一一八一年（淳熙八年），則由
唐仲友重刻，此版本後來稱為「臺州刊本」。「國子監刊
本」和「臺州刊本」的書本都失傳，今日北京圖書館保存
了另外繼承「國子監刊本」系統的「浙北刊本」，只不過
其殘缺不少頁張，而其直接版源也不甚清楚。[19]

　　另外，雖然「臺州刊本」在中國已失傳，但其中一本
在傳到日本之後，被保存於金澤文庫，而在轉手幾次後的
德川時代，為當時著名的藏書家狩谷望之（掖齋，1775～
1835）獲得。其原本在狩谷去世後，也遺失了。不幸中的
大幸是，狩谷還在世時有一位諸侯向他借了原本，並製作
了一份完整的複本，而該複本在明治時代，為東京大學
「支那哲學」講座的教授島田重禮（1838～1898）所購
得。島田後來獲悉駐日公使黎庶昌（1837～1897）有意願
重刻此版，便把此抄本贈送給黎庶昌。黎庶昌於是就請當
時日本聲譽最高之雕刻師第三代木村嘉平（1823～1886）
雕刻。如此，保留著濃厚宋代刻本風格的《荀子二十卷：
唐楊倞注，景宋臺州本》，便被收入《古逸叢書》的第七
卷，並在一八八四年出版。

19　高正指出「此本共抄補12頁半，尚缺2頁未補。抄補之頁為：楊序第
　　1頁上半頁，卷5第1、2頁，卷11第7、8頁，卷13第1、2頁及第17、
　　18、19、20頁，卷14第1、2頁。」高正：《荀子版本源流考》，頁17。

　　另一方面，第二條脈絡的文本流傳系譜，則是從南宋時期的商業印刷開始。這系列的文本被稱作「纂圖互註本」。此刊本的文本來源，無法追溯到楊倞之前的版本，而且其雕刻也不甚精確。只不過由於「纂圖」系統刊本明顯和「國子監刊本」屬於不同的系譜，因此如金谷治所說，此版本在校勘上還具有參考的價值。[20]

　　關於《荀子》各種文本的校勘，清代考證家盧文弨（1717～1796）廣泛地蒐集當時存在的主要文本，進行了仔細的校勘，並由謝墉（生年未詳～1795）在一七八六年出版。盧刊本是在「臺州刊本」出現之前，各種《荀子》文本中最精良的文本，在傳至日本後由朝川鼎（善庵，1781～1849）於一八一八年出版。後來十九世紀初「臺州刊本」的「出現」，久保愛得以利用了狩谷望之借給他的「臺州刊本」之原本進行校勘，並綜合在他之前德川學者的主要註解，而後來在一八二〇年出版了《荀子增注》。在中國能夠參考到《古逸叢書》所收之「臺州刊本」的王先謙，也在一八九一年出版了《荀子集解》，可謂是清代考證《荀子》文本之成果的集大成。此後迄今為止，雖然仍尚未出現對於校對工作有重大意義的「新」文本，但有鑑於近年來先秦以及漢代文獻的大量發掘，我們也可以期待「竹簡」《荀子》的相關文本的出現。[21]

---

20 金谷治：《荀子》（東京：岩波書店，1962年），頁434-435。

21 內山俊彥在他的新版《荀子》後言中論及郭店竹簡〈窮達以時〉開頭「又天又人天人又分」和荀子思想的可能關係。請參照內山：《荀子》（東京：講談社，1999年），頁336-338。

第二節 關於《荀子》一書是否代表荀卿本人的思想之五種觀點

在了解《荀子》思想的具體內容之前，若是先討論文獻內容是否真的可以代表其作者的思想，聽起來有點本末倒置。因為要判定文獻的真偽，或者是否代表其「作者」的思想，應該是在釐清其思想的內容後才能加以判斷。如同其他戰國諸子的思想文獻，《荀子》文本中也包含著各種不同的觀念與寫作方式，甚至是互相衝突而不一致的論證。在過去一百三十年來，因為近代的思想研究比較重視思想內部的一貫性，文本的可信度和內容是否屬於荀卿此人所作，都受到學者不少的懷疑。而且，由於學者們的觀點相當多樣，因此為了進行有系統、條理的《荀子》思想研究，最好先檢視過去的學者對於文本與荀卿思想之關係有何看法。下面，筆者將過去大約一百年間的學者對《荀子》文本形成的觀點分為五種：第一，《荀子》文本可區分為真正能代表荀卿本人思想之部分，以及與荀卿本人思想沒有直接關係的部分；第二，將整本《荀子》看作是荀卿學派思想的發展或演變過程；第三，將《荀子》一書看作荀卿本人的哲學思想的發展；第四，將《荀子》一書視為對過去諸子思想的綜合；第五，基本上接受《荀子》為過去諸子思想的綜合，但試圖在其綜合中，觀察出統合其各種思想成分的構造或中心價值。

第一種觀點：區分出真正的荀卿思想部分與雜入的部分

在近代的中國學術史中，胡適應該是第一個基於西方近代哲學概念去懷疑《荀子》絕大多數的篇章可能不是荀卿本人所作的學者。胡適的方法是：區分出「荀卿後的思想雜入」和「真正的荀卿思想」。他認為，單獨在《荀子》一書中出現，而無法在其他文獻裡找到的內容，就是真正能代表荀卿思想的部分。根據他的說法，現本中只有〈天論〉、〈解蔽〉、〈正名〉以及〈性惡〉等四篇算是「真正的荀卿思想」。[22] 另一方面，梁啟超雖然呼籲對此問題不宜驟下結論，但他自己也認為，由於在〈儒效〉、〈議兵〉以及〈彊國〉中荀卿均被稱為「孫卿子」[23]，而這應該是弟子們對荀卿的敬稱，所以這些篇章中的論述基本上是由荀卿弟子抄錄的資料所構成。屬於古史辨學派的楊筠如，則以更激進的方式發展這些推測，他得出的結論是：《荀子》是一本將西漢時期的哲學思想東拼西湊所完成的作品；具體而言，它抄錄自《韓詩外傳》、《禮記》等著作。[24] 反之，張西堂以《荀子》、《韓詩外傳》、《禮記》文本的詳細比較分析為基礎，反對楊筠如的主張。然而，張西堂本人也認為《荀子》中有多達十四篇的作品並非荀卿本人所作。[25] 此後，龍宇純也藉由更細緻的文獻研究，

---

22 請參照胡適：《中國哲學史大綱‧上卷》，頁306。
23 梁啟超：〈要籍解題及其讀法〉，梁啟超：《梁啟超學術論集：通類》卷2（臺北：南嶽出版社，1978年），頁1035。
24 楊筠如：〈關於荀子本書的考證〉，頁131-147。
25 張西堂：〈荀子勸學篇冤詞〉，羅根澤編：《古史辨》卷6（香港：太平書局，1963年），頁147-162。

指出《荀子》不是件單純拼湊而成的作品。[26] 二十世紀前半的中國學者多少都依據胡適的方法，透過辨認出「雜入」的部分，來決定文本的所謂「真實」部分。[27] 筆者認為這樣的觀點，與當時學者們尚未注意《荀子》思想在中國思想發展中之綜合角色的方法論立場相關。

　　在上述以辨別雜入文本為主的分析脈絡中，還有更為激進的論述，即認為雖然《荀子》是經由一位名為「荀子」的人著手完成，卻只是抄錄他之前的作品，因而並沒有屬於自己的哲學系統。這種觀點認為，現本《荀子》即便是出自荀卿本人之手，但也只不過是種拼湊而成的作品，並沒有思想的創造性。劉道中即主張《荀子》的內容為「既錯誤又沒有技巧的抄寫作品」。[28] 就主張現本《荀子》中看不出作為獨特哲學作品的意義這點上，劉道中與楊筠如的看法互相一致。

第二種觀點：視為荀卿學派演化的不同階段

　　日本學界的《荀子》研究，雖然受到胡適和楊筠如等古史辨學派觀點的啟發，但整體而言，當時日本學者的立場仍與胡適和其追隨者的主張保持一定的距離。金谷治的觀點可代表當時日本學者的主要問題意識：「我們必須解

---

26 龍宇純：〈荀子真偽問題〉，龍宇純：《荀子論集》（臺北：臺灣學生書局，1987年），頁25-54。

27 關於其他研究，張心徵認同梁啟超的觀點。請參照張：《偽書通考》（上海：上海商務印書館，1956年），頁620-622。魯惟一（Michael Loewe）也介紹胡適、楊筠如、張西堂以及郭沫若的觀點。請參照 Loewe: "Hsün tzu," pp. 179-180.

28 劉道中：《荀況新研究》（桃園：各大書局，1995年），頁1-39。

釋為何《荀子》裡存在了不一致和多樣化的思想與論述。
（強調記號為筆者所加）」金谷治的研究目標，與其說是
要找出荀卿「獨特」原創的思想內容，不如說是要依照其
思想特色，來分類《荀子》的全部內容。金谷治將整個文
本的思想內容分為（1）修身派；（2）治國派；（3）哲學
思索派；（4）其他：各種作品（勞動歌曲以及其他敘事
文）等四類，且認為這些討論在範圍上的差別，反映出了
荀卿後學學派的思想。金谷治推測荀卿後學中的每一學
派，都在不同領域上發展其師說，並且傳承其文獻。[29]
為了彌補第一種觀點的缺點，即討論時排斥了那些被認定
是「不能代表荀卿的部分」，他將文本分為四類以討論
《荀子》思想的作法是頗值得肯定的，但恐怕難以證明將
每一類都歸給某一特定學派的假設。以《墨子》為例，其
中與所謂「十論」相關的主題，分別被區分為三種版本，
如〈兼愛上〉、〈兼愛中〉、〈兼愛下〉，而這三者或許可以
視為是同一學說由三個不同學派所繼承的版本。由是觀
之，我們可以推測，此三個不同的學派在原則上仍保持著
同樣的論點。同樣地，荀卿學派的演變也不一定要按照不
同論述類別來分門別類。更何況在儒學傳統中，「修身」
和「治國」的實踐原本就不可分割，荀卿和其學生又為何
一定要刻意地分類這些教學內容？我們反而可以推測這分
類可能是出自劉向的編輯。

　　豐島睦的研究則從《荀子》和《韓詩外傳》之間五十
二段相同文句的比較分析開始。在此一比較分析中，豐島

---

29 金谷治：〈荀子の文獻學的研究〉，頁9-28。

睦推測現本《荀子》中，有十八個篇章應該是在韓嬰編輯
《韓詩外傳》之前就已存在。但是他也在〈王制〉、〈議
兵〉中觀察到：「請問……〔孫卿子〕曰：夫是……」的
句型。此外，〈儒效〉、〈議兵〉、〈彊國〉也含有「孫卿子
曰」的文句。根據豐島的意見，含有「請問」和「孫卿子
曰」句型之段落應是荀卿的弟子直接記錄下來的，因此這
些篇章中的內容較能反映出荀卿本人的思想。相較之下，
由於戰國時代還沒有個人直接寫下自己著作的習慣，所以
其他篇章的內容恐怕難以判定是否屬於荀卿自己的思想。

　　另外，豐島也發現在《韓詩外傳》和《荀子》同樣內
容的段落中，《韓詩外傳》有七段以「傳曰」開頭的文
字，而現本《荀子》中則沒有。[30] 豐島據此推測，這應
該是荀卿後學在撰作現本《荀子》之際，從之前的其他著
作中抄錄下來的部分。否則若後學真正直接記錄荀卿的言
論，他們應該可以直接寫成「孫卿子曰」。總之，金谷治
與豐島睦的研究傾向於認為，《荀子》的大部分內容是從
荀卿在世時到去世後一世紀內逐漸形成。因此，《荀子》
一書與其說是荀子的個人著作，不如說是收集了荀卿本人
及其後學的言說內容而成的作品。

第三種觀點：《荀子》作為荀卿本人的哲學思想發展
過程

　　有別於將《荀子》思想區分為「真實」與「雜入」部
分的第一種立場，或者將之區分為「荀卿本身思想」與

---

30 豐島睦：〈荀子文獻批判の一方法〉，頁59-71。

「荀卿學派發展」部分的第二種立場，還有另外一種立場
也試圖解釋《荀子》文本之不一致性與多樣性之思想理
由。此立場可再分為兩種觀點：（1）這些思想上的差異或
不一致，代表了荀卿個人哲學活動發展的不同階段；（2）
《荀子》是集成其前各種思想文獻的綜合著作。其中全面
提出前者的觀點研究屬於少數，而且如下所述，根據其觀
點來分類文本成立順序的每個具體見解幾乎會遭到更多的
反駁。因此，此觀點的有效性目前只能算是處在假設的階
段。赤塚忠在一九五〇年代就曾經指出，從今本《荀子》
的內容可以追溯出幾個階段的思想發展。[31] 但赤塚忠本
人並沒有展開這方面的探討。與之相較，出版過《荀子》
全文英譯的 John Knoblock，則試圖按照荀卿生平來排序各
篇撰作的先後順序。Knoblock 認為，《荀子》各篇可分別
代表荀卿生平中某一時期的思想。舉例而言，Knoblock
主張，由於當時墨家在楚國佔據思想主導的地位，《荀
子》中包含有關於知識論和邏輯的〈解蔽〉和〈正名〉兩
篇，應是他居於楚國而受到墨家思想影響時所寫成的。[32]
然而，像 Knoblock 那樣將某國的思潮和某本思想文獻的
內容具體連結起來，反而使許多情形無法說明。如按照
《呂氏春秋‧去私》所述「墨者有鉅子腹䵍居秦」，秦國
是墨家最高領導者所居住的地方。同樣的，《呂氏春秋‧
去宥》也記錄「東方之墨者謝子」，暗示了當時齊魯地區

---

31 赤塚忠：〈荀子研究の二三の問題〉，收入赤塚忠：《儒家思想研究》
　　卷3（東京：研文社，1986年），頁392。
32 John Knoblock: "The Chronology of Xunzi's Works." *Early China*, vol. 8.
　　(1982-1983), p. 36.

也有著名的墨家（而這可暗示有成立的學派的存在）。也就是說，我們很難想像在當時最富庶、且位居中華文明思想活動中心的齊國，會沒有墨家思想活動的據點。由是觀之，哪怕〈解蔽〉和〈正名〉兩篇真的受到了墨家的影響，也仍然不能斷定荀卿一定要在居於楚國的時期，才能寫出這些篇章。簡言之，儘管在《荀子》文本中可以找到大致上可辨別其發生時期的歷史事件，譬如荀卿卸任蘭陵令的公元前二三八年，然而將某些「歷史事件」的時期與「荀子寫作文本中的某段主張內容」的時期進行連結的推論手法，難免有牽強之嫌。

除此之外，Knoblock 似乎假設現本的各篇即為荀子寫作的基本單位。這一點也恐怕難以證實。由於《荀子》實際上是在西漢末年被劉向整理成現有的三十二篇，現本中的各章各段，在劉向之前可能是分開流傳的；要在劉向將彼此「類似」的內容連接起來之後，才成為像現本的篇章。其實中國大陸學者如廖名春和高正，也在近年的研究中，將《荀子》中的某些篇章歸結為荀子在某一時期所寫成的。[33] 但他們的分類，同樣面臨 Knoblock 所遭遇的方法論困難。

第四種觀點：將《荀子》一書視為對過去諸子思想的綜合

另一種說明現本《荀子》思想的多樣性的觀點，是把「綜合先秦思想」這個現象視為其內容的主要特徵。事實

---

33 請參照高正：〈荀子的生平和思想〉，高正：《諸子百家研究》（北京：中國社會科學出版社，1997年），頁204-274。

上，早期提出這個觀點的學者亦是赤塚忠。[34] 不過大陸
的杜國庠和後來美國的 Lee Yearley，也曾經主張過這是理
解《荀子》思想特質之重要觀點。然而，此觀點成為《荀
子》思想研究的主要潮流，是在一九九〇年代以後：即由
於馬王堆漢墓出土的所謂《黃帝帛書》（《黃帝四經》）的
出現，使學者逐漸注意黃老思想對《荀子》的影響的時
期。如此，被用來比較分析的文獻，逐步擴及至與《黃帝
帛書》有類似內容的所謂《管子》四篇，以及《管子》其
他諸篇思想所成形的齊學傳統。在此研究脈絡中，屬於齊
國稷下思潮的所謂「稷下先生」對《荀子》思想的影響，
也引起學者們的注意。本研究也繼承此問題意識。的確，
關注這些非儒家的因素對《荀子》思想的影響，會有助於
說明《荀子》思想的綜合性特質。但此觀點所導出的結
論，若不是如王慶光般，雖然接受《荀子》思想受到儒家
之外的影響之假設，仍然在孔孟以來原屬的儒學傳統中試
圖找出《荀子》的思想的特色和意義；[35] 就是如趙吉惠那
樣，將《荀子》從儒學傳統排除出去。[36] 於是關於《荀
子》思想意義的探討，就淪為如同在所謂「雜家」格局中
找出《呂氏春秋》的主導思想的方式；也就是在「六家」
之中選出哪一家的思想為其中心思想。結果，學者對《荀

---

34 赤塚忠：〈荀子研究の二三の問題〉，頁393-394。

35 王慶光：〈晚周天道心性說及荀子之回應〉，《興大人文社會學報》，
　　期5（1996年），頁63-83；以及王慶光：〈荀子駁正「黃老之學」並
　　倡導「文化生命」〉，《興大人文學報》，期34（2004年），頁45-72。

36 趙吉惠：〈論荀子是稷下黃老之學〉，收錄於陳鼓應（編）：《道家文
　　化研究》輯4（上海：上海古籍出版社，1994年），頁103-117。

子》獨特思想意義的說明，又回到二十世紀初期的學者曾
屢次提出過的「性惡」、「天人之分」等「刻板」內容。

第五種觀點：《荀子》作為有整體統一性和思想
一致性之作品

　　如果要兼顧《荀子》思想是先秦思想的綜合之說法，
也找尋其獨特思想意義，我們需要更用心地找出使《荀
子》的思想得以具有高度統合性的要素。在這樣的視野
中，我們便能夠了解到，《荀子》一書的思想多樣性反而
會構成相當一貫的整體。關於其思想整體性，內山俊彥已
指出整個《荀子》的內容，仍能構成具有整體一致性的思
想體系。[37] 只是他認為其中最後七篇為荀卿弟子所蒐
集、添加，而非本人所作。然而，雖然我們同意這些部分
的內容恐怕並不是荀卿直接說出來，或寫下來的部分，但
也不需要把此部分看作純屬他後學的思想之部分。因此，
當我們認為「這七篇大部分的文句和段落代表荀卿學派的
思想」之時，此七篇的思想不只意味著荀卿後學的思想，
而且也包括荀卿以前的儒學思想的可能性。也就是說，此
七篇的內容存在會告訴我們：荀卿本人可能將儒學傳統中
傳誦下來的故事和對話記錄，繼續整合進自己的論說中，
而這七篇即為荀卿的思想工夫之「材料」。

　　龍宇純也認為《荀子》並非是東拼西湊組合而成的作
品。他提醒學者應小心不要過於強調荀卿「性惡」的觀
點，並且試圖論證《荀子》思想的核心就是「禮」。根據

---

37 內山俊彥：《荀子》，頁67-68。

龍宇純的觀點，《荀子》可能是第一位提出「宇宙本體意涵」的「禮」概念的思想家。[38] 筆者的研究立場，基本上支持上述內山俊彥和龍宇純的觀點，即認為《荀子》的整體思想是由「禮」概念來保持其統合和一貫性。

小結

嚴格而言，目前仍然難以判斷現本《荀子》一書的內容是否真實地反映，或是在何種程度上能代表荀卿本人的思想。回顧以上的五種觀點，除了第三種觀點之外，其他或多或少都受到當時哲學史或思想史研究的學術氛圍之影響：第一種觀點主要是被二十世紀初古史辨的疑古思潮所驅使。當時的學術氣氛是：無論如何，都要先懷疑任何先秦作品是否都代表其冠名之作者的思想。第二種觀點反映了武內義雄與津田左右吉等著名思想史學者之嘗試，他們試圖闡明中國古代文獻中的「思想發展過程」。第四種觀點明顯是馬王堆出土帛書文獻的副產品。當時的學者因而致力於釐清《黃帝帛書》、《管子》四篇等文獻與《荀子》之間的思想關係。由於目前「郭店楚簡」、「上海博物館藏楚簡」等一九九〇年代以後出土的文獻的內容大概屬戰國早中期的思想內容，故而從此獲得的見解在如上所舉的研究《荀子》思想的脈絡中，特別對第四種觀點的思想研究，提供了豐富的研究題材。

至於筆者所採取的第五種觀點應該還有發展的空間，

---

38 龍宇純：〈荀子思想研究〉，頁85。

即以「禮」的重要性為理解《荀子》思想的關鍵要素。豐島睦曾經指出，《荀子》最後七篇的作者應非荀卿，但他承認《荀子》的核心主張為「具有仁義道德之人依循『禮』的統治」。[39] 內山俊彥也提到：「如果『禮』構成了荀卿思想的核心部分，則我們更應該關注在整個《荀子》文本中每個重要部分幾乎都提及『禮』這一點重要事實。」[40] 內山俊彥的提醒是極具啟發性的。

　　總之，根據如上的討論，在目前為了研究《荀子》思想與文獻和研究方法相關的議題上，筆者認為未來《荀子》思想研究可以進一步注意的特色有兩點：第一，《荀子》思想的特質在於其綜合前人思想之處。這並不意味著將《荀子》的思想只看作他之前的思想的混合；而是如同德效騫所言，《荀子》將前人的思想成份轉換並建構成彼此不可或缺、且整體一致的思想體系。[41] 而在這樣的假設上，我們進一步研究荀卿如何統合前人思想的理論工夫本身。第二，因此，我們不但認同「禮」概念的重要性在於《荀子》將之視為最高的實踐價值；而且進一步探析「禮」概念如何使《荀子》從過去各種思想傳統中所引進的多樣主張，得以從一綜合體，進而成為具備了一貫結構性的統合體。

---

39 豐島睦：〈荀子文獻批判の一方法〉，頁59-71。
40 內山俊彥：《荀子》，頁67-68。
41 Dubs: *Hsüntze*, p. 134.

第二章
荀子的生平

序言

　　對當代傳記學者而言，與大部分只流傳名字的其他先秦思想家相比，荀子能夠得到《史記》為其立「列傳」的情況，是相當幸運的。然而這並不意味著我們就能藉此自然獲悉荀子生平的正確面貌。換言之，「敘述荀子生平」一事，始終要靠當代學者對歷史資料的詮釋和建構故事的一種「構想力」。敘述古代人物的生平時，會常碰到的問題大概有兩個：第一，我們所擁有的這些「歷史資料」是否真實反映歷史事實呢？換句話說，這些敘述是否只是此人物死後很久後被編出來的故事而已？簡單的說，譬如，美國漢學家顧理雅（Herrlee G. Creel, 1905～1994）半世紀前撰寫孔子生平的時候就懷疑孔子的實際生平是否真的如司馬遷〈孔子世家〉敘述的那樣？[1] 第二，某件歷史事實和荀子生平上的事件能不能互相結合起來理解？如上所述，為了證實一篇古代時期故事的歷史實在，需要嚴謹的

1　Herrlee G. Creel: *Confucius, the Man and the Myth* (NY: John Day, 1949), pp.7-11。

資料考證作業，但古代文獻的歷史考據作業在實際執行上是非常困難的。「記錄」荀子所生活過的歷史事件之文獻中，現存最基本的資料應該還是與孔子一樣的司馬遷《史記》的〈孟子荀卿列傳〉之敘述。

〈孟子荀卿列傳〉中與荀子相關的敘述，荀子為趙人，而曾在齊國稷下以及楚國分別擔任過祭酒和蘭陵令這三點應該屬實。然而，對此之外的描述，我們還是不得不懷疑司馬遷對荀子生平記述的正確性。此部分理由在於《史記》的相關記載中，與荀子生平可能最具密接關係的齊國歷史記載並不正確：他竟然把齊國在齊宣王時進攻燕國（前316）的事件置於宣王之子湣王（前301～前284在位）的時候。如此，在釐清荀子生平事蹟時反而要面對連這些基本記述也不可靠的情況下，唯能依據「春申君死而荀卿廢」一句可以得悉，荀子因春申君黃歇（生年未詳～前238）被殺而卸任蘭陵令，而這是從〈楚世家〉和〈春申君列傳〉中的記載合理推定為前二三八年。換言之，在我們探索荀子生平時，我們依靠此前二三八年為思考其他事蹟的「標準」，而進行相關歷史記錄的「詮釋」和歷史年代的「推算」。就這樣，敘述荀子的生平等於是依據合理推測來試圖「組成」荀子生平的拼圖作業。

在進行這樣「歷史記錄的詮釋」以及其後續的「歷史年代的推算」來釐清荀子生平的作業上，最讓學者頭痛的問題是〈孟子荀卿列傳〉的「（荀子）年五十始來游學於齊」一句的處理問題。如下所述，此部分的理解有「五十歲到齊國」或「十五歲到齊國」兩種不同的解釋，據此因而在荀子生平的歷史年代推算上產生了巨大歧見。過去

許多學者，王忠林、[2] 相原俊二、[3] 兒玉六郎[4] 以及 John Knoblok[5] 等學者（還有很多）提供了荀子生平的不同概述。在這些研究中令人諷刺的是，我們觀察到連一些高明且原來應該對資料解讀謹慎的歷史學者也提出了「荒謬」的推論：例如，梁啟雄據如上的引文認為荀子的年紀在齊宣王時已達五十歲，因而主張荀子竟活到一二○歲。[6] 錢穆也主張荀子在威王時期已經待在齊國。[7] 前者明顯地違背了我們的常識。若後者則屬實，那麼，荀子會比孟子少幾歲而已。眾所周知，梁啟雄是上個世紀最著名的《荀子》註解者之一。錢穆則屬中國史編年研究上的經典地位之《先秦諸子繫年》的作者。當然，我們的目標並不是揭開他們推測的謬誤，而是提醒我們現在仍然處於無法重構荀子生平合理圖案之困境的這一點。在方法論層次上，更令人覺得悲觀的是，我們在「糾正」司馬遷或者劉向的敘述時並沒有反證的資料，結果往往只好要靠我們「合理」地來推測。

2　王忠林：〈荀子的生平〉，《新譯荀子讀本》（臺北：三民書局，1978年），頁1-8。

3　相原俊二：〈荀子の霸と五霸〉，《三上次男頌壽記念東洋史・考古學論集》（京都：朋友書店，1979年），頁1-9。

4　兒玉六郎：〈荀子の事跡〉，收於氏著：《荀子の思想》（東京：風間書房，1993年），頁21-40。

5　John Knoblok: "Chronology of Xunzi's Works," *Early China*, vol. 8, (1982-1983), pp. 29-52．．

6　梁啟雄：〈荀子傳徵〉，《荀子柬釋》（臺北：臺灣商務印書館，1936年），頁430-431。

7　錢穆：〈荀卿年十五之齊攷〉，《先秦諸子繫年》（上海：上海商務印書館，1936年），頁302。

　　畢竟，除了少數學者，如 Knoblock 和高正等人之外，大部分的學者在把《荀子》中有關生平的敘述連結於荀子生平中的具體階段來理解時都顯得較為猶豫。不過，雖然我們難以如「荀子在前某年幾歲發生過什麼歷史事件」的方式來鎖定荀子生平的實際時間點，但在《荀子》中仍保留幾場與當時著名王公貴族問答的敘述。其中，荀子與秦昭王（前306～前251在位）、秦應侯范雎（生年未詳～前255）以及趙孝成王（前266～前245在位）對話的時間應該可以推定大概的時間點。不過目前能推論的應該只限於此。光靠猜這些問答的時間點，還是無法證實「荀子在多少歲時開始有怎樣的主張或思想」。

　　對於荀子的生平，我們可參考的資料分成三類：

1 荀子生平的描述

　　司馬遷的《史記‧孟子荀卿列傳》和劉向的《敘錄》所敘述荀子的生平。不過劉向《敘錄》顯然基本上是依據司馬遷所用的資料，甚至其大部分可能直接抄自〈孟子荀卿列傳〉。《史記》中的其他傳記，如〈春申君列傳〉以及〈李斯列傳〉也提及荀子，因而可以用來補充〈孟子荀卿列傳〉的記載。除這兩種資料之外，《戰國策‧楚策四》的〈客說春申君〉記載著楚國春申君和荀子的微妙關係。此記載似乎是獨立於〈孟子荀卿列傳〉和《敘錄》流傳過的資料，而在此意義上相當重要。在東漢知識分子應劭寫的《風俗通義‧孫況》一篇專論荀子生平，其內容大部分基於〈孟子荀卿列傳〉、《敘錄》、〈客說春申君〉的相關記載，因此其資料價值則屬第二手層次。不過漢代知識分子

像這樣對戰國諸子寫的大幅傳記之存在本身，可代表漢朝知識分子當時相當尊重荀子的事實。

2 《荀子》一書

除《史記》之外，《荀子》一書也提供重構荀子生平的重要資料。《荀子》記錄了荀子和當時王公貴族以及荀子弟子們的問答。假設這些對話不是虛構，我們就可以推想荀子和這些戰國人物的大概會面時期。根據《荀子》記載，趙孝成王、秦昭王、秦應侯范睢以及不透露姓名的齊相都曾接見荀子。[8]《荀子》又記錄著荀子與後來成為秦始皇丞相的李斯的對話。不過，李斯以弟子身分受教，所以難以猜出具體的時間點，只能說荀子居住在楚國的時候。《荀子‧堯問》有一個段落論及荀子的教誨為何在當時不甚流行。顯然，這段落的論述是出自荀子後學之手。

3 其他文本中相關的語句

在西漢文獻的《韓詩外傳》以及《鹽鐵論》中論及荀子的生平與言論。

必須重申的是，從嚴格的歷史考證角度而言，在上述任何資料中沒有一段可以是百分之百屬實且可以判定為正確的記載。因此，本文的討論也如許多過去學者一樣，只能算是一種推測。

8　〈彊國〉：「荀卿子說齊相曰：處勝人之埶，行勝人之道，天下莫忿，湯武是也。」

第一節　歷史背景：戰國時代齊國與趙國的狀況

　　從頭論述，我們只好就最無聊的結論開始談起荀子的生平。荀子的確切生卒時間並不得而知。比較確定的是，荀子生活在公元前三世紀的前三分之二中。基於他到齊國的年齡和時期，本文假設是生於前三一六年左右（其論據請看後文）。[9]〈孟子荀卿列傳〉記錄他是趙國人。在荀子出生當時，齊國在戰國時代是最為強盛的時期，其優勢是由於馬陵之戰（前341）戰勝魏國而奠立。在宣王（前319～前301在位）統治的時代，齊國首都臨淄是在當時的中原世界最繁榮的都市。所謂「稷下學」的崛起，以齊國無比的經濟繁榮和軍事優勢為背景，而據司馬遷所言，其黃金時期是來自於宣王對「文學游說之士」的嗜好與支持。[10]

　　在戰國政治史和文化史雙方面，以齊國入侵燕國的前三一六年為歷史上的分水嶺。當時，燕國的王噲（前320～前312在位）可能是受到了推崇「禪讓」的思想潮流之影響，竟將王位真的傳給了沒有血緣關係的「賢人」子之，遂引發了子之和王噲之子太子平之間內戰。齊宣王利用了這混亂狀況，而進攻燕國。結果在五十天內就順利佔

9　請看下一節的討論。

10　《史記‧田敬仲完世家》：「十八年，秦惠王稱王，宣王喜文學游說之士，自如騶衍、淳于髡、田駢、接子、慎到、環淵之徒七十六人，皆賜列第，為上大夫，不治而議論。是以齊稷下學士復盛，且數百千人。」

領了燕國首都，而「殺其父兄，係累其子弟，毀其宗廟，遷其重器」（《孟子‧梁惠王下》）的狀況出現。因此，其他諸侯也對「天下固畏齊之彊也。今又倍地」（上同）的狀況感到害怕，唯恐齊國勢力因而坐大，遂締結了反齊聯盟，逼使宣王決定將齊軍由燕國撤退。

反觀荀子生國的趙國之情況，荀子出生的時候是趙武靈王（前325～前299在位）十年。在武靈王之前，戰國前期的趙國在國際政治中都處於配角的地位。趙國不是小國，但國力不足以爭霸於天下。武靈王的在位期間，趙國扮演著平衡諸侯爭霸情勢的角色，尤其是平衡齊國與秦國的勢力。武靈王是以騎兵取代傳統軍隊而著名的，此一軍隊改革實施於前三〇二年。兩年後，齊宣王薨逝。前二九五年，武靈王征服位於趙國與燕國之間的中山國。然而，由於武靈王雖將王位讓給其子惠文王（前398～前266在位），但卻寵愛公子章，於是趙國爆發內戰。武靈王讓位給惠文王後雖被尊敬為「主父」，但終被惠文王的軍隊困於宮中而餓死。[11]

惠文王在位期間，公元前二八六年時，齊國遭到燕昭王（前312～前279在位）報復戰而差點亡國，楚國也由於連續敗於秦軍而失去首都，兩國都在爭霸的競賽中落居下風。而在此之間，趙國遂成為唯一能抵擋住日漸強大的秦國之國家。前二六九年，惠文王甚至在閼與打敗了秦國軍隊。前二六六年惠文王薨，其子孝成王（前271～前258在位）繼位，並以惠文王之弟平原君（趙勝，生年未詳～前

---

11 《史記‧趙世家》：「主父欲出不得，又不得食，探爵鷇而食之，三月餘而餓死沙丘宮。」

251）為相。趙國跌落的轉機在公元前二六二年與秦國的戰役。由於秦國攻擊韓國，結果使得韓國的上黨地區面臨孤立，不願投降給秦國的上黨地區遂歸附趙國。此事件成為兩大勢力正面衝突的導火線。前二六〇年，兩國在長平展開總力消耗戰，最後秦國大勝，秦國將軍白起（生年未詳～前257）坑殺了四十萬趙兵。這場戰役對戰國的局勢起了關鍵的轉變，從此再也沒有一國能夠單獨對抗秦國了。兩年後，秦軍包圍趙國的首都邯鄲，無法獨力克敵的趙國最終仰賴魏國信陵君（魏無忌，生年未詳～前243）的支援才讓邯鄲得以解圍。荀子活動的時期與趙國的興衰相繫，可是他對趙國事務的相關痕跡卻僅見於《荀子》〈議兵〉「臨武君與孫卿子議兵於趙孝成王前」的一場對話。荀子也讚許了此信陵君抗王命而救趙的決策。[12]

第二節　荀子到齊國以及他在稷下的活動

如上所述，對於荀子到齊國的年代以及他當時的年齡的不同看法，造成其生平有多種解釋。載有荀子生平的記載者，有司馬遷《史記・孟子荀卿列傳》、劉向《敘錄》以及應劭《風俗通義・孫況》，而在前兩者的記載中，到齊國的年齡和在此時期的荀子的情況含有一些矛盾，雖然其資料性屬於二手價值，唯《風俗通義》的敘述，整體的用詞較為一致。

---

12 〈臣道〉：「信陵君之於魏也，可謂拂矣。傳曰：『從道不從君。』此之謂也。」

　　首先，我們先看《史記・孟子荀卿列傳》的記載，即曰：「年五十始來游學於齊。」在此，寫荀子到齊國的年齡「年五十」以及說明荀子到齊國目標的「遊學」之間的「不一致」，造成了學者在如何解釋，或甚至如何處理此句的問題上的不同態度。問題在於，年齡五十歲時已建立自身學問的荀子只是為了「游學」而去齊國呢？[13] 因此在這裡司馬遷應該要寫「游說」。劉向的《敘錄》也一樣寫到「年五十始來游學。」（但劉向並沒有寫「游學」到哪裡）但是其用詞比〈荀卿列傳〉還要來得奇怪，因為在這文句之前，劉向還說：「是時孫卿有秀才。」秀才一詞通常用於稱讚年輕學生；而不是年老師傅。因此，劉向的敘述字義上變成「五十歲秀才的荀子到齊國游學」的意思。對此，不少學者注意的是，應劭《風俗通義・孫況》的敘述中「五十」的部分就寫「十五」的事實。《風俗通義》即曰：「是時，孫卿有秀才，年十五始來游學。」至少這樣的說法──「十五」歲的「秀才」荀子到齊國「游學」──比起上舉兩部文獻，整段文意顯然較為通順。

　　那麼，下一個問題是，《風俗通義》的如此寫法是否為作者應劭自己的判斷，還是他所參考的劉向《敘錄》原來就是這樣寫，而應劭只是抄寫而已？畢竟《風俗通義》是東漢的資料，只靠東漢人寫道的內容來描述荀子當時實

---

13 現本《史記》中「游學」出現八次。其中明顯係指年輕時候的學習過程者有〈儒林列傳〉的「申公游學長安，與劉郢同師」以及〈陳丞相世家〉中「伯常耕田，縱平使游學」兩句。〈平津侯主父列傳〉有「臣結髮游學四十餘年」一句，因而不能說司馬遷在使用此詞上完全排斥成年之後的學習行為，但〈儒林列傳〉和〈陳丞相世家〉用例明確係指年輕時段的學習過程。

際的情況，說服力還不太夠。由於除了「十五」和「五十」的差異之外，《敘錄》和《風俗通義》主要的文字完全一樣，應劭抄寫《敘錄》的可能性還是比較高。那麼，是應劭抄了這一句之後按照整條句子的意思，而把「五十」改為「十五」嗎？關於這一點，南宋時代的藏書家晁公武（1105～1180），於一一五一年成書的《郡齋讀書志》中，也引用劉向《敘錄》的相關部分寫道：「當齊宣王威王之時，聚天下賢士，稷下是時荀卿為秀才，年十五始來遊學。」[14] 這暗示，原本劉向《敘錄》的相關部分到宋代應該仍寫為「十五」。若是如此，我們可以合理推測，應劭在抄《敘錄》的時候，《敘錄》相關部分之數字也應該為「年十五」。若我們考慮到劉向的敘述就是將「五十」改為「十五」時，整段文意通順得多，因此我們可以推測《敘錄》原來也是載寫為「十五」，而應劭則抄了含有「年十五」整句。

　　然而，到此還有兩個問題。第一，為何《敘錄》的記載被換為「五十」？以及第二，司馬遷的文本原來寫的也是「年十五」嗎？由於生活在南北朝最後到隋朝的顏之推（530～591），他從《史記》所引用的文字就是「五十」。[15] 由是觀之，就算我們保留司馬遷原來也寫「十五」的可能性，到南北朝的時候，顏之推所看的《史記》文本中，關於荀子年紀的記載就已寫為「五十」。

　　除了如上的理由，一些學者主張，司馬遷原來就寫

---

14 晁公武撰：《郡齋讀書志》，收於張元濟輯：《續古逸叢書‧史部》（南京：江蘇古籍出版社，2001年），頁586-587。

15 請看《顏氏家訓會注》，頁38b。

「五十」，因而若將「五十」改為「十五」的話，整句意思將變得不清。此原因是文中「始」字的存在。現代漢語中「始」字可解釋為「到……之後才有」之意。整句按照此一解釋的意思，這部分可以翻譯成「到五十歲後才去齊國」；反之解釋為「到十五歲才去」的話，則整句的意思就不通了。然而，我們注意《史記》文本中的「始」字用法，便會發現「始」字其實係指「首先」或「原來」之意。譬如，〈孟嘗君列傳〉曰：「始以薛公為魁然也；今視之，乃眇小丈夫耳。」在這部分的「始」可解釋為「原來」或「過去」之意，並且與「當今」時段之意的「今」字做個對比。如此，把句子改為「年十五始來游學」，並且解釋為「十五歲時第一次到齊國學習」也通順。然而，關於《史記》的部分，文獻上我們並沒有司馬遷原來寫「十五」的證據。

另外，在廖名春的博士研究中，以《荀子》對錢幣稱呼的方式為據，認為荀子直到五十歲才到齊國。廖名春主張，《荀子》中將錢幣都稱為「刀布」（〈榮辱〉、〈富國〉、〈王霸〉），而這反映當時趙國刀幣和布幣並行的情形。在齊國通行的貨幣只有刀幣，直到襄王時才引進圜錢。這就證明了荀子長期在趙國而直到五十歲才到齊國。[16] 後來梁濤、王慶光等學者也支持廖說。[17] 的確，荀子對貨幣的稱呼上使用在齊國並沒有流行過的「布」字之事實，令人聯想荀子出身和長大的背景與趙國之間的關係。但這一點並

---

16 廖名春：《荀子新探》（臺北：文津出版社，1994年），頁21-22。

17 梁濤：〈荀子行年新考〉，《陝西師範大學學報》（2000年4期），頁77-82；以及王慶光：《荀子與齊道家的對比》（臺北：大安出版，2014年），頁9-10。

無法看成荀子直到五十歲才離開趙國而居住齊國的證據。其實，學者一致認為在齊國形成的文獻《管子》一書中，「刀布」複詞就有六例，而且其用例分散在五篇中。[18] 在〈山至數〉中甚至「錢布」一詞也出現。[19] 那麼這五篇的作者均在三晉地區長大而壯年後才到了齊國嗎？我們合理推測的是，在戰國後晚期的經濟論述中，「刀」和「布」合成的「刀布」一詞漸漸成為係指「貨幣」的情形。因此光舉在《荀子》中有「刀布」的用例還無法作為針對荀子何時到齊國主張之證據。

綜合如上種種的情況來推測，雖然我們無法知道司馬遷原來是寫「十五」還是「五十」，劉向《敘錄》原來就寫「十五」的可能性相當高。而剛才問過的第一個問題：現本《敘錄》的記載為什麼卻寫道「十五」的原因，筆者認為，後來《史記》的流傳，有人據《史記》的記載把《敘錄》的記述改成「五十」。

假如從上面的探討而設想：劉向《敘錄》原來寫「十五」；但司馬遷原來寫過的是「五十」的話，這可暗示司馬遷和劉向依據的資料可能不一樣，而他們依據不同的資料個別寫「五十」和「十五」。總之，筆者重視這句話中的「五十」和「秀才」、「游學」之間的不一致，再加上考慮《風俗通義‧孫況》和《郡齋讀書志》引用《敘錄》原來寫「十五」的可能性。據此推測：除了《史記》中的相關記載之外，在西漢時期應該保存含有「荀子十五歲游學

---

18 分別在〈國蓄〉、〈山至數〉、〈地數〉、〈揆度〉、〈輕重乙〉（兩例）中。

19 「故賦無錢布，府無藏財，貲藏於民。」

於齊」內容的文獻，而劉向的《敘錄》可能根據此種資料寫成「十五」。根據如上的探討，下面筆者暫以荀子第一次赴齊國的年齡是十五歲為前提來進行荀子生平的敘述。

　　若我們設想荀子第一次到齊國的時間是十五歲左右，並且其時間點是在齊宣王統治年間的話，那麼荀子的「游學」應當是在其末年，否則荀子在前二三八年被解任蘭陵令職位時的年紀將會太大。如此，我們推想，齊宣王統治的最後一年之前三○一年，荀子的年齡大概屬十五歲。

　　接下來，本文將考察荀子居留齊國時的事蹟。《史記》載有相關的五段文句：

（1）年五十（按：本文認為「十五」）始來游學於齊。

（2）騶衍之術迂大閎辯，[……] 故齊人頌曰 [……]。

（3）田駢之屬皆已死，齊襄王時，而荀卿最為老師。

（4）齊尚脩列大夫之缺，而荀卿三為祭酒焉

（5）齊人或讒荀卿，荀卿乃適楚

　　首先，我們有必要考慮司馬遷行文的順序以及結構。在句子（1）中司馬遷說到荀子到達齊國。接著，句子（2）摘要了騶衍、騶奭、淳于髠的學說宗旨。[20] 在（3）句子中司馬遷說到三件事：

（3-a）田駢等學者過世。

---

20 胡適認為這部分是後世的竄入。胡適：《中國哲學史大綱》，頁303。不過，筆者傾向把這部分視為提出騶子和荀子兩者之間直接或間接的學術承繼關係之可能性。

（3-b）襄王的在位時期（前283～前265在位）。

（3-c）荀子是當時最高齡的師傅。

在（1）司馬遷說到荀子到達齊國，接著提到稷下先生如
騶衍提倡的論說。從「游學」聯繫到稷下先生的描述，似
乎想暗示荀子的理論受到騶衍及在（2）、（3）所提到的稷
下學者之啟發。

司馬遷暗示：這裡所提到的兩位騶子 —— 騶衍和騶
奭 —— 是孟子學術的繼承人。[21] 但是在現存的《孟子》
中，並沒有論及騶衍，也沒有孟子和騶衍之間的對話。[22]
司馬遷把騶衍的生平加進孟荀的生平敘述之間，而且他對
騶衍思想的摘述甚至比兩者還要詳細，司馬遷將騶衍視為
孟荀之間的稷下學術代表人物這一點應該無誤。根據《史
記》，騶衍思想的主要特徵可歸結為四點：（i）在騶衍的
描述中，外在世界的現象並不能由人類世界的視野來度
量；（ii）他建立「類推」法，使得人類能理解像宇宙這樣
無法察覺到的領域；（iii）他藉由「五德」轉移的概念說
明歷史因果的動態，並且以之與國家的興衰相結合；
（iv）他說明統治者的德行與自然界的災異與瑞祥會相
應。關於騶奭，司馬遷說，騶奭在修飾騶衍思想的部分有
貢獻。

---

21 〈孟子荀卿列傳〉說：「其後有騶子之屬」。再說，司馬遷把騶衍的
思想描繪出「必止乎仁義節儉」。

22 《孟子外書‧孝經》中有：「騶衍請受業於孟子。孟子曰：『吾老
矣。不能偕子遊於九州之外。』」的文字。熙時子（注）：《孟子外
書》（臺北：藝文印書館，1967年）。

描述兩位騶子和淳于髡之後，司馬遷的焦點從稷下學宮的興盛轉到了沒落。針對（3-a）「田駢之屬皆已死」；（3-b）「齊襄王時」；以及（3-c）「而荀卿最為老師」的時間點亦是可爭論的議題。其問題的關鍵在於在此三條句子中如何打標點符號。按照標點的位置，這三個文句可讀為兩種不同方法：即（3-a）和（3-b）之間；或者（3-b）和（3-c）之間。若依前者，句子便可讀為：「田駢之屬皆已死。齊襄王時而荀卿最為老師。」若是後者：「田駢之屬皆已死齊襄王時，而荀卿最為老師。」比較合理的推測是，按照後者的讀法。此一假設可以從《史記・汲鄭列傳》所記載鄭當時的生平敘事中找到佐證，即說：「鄭君死孝文時」。[23] 據此「皆已死」和「齊襄王時」兩句可以相連結，該句可讀為「皆已死齊襄王時」。如此（3）的內容的大意是：在稷下學領袖地位的大部分學者都在襄王統治時期陸續過世，而因著他們過世的結果，荀子接著晉級為學宮祭酒。也就是說，荀子大概經過襄王到王建在位時期的某時段成為了「最為老師」。

在（4）中有「祭酒」一詞，而此句是中國文獻中提及「祭酒」職位最早的記載，而在戰國時代其他文獻中並沒有關於祭酒的記載。因此，戰國時代荀子所擔任的祭酒一職究竟肩負何種職分呢？根據諸橋徹次的整理，在後代的資料中，祭酒是公共儀式的主角，並由社群中年紀最長者擔任。他拿著獻祭的酒並將之潑灑在地，後來祭酒一詞用來指稱受人尊敬的長者。漢朝時，在行政上這職位更明

---

23 也請參照班固：《漢書・張馮汲鄭傳》（北京：中華書局，1985年），頁2323。

確界定為「博士祭酒」。[24] 博士的任務為經書的整理、傳
誦，以及詮釋其真諦，而年數最長的從事者即成為博士祭
酒。考慮到司馬遷提出荀子一共三次被任命為祭酒，或許
在戰國時期齊國的這個職位僅僅是為了特定的典禮而選拔
的。如果祭酒是提供給最年長者的穩定職位，按理荀子一
生應該沒有被任命過三次。也許荀子離開過齊國幾次，而
因此每次回來就被重新任命。

接著要考察荀子離開齊國的事蹟。事實上，要是荀子
是在前三〇一年到達齊國，並在前二五五年因任蘭陵令而
離開，就會意味著荀子大約在齊國居留過四十五年。不
過，在《鹽鐵論・論儒》有一段描述暗示荀子在擔任蘭陵
令之前就曾離開齊國：

> 湣王[⋯⋯]。諸儒分散，慎到，接予亡去；田駢如
> 薛；荀卿適楚。

其引文的大意是：「（在齊湣王統治時期）老師們都分散：
慎到、接予逃走；田駢前往薛國；荀卿遷居楚國。」《鹽
鐵論》的描述似乎意指荀子居齊的時間可分為兩段：從宣
王到湣王（前319～前284之間），並且從襄王到王建（前
283～前221之間）。重要的是，這描述帶出的問題是：荀
子在宣王或湣王治下是否身處齊國？

荀子離開齊國的時間，很可能是《鹽鐵論》所寫湣王

---

24 諸橋徹次（編）：《大漢和字典》卷8（東京：大修館書店，1976年），
　頁471-482。

治期的最後以及樂毅率領的燕軍佔領齊都期間的前二八四
至前二七九之間。假設荀子在這個危機時期居住在齊國，
並且他在當時齊廷的官位高到能夠讓他直接勸阻齊君所不
斷發動要滅鄰國的戰爭，那麼其弟子，正如《左傳》的作
者或編者，應該自然會記錄這些談話，以稱讚其師對湣王
霸權政策的諫言是正確的──如春秋時代賢臣的諫說一
樣。再加上，要是荀子也在首都親身經歷了燕軍犯齊都的
時局，像孟子記錄曾參逃難的故事一樣[25]，其弟子一定會
寫出老師如何被捲入且擺脫此一慘劇的故事：齊軍潰散、
首都臨淄遭掠、湣王慘死，以及齊國由此衰微。然而《荀
子》不像《孟子》，完全沒有描寫荀子本人捲入從建國至
荀子當時齊國所經歷過最大的考驗及災難的事蹟；而只有
〈彊國〉中有一段被沒有透露名字的齊相接見的記錄。不
過在這裡荀子描述周邊國對齊國的威脅就暗示著齊國的國
力已不振的情況。[26]

　　到此讓我們再進行當時荀子年紀之推想。筆者主要以
如下兩個理由認為在齊國被燕國佔領的前二八四至前二八
三年間荀子還是三十歲左右的青年。第一，在今本《荀
子》中並沒有荀子與《史記》和《鹽鐵論》所舉出的稷下
前輩學者──慎到、田駢、宋銒等──與荀子之間實際以
面對面進行論辯的記錄，只有提供荀子單方面對他們的思

---

25 《孟子・離婁下》：「曾子居武城，有越寇。〔……〕寇退，曾子反。」
26 〈彊國〉：「今巨楚縣吾前，大燕鰌吾後，勁魏鉤吾右，西壤之不絕
若繩，楚人則乃有襄賁開陽以臨吾左，是一國作謀，則三國必起而
乘我。如是，則齊必斷而為四、三，國若假城然耳，必為天下大
笑。」

想內容之整理和批評。眾所周知，《孟子》和《莊子》皆有記錄孟子和莊子本人與淳于髡、宋鈃、惠施等當時著名學者的辯論。當然我們也需要考慮到《荀子》中之所以缺乏這樣記載的部分理由也許是寫法上的轉變，如由「對話式」轉成「論述式」之可能。然而如上所述，《荀子》中還包含著幾段荀子與當時的王公貴族以及他學生的對話。我們無法相信荀子或其弟子刻意不將他和其他學者的論辯放入《荀子》的內容中。無論荀子本人在實際論辯中的勝負與否，荀子和荀子的弟子們可以如《孟子》般來描寫荀子如何在論辯中取勝對方。由是觀之，當稷下的前輩學者處於其哲學和政治活動的高峰時，荀子應該還屬年輕。因此，荀子的身分根本還沒有辦法與騶衍等當時著名的稷下先生進行論辯。

第二，從《荀子》中對歷史事件的描述來看，現本《荀子》不但在〈王霸〉提及齊湣王喪國的事件，[27] 而且還在〈臣道〉評論魏信陵君，說「爭然後善，戾然後功」。這應該是前二五八年魏信陵君違君命救趙都邯鄲解圍的評價。[28] 尤其信陵君的此段故事自然在前二五八年之後才能寫出來。換言之，荀子屬於在前二五九年發生的事情之後而可以回顧及評論的世代。因此，就算荀子從宣王到湣王時期就居於齊國，前二八〇年代的荀子的年紀應該比較輕。因此，就與前輩稷下著名學者隔一世代的荀子

---

27 〈王霸〉：「不得道以持之，則大危也，大累也，有之不如無之；及其綦也，索為匹夫不可得也，齊湣、宋獻是也。」

28 〈臣道〉：「通忠之順，權險之平，禍亂之從聲，三者非明主莫之能知也。爭然後善，戾然後功，出死無私，致忠而公，夫是之謂通忠之順，信陵君似之矣。」

所能做到的事情，並非跟如上所舉的稷下著名學者直接辯論，而是回顧他們的思想之功過，並且單方面加以嚴厲批評。同樣地，如上所述的〈彊國〉中荀子對齊相國諫言也應該在襄王復國之後，或甚至王建時期的記錄；前二八〇年代，當時年輕的荀子有資格向當時現任的齊相帶有那麼大口氣論政頗受懷疑。與此可對照的是與趙孝成王及秦昭王御前進行辯論和對話的敘述（後詳述），載錄這些對話的事實可代表荀子在前二七〇年至前二六〇年間逐漸成為傑出的學者或論客，其知名度讓他得以在國君御前公開辯論國家大事之情況。

第三節　荀子見趙孝成王與秦昭王

根據上述討論，一個可行的說法是：荀子第一次居留齊國的時間，應是始自宣王統治後期，結束於湣王薨逝之前。湣王輸給五國聯軍後，齊國的首都就被燕國的軍隊佔有（前284～前279）。後來襄王奪回首都，並致力重建稷下學宮，此時荀子也為了學宮的重建回到齊國。剛好此時（前279～前278）楚國首都郢陷於秦國將軍白起的攻擊，因而楚國被迫遷都。此情況讓整個楚國陷入混亂，亦可假設荀子於此時離開楚國。如此荀子就可能在齊國於前二七八年收復領土以後再次定居於齊都臨淄。因此，可以推定荀子第二次居留齊國的時間應在於前二七八年到荀子就職蘭陵令的前二五六年（後詳述）之間。而他會見趙孝成王和秦應侯（范雎）的事蹟也可能是發生在此一時期。下面我們稍加仔細檢視此情況。

　　首先，對秦、趙、齊三個國家來說，前二六五年和前二六四年都是段關鍵時刻點：前二六五年秦昭王舉范睢（應侯）為相國；趙國孝成王繼位；齊襄王薨逝，其子建於前二六四年繼承齊王座。我們不難想像當時秦、趙、齊三國都經過國政的轉換時期。

　　第二、上文已經提到，趙孝成王在即位後接下來五、六年，趙國和秦國成為彼此最強大的對手，而其對決經過「長平戰役」秦國大勝直到「邯鄲包圍戰」繼續。此決戰肇因於前二六二年上黨郡向趙國投誠。上黨原屬韓國，但是秦國的連番攻擊致使它孤立於其他的韓國領土。上黨的長官馮亭不肯屈服於秦軍的統治，就下決定依附趙國。於是秦趙兩國在長平展開了長達三年的消耗戰，而前二六○年趙國不但戰敗，除幾百位的老幼傷兵外，其他四十萬趙軍降卒皆被秦將白起坑殺。趙國此次戰役實際失去了幾乎全部的軍團。這也可以說是戰國時期最悲慘的戰役。

　　我們在考慮如上歷史背景後分別看《荀子》中所展開的與秦昭王（勝者）以及與趙孝成王（敗者）的辯說的內容。〈議兵〉記錄荀子在趙孝成王的御前與臨武君展開辯論。其辯論內容以作戰原則方面的議題來進行辯論；但缺乏對當時趙國情勢的任何具體分析。要是此一辯論發生在長平戰役後，很難想像他們未曾論及此一關鍵事件。既然趙國處於敗戰且遭坑殺四十多萬大軍的情況，而孝成王就是此戰敗的當事人，甚至要負起最大責任的國君。他應該會如《孟子》中的魏惠王和滕文公一樣[29]，針對「我們該

---

29 《孟子‧梁惠王下》滕文公對孟子表示的：「齊人將築薛，吾甚恐。

如何抵禦秦國不斷侵襲趙國？」或者「我們如何從造成重傷害的長平之戰中回復？」向荀子請教。果然，趙國首都邯鄲在前二五八年被秦軍包圍，當時趙國真的差一點就遭到滅國。

　　反觀《荀子》中有關與秦方對話的記錄。若《荀子》的記錄屬實，秦昭王和應侯，也就是說當時在秦國最有權力的兩位接見過荀子。但荀子與應侯的對話中，荀子從讚嘆秦國國內治理平穩地敘述開始的對話內容，也沒有提出具體歷史事件。[30] 秦軍在長平之戰也失去了一半的士兵[31]，並且在前二五八年包圍邯鄲一役中失利，這些失敗是昭王時期的一大軍事挫折，同時也衝擊到范雎的政治力量。要是他們的會面是發生在此役之後，那麼對於這番秦國的大挫折，應該就是荀子能夠大力開展德治效果的良機。儘管如此，荀子卻完全沒有提及此事件。

　　由此可見，荀子與趙孝成王、秦昭王以及范雎會面的時期應該就在他們即位之後至因上黨問題對決之前的前二六五年到至前二六二年之間的可能性比較高。再說，當時在齊國也因前二六五年齊襄王薨逝，而由齊王建母的垂簾聽政開始。〈孟子荀卿列傳〉所寫的「齊人或讒荀卿」的狀況可能就是在這樣的齊廷氣氛下所發生的。無論如何，

如之何則可？」、「滕，小國也。竭力以事大國，則不得免焉。如之何則可？」等會遭到鄰接大國的侵攻的憂慮。

30　〈彊國〉：「應侯問孫卿子曰：『入秦何見？』孫卿子曰：『其固塞險，形埶便，山林川谷美，天材之利多，是形勝也。入境，觀其風俗，其百姓樸，其聲樂不流汙，其服不挑，甚畏有司而順，古之民也。』……」

31　〈白起王翦列傳〉：「今秦雖破長平軍，而秦卒死者過半，國內空。」

假如上面有關荀子生年的推算屬實，前二六五年當時的荀
子年齡應該為五十歲左右，這年紀剛好讓他可以試著把他
的政治理想付諸「新天地」的實際政治，何況趙國是荀子
的母國。還有「齊人或讒荀卿」的狀況發生的另外一種可
能性是，他「訪問」趙國和秦國的結果，使得齊國王室和
貴族要懷疑他對齊國的忠誠。不過，不像孟子對齊宣王的
治世，整本《荀子》中我們無法找出當時趙國和秦國的統
治者實際聽取荀子的政策建言的敘述。

第四節　蘭陵令時期

　　公元前二五六年，因楚國春申君帶兵滅魯，而春申君
請荀子來治理原來屬魯的蘭陵。這一年是整段荀子生平中
可追溯的兩個年度之一。如果我們假設荀子出生於前三一
六年，那麼他在六十一歲時就任蘭陵令職位。根據〈荀卿
列傳〉寫道，荀子因春申君的死亡而被解任此一職位，而
春申君被李園殺害就在前二三八年。因此，我們可以合理
推測荀子任職於蘭陵令職位從前二五六年到前二三八年的
約十八年期間。

　　《史記》中並沒有任何記錄呈現荀子在蘭陵令任內的
作為。在其任內，前二四七年魏國信陵君率領五國聯軍在
河外打敗秦國。六年後，聯軍在至蕞為秦國所敗，此戰役
是秦國最後一次遭遇諸國聯軍。秦國當時已經近於呂不
韋攝政時期，前二四〇年前後就是《呂氏春秋‧十二紀》
成書。

　　另外，《戰國策‧楚策四》以〈客說春申君〉為章

名，記載一段荀子在楚國遭受讒言之後前往趙國的故事，
這段軼事也被劉向和應劭寫入荀子的生平敘述中。而且
《韓詩外傳・卷四》也載此故事。可見，此故事西漢初期
就開始膾炙人口。雖然〈楚策四〉沒有寫最後荀子是否回
到楚國，但〈荀卿列傳〉寫他任職到春申君遭殺（即前
238年）為止。要是〈楚策四〉的故事也為真，荀子擔任
蘭陵令的時期可分為兩個時段。雖然這故事看起來不像是
歷史事實而更像是軼事：此內容展現出像聖人般超凡的人
格也不會受到主人欣賞。如上所述，然而，由於《戰國
策》和《韓詩外傳》都含有此故事的傳誦可溯到西漢初
期，所以不可忽略此兩部文獻載錄此故事本身的意義。在
此，筆者要保留荀子在蘭陵令任職中也有可能到過趙國，
並且有一小段時期擔任孝成王上卿的可能性。

　　〈荀卿列傳〉寫道，荀子卸任蘭陵令後繼續居留當地
直到過世。我們不能確定荀子何年離世。由於我們推測荀
子最高也活到八十歲上下，據此推算荀子在卸任蘭陵令之
後數年內去世。然而，如上所述，有些學者相信荀子活到
一百歲以上。梁啟雄以漢朝張蒼（據說荀子弟子，後述）
與唐朝曹憲兩位知識分子為例，由他們活到一百歲以上的
例子來試圖論證荀子比一般人長壽，梁啟雄的結論是荀子
活到一百二十歲。[32] 關於荀子是否活到一百歲的問題，
兒玉六郎則試圖用統計的方法來回答這問題。兒玉蒐集從
漢朝到清朝的中國知識分子壽命的記錄，算出戰國時期中
國知識分子的平均壽命只不過五十五歲。根據這結果，兒

---

32 梁啟雄：〈荀子傳徵〉，《荀子柬釋》，頁430-431。

玉反駁荀子活到一百歲以上的推理。[33]

筆者比較接受兒玉的觀點，認為其比較合理。只不過我們也另外假設來思考這項問題。要是荀子真的像張蒼、曹賢一樣擁有超過一百歲那樣的長壽，他的弟子們應該特寫他的長壽。對中國人而言，無論古代或現代，長壽本身就是人的偉大成就。再加上，荀子深受蘭陵郡民尊敬。[34]此一事實讓我們得以推論，要是他享有比同年代的人更加異常長命，這「事件」應該會被視為一偉大的德行而被記錄，然而我們找不出這樣的記錄。因此荀子活到如此超凡高齡之可能性比較低；筆者乃推測荀子的壽命最高也只在於八十歲上下，即卸任蘭陵令後的幾年去世。[35]

第五節　荀子的弟子

荀子的學問非常廣博，無論是屬於哪一家，漢代學術皆難有未受其影響。那麼，關於荀子具體的弟子，包含《荀子》在內的漢代文獻中，我們能查到名字的只有陳囂（生卒年未詳）、李斯（生年未詳～前208）、浮丘伯（生

---

33 兒玉六郎：《荀子思想》（東京：風間書房，1993年），頁21-56。

34 劉向《敘錄》：「蘭陵人喜字為卿，蓋以法孫卿也。」

35 關於《鹽鐵論・毀學》含有「荀子為（或「謂」）之不食，睹其罹不測之禍也」一句，若將「睹」字解釋為「親眼看到」的話，就此句就會意謂荀子活到李斯死後。針對此句的解讀，林桂榛最近的研究主張「睹」字解為「預見」，如此則不需要把荀子的生平不合理的拉到一百二、三十歲。參見林桂榛：〈荀子生卒年問題新證〉，《邯鄲學院學報》，卷24期1（2014年3月），頁25-26。然而，因為林桂榛採取荀子五十歲到齊國（在齊襄王時）的立場，如此只好主張荀子還是活到一百歲左右。

卒年未詳）、韓非（生年未詳～約前230）以及張蒼（約前253～前152）五位。在今本《荀子》中，有兩處荀子與李斯和陳囂對話的記載，而這是關於陳囂的唯一記錄。

李斯是唯一出現在〈孟子荀卿列傳〉的弟子。李斯是在秦莊襄王（前249～前247在位）薨逝前後開始服事於呂不韋，由此可以推測李斯是荀子任職蘭陵令初期的學生，時間可能是在前二五五至前二四八年間。〈李斯列傳〉記載李斯向荀子說的話（但沒有載錄荀子的回答）：他反對無為的觀念，也厭惡不去追求利益的隱士所要過的簡約生活。[36]〈李斯列傳〉其他的地方也記載李斯感嘆自己雖然仍記得荀子給過他「物禁太盛」的教誨，然而卻已成為其中所要警告的對象，自己卓越的政治勢力即將步入衰敗。雖然李斯通常被視為典型的法家政治人物，但這些文句暗示著李斯深刻地尊敬他的老師。

韓非是先秦法家和其他治國之術的集大成者。作為荀子的弟子，他的名字出現於《史記·老子韓非列傳》「與李斯俱事荀卿」一句，以及劉向《敘錄》的「及韓非號韓子，又浮丘伯皆授業為名儒」一句，不過司馬遷敘述韓非的方式明顯與與李斯的方式不同，只說「事荀卿」。因此我們不得而知韓非與荀子之間的關係。筆者並不排除韓非曾經與荀子見過面，並且向他「請教」過的經驗，但以與李斯同樣的方式向荀子拜師而學習荀子學說的可能性並不高。[37]

---

36 〈李斯列傳〉：「困苦之地，非世而惡利，自託於無為，此非士之情也。」

37 關於這一點，請參閱拙文：〈《荀子》的「性」論與《韓非子》的

在傳承荀子學說的學者中，浮丘伯可能是最重要的學者。如上所說，劉向的《敘錄》將他的名字與李斯、韓非一起列舉，而《鹽鐵論‧毀學》也對比了浮丘伯與李斯的一生，描繪出彼此對照的兩種生活方式。根據〈毀學〉，浮丘伯似沒有從政。也根據《漢書‧儒林》，申公（申培，約前220～約前135）是浮丘伯的學生。申公是著名的儒學經典傳承者之一，尤其是《詩經》四大註解傳統之一「魯詩」的開祖為著名。

此外，韓嬰（約前200～前130）的「韓詩」傳統上也可能繼承了荀子的學問。在《韓詩外傳》中，可以找到多達五十二段與今本《荀子》相似的文段，並且它們不是零散的片段而是整個段落，可見，「韓詩」是基於荀子思想來理解《詩經》。不過，關於韓嬰跟什麼人習得荀子的學說，並沒有具體的記錄。

相形而言，「毛詩」和荀子學說的密切關係也相當明顯。〈毛詩序〉的論述幾乎基於荀子的「教化」和「禮義」之學說。[38] 也許因為這樣內容上的密切關聯，魏晉學者認為「毛詩」傳統的創始者毛公（毛亨）是荀子的學生。[39]當然，這樣的系譜組合可能是魏晉學者或是「毛詩」傳統的早期繼承者所創造的。然而重要的是，無論毛公是不是

「人」觀〉，收於佐藤將之：《荀子禮治思想的淵源與諸子思想之研究》，頁238-260。

38 原文是：「故變風發乎情，止乎禮義；發乎情，民之性也；止乎禮義，先王之澤也。」〈毛詩序注〉，林慶彰編：《詩經研究論集》卷1（臺北：臺灣學生書局，1987年），頁495（郭紹虞注附錄）。

39 陸璣：〈毛詩草木鳥獸蟲魚疏〉（《四庫全書》卷70，頁21）說：「荀卿授魯國毛亨。」

荀子的學生，在「韓詩」和「毛詩」的《詩經》解釋中明顯觀察出要由荀子學說來解《詩》的態度。

張蒼是漢文帝（前179～前157在位）時的丞相，他擔任此職十五年。在漢初，當蕭何（生年未詳～前193）過世後，張蒼是當時漢廷唯一擁有曆法、法律以及各種測量知識與技術的知識分子。在包含《史記・張丞相列傳》的漢代的文獻中，皆未記到張蒼與荀子的關係。只是唐朝孔穎達（574～648）的《春秋左傳正義》的導論引用劉向的《敘錄》指出，張蒼的《春秋》研究是繼承自荀子的。不過，我們有理由去懷疑此一系譜的真偽。張蒼於前一六二年過世，享年略微超過一百年。如果說張蒼生於前二六五年而荀子是於前二三五年過世，那麼荀子過世時他就可能是三十歲上下。雖然並非不可能，若張蒼真的有向荀子受教，應該如李斯一樣由本人說出，或是同時代的人也應該記錄下來。今只好存疑。

從上述討論可以得出的暫定結論是，在列名於荀子弟子的人物中，李斯與浮丘伯兩位是比較可信的。而我們沒有什麼特別的理由懷疑浮丘伯與申公的學術繼承關係，因此申公也可歸為荀子學派的繼承者。從現本《韓詩外傳》的內容來看，韓嬰繼承荀子的學術傳統這一點應該可以肯定的，而由他的年紀來看，也有可能韓嬰向荀子的弟子學《詩》。關於「毛詩」，其傳承者毛公已經幾乎屬傳說人物，所以說「毛公為荀子的學生」比較沒有實際歷史上的意義，只是由〈毛詩序〉的內容來看，其解釋很有可能繼承荀子學說。相形之下，光靠現有的文獻證據，我們很難確定韓非與張蒼是否為荀子的學生。

小結

　　本章試圖對荀子的生平重構，基於上述的討論，我們所試著重構荀子的一生大概為如下：

　　首先，我的討論開始於「荀子十五歲時第一次來到齊國」的假設，有三個主要的理由支持此說：第一、根據《風俗通義》及《郡齋讀書志》有「十五歲」的記載，有很高的機率支持劉向原來也記為「十五」。第二、在《史記》中能找到將「始」字解釋為「最初」或「原本」而非「直到」的意思，這能推翻支持「五十歲」者的論據。第三、如果我們以為荀子在齊宣王統治時期已經超過五十歲的話，明顯為他活到前二三八年的記載相衝突。以下運用這些例子來提出荀子的生平，以作為本章的結尾：

　　荀子大約在前三一六年出生於趙國。他年輕時曾到齊國，當時應是十五歲左右。荀子在稷下學宮鑽研到三十歲左右，燕國戰勝齊國迫使荀子離開齊都臨淄，並在前二八六年到二七八年間居留於楚國。後來秦軍攻進楚國都郢城，以及齊襄王奪回臨淄的事件才讓荀子回到齊都稷下。隨著輔佐襄王治世的前輩思想家陸續去世，荀子逐漸成為稷下學者中最年長且最博學的學者，使得他更受尊敬，在這時期三度被任命為祭酒。之後，襄王的薨逝可能引起荀子探求新生涯的念頭。在前二六五年，趙國由孝成王繼位，應侯范雎在秦國掌政，荀子應該在這一年到前二六二年之間曾拜見他們以及秦昭王。此時也是秦趙爭霸最後交鋒的前夕。前二五六年楚國滅魯，荀子接受楚國春申君的

邀請，接任蘭陵令。我們無法確定前二三八年他被解任前是否曾一度離職赴趙國，但他在卸任後繼續居住在蘭陵直到去世。如果說荀子是在前二三七到前二三五年間去世的話，他的年紀應該是七十歲後半到八十歲。

　　總之，此文的探討為僅僅一步步累積有限且難以認定可靠度的材料而來的推測。而且，諷刺地說，從這樣歸納出來對荀子生平的理解，對荀子思想的理解恐怕不會帶來什麼幫助。畢竟，讓我們最貼近《荀子》思想特質的方法還是仔細探討其文本中所呈現的概念和論述本身。

附錄一：《史記‧荀卿列傳》原文（附標點符號）

荀卿，趙人。年五十始來游學於齊。騶衍之術迂大而閎辯；奭也文具難施；淳于髡久與處，時有得善言。故齊人頌曰：「談天衍，雕龍奭，炙轂過髡。」田駢之屬皆已死齊襄王時，而荀卿最為老師。齊尚脩列大夫之缺，而荀卿三為祭酒焉。齊人或讒荀卿，荀卿乃適楚，而春申君以為蘭陵令。春申君死而荀卿廢。因家蘭陵，李斯嘗為弟子，已而相秦。荀卿嫉濁世之政，亡國亂君相屬，不遂大道而營於巫祝，信禨祥。鄙儒小拘，如莊周等又猾稽亂俗。於是推儒、墨、道德之行事興壞，序列著數萬言而卒。因葬蘭陵。

附錄二：荀子的年譜

年（公元前）	年齡	事件	疑問	資料
約316	1	生於趙國	荀卿趙人	史記・孟荀列傳
約301	15	到達齊國	年五十（十五）始來游於齊	孟荀列傳
約286-278	38-46	逃離齊國，前往楚國	湣王……，荀卿適楚。	鹽鐵論・論儒
約278-255	46-61	成為稷下學宮的祭酒（三次）	荀卿三為祭酒焉	孟荀列傳
約265	51	於趙孝成王之朝廷和臨武君討論	臨武君與孫卿子議兵於趙孝成王	荀子・議兵
約265-261	51-55	會見秦昭王會見秦應侯（范睢）	秦昭王問孫卿子應侯問孫卿子	荀子・儒效荀子・彊國
256	60	受命為蘭陵令	春申君相楚八年，……以荀卿為蘭陵令	春申君列傳
約256-248	60-65	李斯從學於荀子	至秦，會莊襄王卒	李斯列傳
約256-238	60-78	成為趙國的上卿？	去而之趙，趙以為上卿	戰國策・楚策韓詩外傳・卷四
238	78	解任蘭陵令	春申君死而荀卿廢	孟荀列傳
約237-235	79-81	逝於楚國蘭陵	因葬蘭陵	孟荀列傳

第三章
二十世紀《荀子》研究綜述：
由國際視野的比較回顧

序言

　　我們從本章開始探討過去《荀子》研究的各種情形，同時按照筆者到目前的研究心得來試圖闡述《荀子》思想的特色及歷史和當代意義。而在本章的目標有二：第一、本章由站在國際視野的角度試圖梳理二十世紀《荀子》思想研究的主要脈絡。筆者在此背後的問題意識是，如緒論所述，近十年學者們針對過去《荀子》研究提供的評述論文已經相當多。然而，絕大多數的評述論文只處理單一語言圈內的《荀子》研究。相形而言，本章則將綜合評述以中（臺灣、港澳以及大陸）、英、日文撰寫的相關著作，尤其將綜觀二十世紀《荀子》研究的長、短處以及未來較可期待的探討方向。基於此，筆者提出將「禮」概念視為整個《荀子》哲學系統之關鍵因素的觀點，而從此觀點，杜國庠、赤塚忠、Lee Yearly、陳大齊、韋政通以及龍宇純等人的研究，值得重新受到重視。

　　第二、筆者也回顧歷史比較悠久的日本《荀子》哲學

以及思想研究之早期（約1880～1920）歷史，接著也點出
日本學者研究中國古代思想的三個視角。最後，筆者將指
出在日本將近一百四十年的《荀子》研究之中，由於其銜
接了「比較哲學研究」和「歷史思想研究」這兩個研究階
段，石黑俊逸的研究就具有值得我們留意的重要性。如本
文題目所示，本文評述的主要對象為二十世紀（含有部分
十九世紀末的日本研究）的著作，因而未能探討二〇〇〇
年後出版的相關研究。這點還祈請讀者諒解，而筆者也希
望能另有機會評述這些新研究。

第一節　研究《荀子》思想的三種途徑

　　回顧二十世紀的《荀子》研究，其主要途徑可分為三
種。第一種途徑，是從荀子思想中抽取出最明顯的思想特
色，再加以個別分析。在這個途徑中，《荀子》中最顯而
易見的兩種特色——「性惡論」以及「天人之分」的主
張——因此經常成為研究的對象。由於此途徑允許研究者
選擇他們所注意到的任何思想特色，因此自然吸引了最多
數的學者。在美國，採取此研究途徑的學者把他們所發現
的《荀子》思想的特色，進一步與西方哲學傳統中的相關
概念或主張相互對照。譬如，柯雄文（Antonio S. Cua,
1932～2007）就藉著德性倫理學的觀點與術語的幫助，將
《荀子》的倫理論辯（ethical argumentation）抽離中國思
想史的脈絡，並且在比較倫理學立場上探求普遍倫理對話
之基礎與可能性。如此，柯雄文的見解讓沒有中文或中國
歷史知識的西方讀者，也能夠與荀子的思想進行哲學對

話。[1] 在英語學界裡，Edward J. Machle 亦是採用此途徑的
學者。Machle 所關注的是《荀子》的「天」觀。他的分析
主要植基於〈天論〉的內容，並且將之與戰國時代的其他
思想脈絡完全切開。[2] 到了一九九〇年代，柯雄文和 Machle
下一代的學者金鵬程（Paul R. Goldin），在以 *Rituals of the
Way* 為書名出版的博士研究中，也試圖把《荀子》思想的
許多觀念翻成更多西方哲學的辭彙。只是相較於柯雄文和
Machle 的研究，金鵬程更為重視戰國時期本有的思想史歷
史脈絡，以及《荀子》與當時其他思想家的關係。[3]

　　第二種途徑，則重視歷史環境對某一位思想家或某一
個思想的影響。屬於此途徑的學者，無論是用敘述性或分
析性的手法，皆試圖在歷史脈絡中理解《荀子》思想的時
代性和相對的創造性意義。在中國大陸，這種研究途徑的
直接來源，毫無疑問是「馬克思—恩格斯」歷史學。此途
徑在一九六〇至一九七〇年代曾經佔有壓倒性優勢，而在
近年大陸的研究還是多少可以觀察出其影響。相形之下，
在一九五〇至一九六〇年代的日本，也有不少學者採用過
此研究途徑，但在八〇年代以後就逐漸式微。就《荀子》
思想的研究而言，此途徑沒落的原因可歸納於兩種：第

1　Antonio S. Cua: *Ethical Argumentation: A Study in Hsün Tzu's Moral
Epistemology* (Honolulu: University of Haiwaii Press, 1985)。

2　如此，Machle 甚至主張：在《荀子》的「天」論中完全看不出其前
道家的影響。請參見 Edward J. Machle: *Nature and Heaven in the Xunzi*
(NY: SUNY Press, 1993), pp. 26-27。

3　Paul R. Goldin: *The Rituals of the Way: Philosophy of Xunzi* (La Salle, Ill.:
Open Court, 1999)。本書第四章第一節也提供了筆者對於金鵬程的觀
點之評述。

一、中國大陸學者所討論的主題，只是徘徊在《荀子》歷
史角色的定位上而已，而忽略對其思想內容之固有意義的
探討。譬如，他們最關切的議題在於「荀子代表沒落奴隸
貴族階級，還是新興封建地主階級？」或者「荀子是否為
唯物主義者？」等等提問。第二、無論在中國大陸或日
本，都缺乏能實證如「荀子代表新進封建地主階級的利
益」這種論述的可靠資料，因此難以擺脫刻板的說明框
架。另外，二十世紀前半的思想史研究的環境當中，可靠
資料的缺乏，使受到「古史辨」學派影響的學者甚至認
為，我們難以證實《荀子》一書的內容代表戰國時代存在
過的荀卿這一個人物的實際思想。

　　第三種途徑，則是站在「《荀子》綜合了戰國時代的
儒家與其他諸子百家思想」的角度。此假設在「古史辨」
學派全盛時期並未受到歡迎，而當今雖然在《荀子》思想
研究當中，似乎沒有人反對過這樣的觀點，但明確以此途
徑進行研究的學者卻屬少數。只有如 Lee H. Yearley 等少
數學者，正確地看出此途徑的重要。Yearley 即說：「過去
的《荀子》研究並沒有成功的理由在於並沒有要觀察其思
想的綜合性。」[4] 上述的二種研究途徑在中國大陸與日本
之沒落，以及馬王堆漢墓所謂《黃帝帛書》等新出土資料
的出現產生研究環境的變化，成為了此研究途徑開始受到
重視的轉機。具體而言，馬王堆漢墓的《老子》和《黃帝
帛書》的出現，增加了我們對「黃老思想」的認識，而在

4　Lee H. Yearley: "Hsün Tzu on the Mind: His Attempted Synthesis of
　　Confucianism and Taoism," *Journal of Asian Studies*, vol, 39-3 (1980), p.
　　463。

此基礎上，大陸學者逐漸注意所謂「黃老思想」對《荀子》思想之影響。同時，由於《荀子》自稱為「儒家」，其思想中無疑包含「儒學內涵」。因此，在《荀子》思想中的「儒—道」成分共存的情形，大抵上為當代學者所接受。不僅如此，一九九三年發掘的「郭店楚墓竹簡」和「上海博物館藏楚竹簡」所呈現出更密切的「儒道思想原型混合」之情形，也將推行此研究路線。[5]

這三種分類當然不足以涵蓋過去所有的《荀子》思想研究，而且有些學者的思想研究，隨著時間也橫跨了不同途徑。譬如說，在中國大陸學界，便有學者放棄原有途徑而採納新研究方向的例子。這種狀況在馮友蘭（從第一至第二）和李德永（從第二到第三）身上可以觀察到。另一點必須注意的是，一九八〇年代以後日本學者對整個《荀子》思想體系的探討愈來愈少。換言之，日本《荀子》研究原來具備的宏觀視野，逐步被微觀的視野所取代。此情形使得目前日本學界難以闡明《荀子》思想之統合性和系統性的特色。

第二節　主要個別研究的概觀

二十世紀初期，中國學界開始以西方學術的各種研究方法和術語來研究中國思想。其中對後世影響最深刻者，

5　筆者對於「郭店楚墓竹簡」和「上海博物館藏楚竹簡」中的思想以「儒道思想原型混合」之情形來理解的相關論述，請參見佐藤將之：《中國古代「忠」論研究》（臺北：臺灣大學出版中心，2010年），頁25-31。

應係胡適（1891～1962）與馮友蘭（1895～1990）。胡適的
《中國哲學大綱‧上卷》，是中國學者直接引進西方哲學
來分析中國思想史的先驅。其以「儒家人文主義與傳統」
為切入點，試圖在「天」概念從人格神轉換到自然規律之
過程中，找出《荀子》哲學的意義。胡適將《荀子》「天
人關係」的學說與培根（Francis Bacon, 1561～1626）的
「戡天主義」相比。與此同時，胡適也在「天人關係論」
的架構中，掌握荀子「人人要努力」的主張。因此，他認
為：《荀子》哲學的核心意義，是其明確提出人類力量之
於自然環境的優勢這一點。[6]

　　將「系統性省思」（systematic reflection）作為哲學核
心涵義的馮友蘭，則自然致力於探求中國思想中的系統
性。他把《荀子》在中國哲學發展中的角色，比擬於亞理
斯多德（Aristotle, 約前384～約前322）在西洋思想中的
地位。他認為《荀子》屬現實路線的思想家，並且與《孟
子》的理想主義路線相對照。很諷刺地，無論馮友蘭願意
與否，他所提出的孟子和荀子哲學特色之間這樣的「二分
法」觀點，後來推進中國馬克斯主義如何看中國哲學歷史
時的「官方教義」。不過，馮友蘭的討論基本上繼承胡適
的觀點：《荀子》哲學的意義在於把原來的「天」概念轉換
成「自然」。只是馮友蘭把《荀子》的這種宇宙觀進一步
稱呼為「自然主義」。[7] 兩位學者都提及《荀子》是道家

6　胡適：《中國哲學大綱‧上卷》（上海：上海商務印書館，1919年），
　　頁308-330。
7　馮友蘭：《中國哲學史》，卷1（上海：上海商務印書館，1933年），
　　頁349-382。

的自然概念和墨家的功利主義的接棒人。然而，他們似乎
認為在荀子思想之中，以「禮」來統合各種理念與主張這
點，較之「天論」與「人性論」而言，是較為次要的。[8]

　　傳教士出身的美國漢學家德效騫（Homer H. Dubs,
1892～1969），是將《荀子》思想的整體哲學面貌，系統
地介紹給西方漢學界的第一人。他也首次將《荀子》的許
多主要篇章翻譯成英文[9]，並與他的博士研究一起出版。
雖然現在學者們幾乎不會提及德效騫的研究，但就其能掌
握到《荀子》思想的綜合性面貌這一點而言，不但是當時
西方幾乎唯一的作品，就算在相隔八十多年的今日，如此
高水平的研究仍算罕見。學者之所以長期不重視德效騫之
研究，恐怕是因為德氏的研究與翻譯在出版之後，馬上遭
到荷蘭漢學家戴文達（J. J. L. Duyvendak, 1889～1954）的
嚴厲批評。由於針對德效騫的翻譯與荀子生平考證的戴文
達之批評非常仔細，要參考德效騫的研究和翻譯的人的確
不得不同時參考戴文達的批評。[10] 整體而言，戴文達對
於德效騫的翻譯之矯正，確實有研究上的貢獻。然而，戴

8　參見 Edward J. Machle: *Nature and Heaven in the Xunzi*, pp. 6-7。事實
　上 Machle 的研究展現，因為他本人似乎受到他們的重大影響，他看
　整體《荀子》思想的觀點都卡在只由「天」相關的問題來分析。

9　Homer H. Dubs: *The Works of Hsüntze: Translation from the Chinese,
　with Note* (London: Probsthain & Co, 1928), 以及 Homer H. Dubs:
　Hsüntze: The Moulder of Ancient Confucianism (London: Probsthain &
　Co, 1927)。前者為翻譯（不過並非全譯），後者則為對荀子哲學的研
　究專著。

10　J. J. L. Duyvendak: "The Chronology of Hsün-tzu," *T'oung P'ao*, vol. 26
　(1929), pp. 73-95; 以及 "Notes on Dubs's Translation of Hsün-tzu,"
　T'oung P'ao, vol. 29 (1932), pp. 1-42。

氏對於《荀子》思想系統性之解釋卻從未提出能與德效騫
相比的主張。因此，戴氏對德氏的批評只不過是發揮了負
面效果，而這對之後《荀子》研究的「發展」來說，是一
件遺憾的事情。平心而論，德效騫的專著和翻譯對現在的
《荀子》研究者而言，仍應為必讀的重要文獻。

　　德效騫對《荀子》思想研究的貢獻可分為兩方面：第
一，德氏對於「禮」在《荀子》思想——也可以說其「哲
學」——體系中的角色有相當深入的了解。他說：「對於
荀子而言，『道』，也意味著『儒道』，又意味著『道德』，
乃是『禮』；（因此）『禮』即是『道』。」[11] 德氏洞察到
《荀子》思想中「禮」的重要：「禮」就當相於「道」。德
氏對「禮」概念理論性的了解，在其對「禮」的翻譯，即
"the rules of proper conduct" 中採用 "rules" 一詞這一點可
看出。第二，與其他學者不同，德氏了解到荀子綜合了當
時的正統儒學，並且對之後中國思想史有莫大的影響。[12]
因此，根據德效騫的研究，《荀子》並不是與《孟子》格
格不入的另一家學派的代表。他說：

　　　　荀子把原來的儒學中未得融合的思想因素構成為極
　　　為有一貫性和圓熟的哲學論述，而其中沒有任何一
　　　個主題能脫出來構成單獨的論述。這種特質不僅在
　　　其他中國古代哲學家的思想中罕見，而且是在任何
　　　哲學中罕見的。然而，這絕不意謂他的儒學膚淺或

---

11 Dubs: *Hsüntze*, p. 134。
12 關於德效騫主張荀子屬正統儒家（orthodox Confucian）一點，請參閱
　　Dubs: *Hsüntze*, pp. xvii-xxi。

不夠有內涵。相反地，荀子對事物核心的掌握與人
性的了解是如此地深刻，因此他的哲學一方面具有
真正的普遍性，另一方面還有真正的儒學特質。荀
子哲學可謂獨特的思維；荀子乃是世界最偉大的哲
學家之一。[13]

德效騫把《荀子》哲學的意義與亞理斯多德對照。但是，
這並不是因為《荀子》主張「唯物論」，而是德氏認為，
正如亞理斯多德之於西方思想史，《荀子》對以後中國思
想史發展也帶來了莫大的貢獻。[14]

　　但是，德效騫的觀點也有些問題。由於德氏將先秦儒
家學說的演變看成內在道德與外在道德主張之間的對立，
他指出：《荀子》之強調「禮」是在完全排斥「仁」的基
礎上所進行的。[15] 然而，正如在下章第二節筆者所要釐
清的，《荀子》不但一點也沒有排斥「仁」的價值，而且
他也如其他儒者般將「仁」的倫理價值放在最高的位置。
因而，荀子強調「禮」之重要性，是因為「禮」實為實踐
「仁」的有效且實際的方法。在《荀子》思想體系中，
「仁」與「禮」是相輔而成的。

　　眾所周知，在二十世紀前半，馬克思主義震撼了中國
和日本的社會與學界，而產生了由馬克思主義來研究中國
歷史和思想的大量文獻。尤其在共產主義成為國家意識形
態的中國大陸，「《荀子》＝唯物論者」之理解框架相當普

---

13 Dubs: *Hsüntze*, pp. 292-293。
14 Dubs: *Hsüntze*, pp. xivii-xix. 陳大齊反覆同樣的觀點。請參見陳大齊：
　　《荀子學說》（臺北：中央文物供應社，1954年），頁1。
15 Dubs: *Hsüntze*, pp. 134-135。

遍。不但在中國大陸，而就在此時期的日本，重澤俊郎（1906～1990）也全面接受把先秦中國思想史看做唯心論與唯物論的對立，並且把《荀子》當作唯物主義的代表之觀點。[16] 在中國，李德永在一九五〇年代的研究把荀子「定義」為新興地主階級的代表思想家。按照李德永的看法，《荀子》的思想為戰國時代生產技術與經濟發展下的產物。[17] 因此，《荀子》站在進步的一邊，而必然是具備唯物論以及科學觀點的思想家。[18] 除此之外，李德永也注意到《荀子》對於「氣論」發展有所貢獻。[19]

李德永的研究出來之後，馮友蘭也完全放棄原來「哲學研究」的架構，而轉換成信奉馬克思主義的思想史學者。馮友蘭在《中國哲學史新編》中，把先秦中國思想史建構成唯心論與唯物論的對立，而認為《荀子》是古代唯物主義的代表。[20] 這個觀點便為任繼愈主編的《中國哲學史》所繼承。[21]

《荀子》具有「科學觀點」的思維與「氣」之認識論，似較容易當作《荀子》思想的「唯物特質」。但是，此觀點將難以闡述「禮」論在整體《荀子》思想中的巨大

---

16 重澤俊郎：〈荀況研究〉，收於氏著：《周漢思想研究》（東京：弘文堂，1943年），頁1-141。

17 李德永：《荀子：公元前三世紀中國唯物主義哲學家》（上海：上海人民出版社，1959年），頁1。

18 李德永：《荀子》，頁25。

19 李德永：《荀子》，頁14-15。

20 馮友蘭：《中國哲學史新編》卷1（北京：人民出版社，1962年），頁512。

21 任繼愈：《中國哲學史》卷1（北京：人民出版社，1963年），頁209-235。

思想意義。這是因為，按照馬克思理論架構，「禮」就是受到新興地主階級的挑戰而沒落的貴族階級之社會規範。問題在於，這樣的立場，與馬克思學者另一觀點，即「《荀子》的思想代表新興地主階級」這樣的觀點顯然相矛盾，因為荀子大力提倡的「禮」竟是「沒落的貴族階級之社會規範」。由此觀之，我們可以理解為何馮友蘭的《新編》只花了兩頁討論《荀子》的「禮」。[22]

　　在中國大陸，進入一九九〇年代後，以突顯「唯物論」的架構來討論《荀子》思想，則「禮」於其思想體系中之角色的學者逐漸減少。值得注意的是，曾經堅持馬克思歷史學理論的中國學者本身的變化。譬如說，李德永本人在討論道家思想對《荀子》思想之影響的文章中指出，與其把《荀子》的思想特色看成唯物論與唯心論對立的哪一邊，不如看成是《孟子》儒學與《莊子》道學在「正→反→合」辯證發展過程中的「合」的階段。[23] 另外，方爾加雖然主張：「荀子是個傑出的唯物主義者，這是學界的共識」[24]，但是他用了其著作三分之一的份量來討論《荀子》的「禮」。他在討論《荀子》的「禮」的部分中，從未提及《荀子》是否為唯物主義者的問題。[25] 事實上，任繼愈主編之《中國哲學史》的著者之一的孔繁，在一九九七年出版的《荀子評傳》中，以《荀子》的「禮」

22　馮友蘭：《中國哲學史新編》，頁549。.

23　李德永：〈道家理論思維對荀子哲學體系的影響〉，《道家文化研究》，輯1（1993），頁249-264。

24　方爾加：《荀子新論》（北京：中國和平出版社，1993年），頁71。

25　方爾加：《荀子新論》，頁106-157。

思想的討論為開頭。而他很微妙地，只在討論荀子認識論的地方，才使用「唯物主義」的術語。[26] 孔繁認為「禮」是了解荀子思想的關鍵。另外，孔繁似乎肯定《荀子》綜合先秦思想的角色。從孔繁對荀子思想的高度評價看來，我們可以觀察出中國大陸學者對《荀子》的基本立場，正在繞回到德效騫一九二〇年代便已提出的觀點。[27]

其次，讓我們看看日本的狀況。直到一九七〇年代，郭沫若（1892～1978）、侯外廬（1903～1987）等中國馬克思主義的早期研究著作，在日本都維持著某些程度的影響力。但是，就《荀子》思想而言，以「唯物—唯心」對立的架構來進行研究的人，似乎只有重澤俊郎。實際上，在二十世紀中期這一段時期，日本學界正在著力進行的主題，是以「思想史」的立場來進行的文獻學考據，並且由此構畫出先秦思想發展的系譜。木村英一（1906～1981）和金谷治（1920～2006）等《荀子》文獻的研究，即是當時日本學界這種氣氛的產物。

以文獻研究的成果為基礎，赤塚忠（1913～1983）也試圖界定荀子思想在戰國時代之思想脈絡中之意義，並且提出荀子研究在方法上未來可能的發展方向。赤塚認為，《荀子》思想的研究有三個重點：第一、《荀子》思想在戰國時代思想發展的脈絡中，不可被視為是與《孟子》同

---

26 孔繁：《荀子評傳》（南京：南京大學出版社，1997年）。

27 孔繁寫道：「荀子是先秦繼孟子而起之儒學最後一位大師。他創立了博大的儒家思想體系。又因對先秦諸子思想均有批判吸收，他不僅是先秦儒學發展史之重要環節，也是先秦思想史具有承先啟後意義的思想家。」參見孔繁，〈內容提要〉，收於《荀子評傳》，頁1-4。

一層次的思想。換言之，《荀子》試圖解決孟子所留下來的思想史上的課題。第二、身為擁護倫理價值的思想家，《孟子》和《荀子》的思想之間有著共同的特質。譬如，他們都從實踐方面的角度思考倫理問題。也就是說，人人都需要達成倫理上的目標。第三、「禮」在荀子整個思想體系裡面所發揮的角色。根據赤塚，《荀子》的「禮」概念是在引進《莊子》辯證認識方法的基礎上所建立的。因此，與他以前的概念及主張相比，《荀子》這種高一層的「禮」思想具有不同層次的內涵和意義。此外，赤塚反對當時學者們的主流觀點：《荀子》只是藉由重複當時已有的論辯來為儒學提出辯護。[28]

　　令人遺憾的情況是，上述赤塚的洞見，後來沒有人繼承發展。他向未來研究《荀子》思想的人提出「建議」，我們若回顧赤塚所提出的觀點，可以發現很少有日本學者繼承他的問題意識。因此，他的「建議」在經過五十年後，乃變成批評過去研究的「總結」。除了與赤塚同時期，指出稷下學者對《荀子》思想有重要影響的杜國庠。[29]以及二十年後研究《莊子》對《荀子》「心論」之影響的 Lee H. Yearley 有比較接近的觀點之外[30]，赤塚的意見並不曾

---

28 赤塚忠：〈荀子研究の二三の問題〉，收於氏著：《儒家思想研究》（東京：研文社，1986年；此文初版於1958年），頁391-408。此文由筆者來翻成中文。赤塚忠（著），佐藤將之、林明照（譯）：〈荀子研究的若干問題〉，收於《國立政治大學哲學學報》，期11（2003年），頁387-110。

29 杜國庠：〈荀子從宋鈃慎到學了什麼？〉，收於氏著：《先秦諸子的若干研究》（北京：生活・讀書・新知三聯，1955年），頁97-125。

30 Lee H. Yearley: "Hsün Tzu on the Mind," 1980。

引起過日本學界的注意。直到一九九〇年代以後，因為胡
家聰與菅本大二所進行的研究，才開始有荀子統合了以前
的各種概念和思想之看法。

　　其實，一九五〇代到一九七〇年代的日本，是西嶋定
生（1919～1998）和增淵龍夫（1917～1983）等歷史學
者，大力展開環繞著所謂「中國古代帝國形成論」問題的
大論戰之時期。在此過程中，日本學者對於秦漢國家形成
的制度、意識型態等問題，發展出了豐富的研究成就。內
山俊彥對於《荀子》思想的研究，就反映了這一段時期日
本歷史學者對古代中國國家的看法，特別是他們所構畫出
的歷史脈絡與《荀子》思想之間的關係。由於內山並不採
取把荀子的思想完全融化於某種歷史理論模式中，因而他
對於是否稱呼荀子思想為「唯物論者」保留明確的態度。
如此對內山而言，荀子思想的基本性格並不在於支持某一
個社會階級，或意識型態的地方。[31]

　　內山的研究從釐清荀子的自然觀的部分著手，而與胡
適及初期馮友蘭的主張一樣，將《荀子》的「天」解釋為
「自然之天」，並且《荀子》的「天」觀代表人力對自然
世界的優勢。[32] 其實，在此問題的探討中，與中國馬克
思歷史學的學者一樣，內山也認為《荀子》思想形成的關
鍵在於當時歷史的趨勢。然而，關於歷史中何種因素會給
個別思想家帶來什麼比較重要的影響這一點，內山的看法
確有異於中國馬克思研究的理路。對內山而言，關鍵因素
並不在於歷史中某個階級的崛起與沒落；而是統一國家的

---

31 內山俊彥：《荀子》（東京：講談社，1999年；1976年初版），頁77-105。
32 內山俊彥：《荀子》，頁272-279。

出現。同時，雖然內山認為《荀子》的「禮」基本上係
「社會規範」，但同時也因為大一統國家形成的歷史脈
絡，也將之解釋為機構或一種統治「裝置」（apparatus）。
內山主張：因為當時的國家力量日益強大，《荀子》的政
治社會理論也難免於具有威權色彩，而在這種狀況之下，
《荀子》實際能做的是以合乎社會倫理的規範來統治人
民。但是，內山的結論是：國家統治裝置畢竟仍是壓制人
民的工具，因此《荀子》「禮之王國」（內山語）的藍圖，
只不過是幻想而已。總之，內山的解讀可以說彌補了馬克
思歷史學的困境：新興社會階級的開創思想家為何大力提
倡「過時落後」的政治社會規範——「禮」。[33]

　　作為一個政治哲學的研究，內山的見解頗有豐富的內
容。問題是，內山的研究充滿了有關國家、統治或政治脈
絡的歷史說明，但他一碰到《荀子》在當時思想本身的發
展究竟發揮了何種角色這一點的問題時，卻沒有提出具體
的說明。其實，內山所設定的「歷史趨勢」理論上應該對
當時所有的思想家帶來了同樣的影響，怎麼會只有《荀
子》的思想跟隨著當時（秦國的）大一統趨勢發展呢？不
僅如此，在重視《荀子》思想的獨特性之餘，內山並沒有
注意其與其他思想之間的關係。總而言之，內山在解釋
《荀子》思想之歷史意義的最大問題時，恐怕是沒有努
力尋找《荀子》文本所呈現出的，荀卿這一位作者的意
圖。從《荀子》本文的任何地方，我們都看不出荀子以
「因為秦國快要統一天下，所以要如何跟從……」的思維
理路。相反地，荀子針對被描述為「四世有勝」（〈議

33　這樣的觀點內山的論述中屢現。參見內山俊彥：《荀子》，頁268-270。

兵〉）秦國，卻喊說是「諰諰然常恐天下之一合而軋己」的國家，因此其軍隊也不外乎「末世之兵」。就荀子而言，沒有實現道德力量的統治者，均不具統一天下的資格和能力。[34]

在日本學界，內山之後迄今已四十年，像他那樣如此宏觀又有系統的《荀子》思想研究未再出現。[35] 內山以後，大部分的學者似乎只關注《荀子》思想的某些特色。渡邊信一郎，從比內山還濃厚的歷史研究的觀點，討論《荀子》的政治社會理論。值得注意的是，渡邊的「歷史」研究反而正確地注意到荀子之前的思想——特別是稷下學者與黃老思想——對《荀子》政治社會理論的影響。[36] 到了一九九〇年代，菅本大二討論了韓非以前的所謂「前期法家思想」對《荀子》「禮」理論的影響。[37] 渡邊與菅本的研究，與這十年愈來愈重視黃老思想對《荀子》影響的中

---

34 其實，比較諷刺地，某種意義上，荀子正確地觀察出：秦國的歷代國君，雖然常勝戰役，但一直保持「諰諰然常恐天下之一合而軋己」的警惕感，而秦國一直保持這樣的警惕感就或許是秦國當時戰國諸侯國中能獨強的關鍵因素。

35 兒玉六郎出版過相當多的論文，而此論文以《荀子の思想》專書成冊。不過兒玉的研究不能算為對《荀子》整體思想的研究：而兒玉的一系列的研究所關切的問題在於《荀子》「性論」並非「性惡」，而是「性樸」這一點而已。參見兒玉六郎：《荀子の思想》（東京：風間書房，1993年），頁1-20。

36 渡邊信一郎：〈荀子の國家論〉，《史林》，卷66-1（1983年），頁157-172。

37 菅本大二：〈荀子における法家思想の受容〉，《日本中國學會報》，集43（1991年），頁15-29。此文也有中文翻譯。菅本大二（著），佐藤將之、張哲廷、盧彥男（合譯）：〈荀子對法家思想的接納〉，《國立政治大學哲學學報》，期11（2003年），頁111-136。

國學界，有相輔而成之處。在中國大陸，稷下學術對荀子
思想形成的影響，吸引學者的注意。余明光、趙吉惠以及
白奚，從這個方面繼續進行研究。

　　以下，讓我們看看沒有採用馬克思歷史學研究方法的
學者。其中大部分身處於臺灣，因而他們繼承胡適與馮友
蘭（初期）所發展的研究途徑。在屬於胡適與馮友蘭的下
一代學者之中，曾在東京帝國大學攻讀哲學和心理學的陳
大齊（1886～1983），提供了有關《荀子》思想具有完整
且有說服力的看法。陳大齊認為《荀子》哲學的最終目
的，是要達成社會秩序：即「治」。陳大齊說：

> 荀子學說涉及心理學理則學政治學道德學教育學諸
> 種學科，範圍頗為廣泛。其中心思想或其究竟目
> 的，則在於闡發國家如何始可以平治，個人如何始
> 可以善良，亦即在於講求致治致善的途徑。而在荀
> 子看來，治亂與善惡幾乎是同一意義。[38]

另外，比陳大齊稍屬年輕一代的韋政通，也受到當代新儒
家代表學者牟宗三（1909～1995）的啟發[39]，提出一個理
解《荀子》思想的系統之重要看法。韋政通把《荀子》思
想的系統稱呼為「禮義之統」。他說：

> 荀子思想系統的中心理念即「禮義之統」。在中國
> 文化中，思想的主要領域，大體不外是對人，對

---

38 陳大齊：《荀子學說》（臺北：中央文物供應社，1954年），頁7。

39 牟宗三：《荀學大略》（臺北：中央文物供應社，1953年）。

事，對天三個方面；中國歷代的大思想家的系統，
大都是根據他的中心理念，對這三方面的問題及其
關係所作的陳述。荀子亦不例外。荀子思想的主要
部份，即是以「禮義之統」為基礎，並於禮義效用
的思考中，決定了禮義與人，與事，與天的關係；
這一關係確定了，性、天的意義也就同時確定。[40]

在引用文中，韋政通主張《荀子》的人性論、社會論以及
形上論（如「天」論）均與他的「禮」與「義」概念密切
相關。接著，龍宇純繼續發展了這個看法。龍宇純特別注
意「禮」與《荀子》的形上論之間的關係。他說：

宇宙萬有及一切人事無不攝於一禮字之中，禮不僅
為人類行為及政治之綱紀，且亦為宇宙天地之本
體。後一觀念似不為學者所察及。學者所注意的只
是：荀子在老莊之後，受老莊學說之影響，把傳統
以來的「主宰天」、「義理天」或「人格天」看成
「自然天」，卻忽略了主張「隆禮」的荀子，放眼
宇宙，早已悟出了「天地以禮合，日月以禮明，四
時以禮序，星辰以禮行，江河以禮流，萬物以禮
昌」的「禮的宇宙觀」。換句話說，「禮」才是荀子
哲學的本體，「宇中一切不離禮」的觀念才是荀子
的基本觀點。[41]

---

40 韋政通：《荀子與古代哲學》（臺北：臺灣商務印書館，1966年），頁
　 42-43。
41 龍宇純：《荀子研究論集》（臺北：臺灣學生書局，1989年），頁70-71。

藉由臺灣學者所提出的這些看法，我們了解到「禮」概念在《荀子》整個政治社會理論以及形上論中的重要角色。此外，正如陳大齊所提出，若《荀子》哲學的最終目的是要達成社會秩序（治）與推行倫理（善）的話，我們從這一點可以推想《荀子》的「禮」概念正是實現這些理想的關鍵因素。職是之故，筆者在過去大概二十年進行的《荀子》思想的研究主要可以說是以如上幾位臺灣學者發展出的觀點的脈絡上：即「禮」概念使《荀子》整個思想體系中的各種主張具備一貫的構造。因此，《荀子》思想體系中的「禮」概念，不僅是儀禮及社會規範的具體主張；而更是在道德修養、政策指針以及天人關係等討論中，居於最高價值的理念。承接此問題意識，本書所要闡明的主題是：透過分析《荀子》和《荀子》之前「禮」概念的用例的比較來進一步釐清《荀子》「禮」概念對他之前的「禮」概念的差異。如此，「禮」概念讓整個《荀子》思想具備統合性這一點所發揮的思想功能也將呈現出來。我們在下一章將回到此問題，並且提供較為仔細的討論。

第三節　日本《荀子》研究之早期歷史

其實，日本《荀子》研究並非直到二十世紀才開始的。筆者在長期來蒐集與整理相關資料後逐步發現：日本學者從明治維新之後二十年左右（1880年代）到第二次世界大戰之間的七十年左右也發表過有關《荀子》的大量註解和專文，此段時期的《荀子》研究之整體特色，將此脈絡分成：其一、德川時代的方法、觀點之連續與轉換；其

二、明治啟蒙知識分子對《荀子》之「發現」；其三、《荀子》專論的開始；其四、由受帝國大學[42]的哲學訓練的青年學者的研究之崛起等四個階段來試圖勾畫出約從明治二十年到三十年代，即由蟹江義丸的研究來迎接其頂峰的荀子相關論述哲學議題化之過程。若明治・大正時期的半世紀中的《荀子》研究，從發展過程來看，可分成以下三個階段。下面整理此三個時期之主要特色。

第一時期大約涵蓋明治維新前後到明治二十年代。在當時提及荀子或撰作過與荀子相關的論述者都屬於當時日本政治和教育界的最高領導人。[43] 如西村茂樹（文政十一年～明治三十五年；1828～1902；歷任文部大書記官、宮中顧問官[44]、華族女學校的校長等，日本弘道會的創立人）、西周（文政十二年～明治三十年；1829～1897，江戶時代最末年遵奉幕府之命到荷蘭留學，之後成為明治初期最著名的啟蒙思想家之一）、細川潤次郎（天保六年～大正十二年；1834～1923，年輕時學習蘭學和英文，明治維新之後，身為法制問題的專家，指導許多日本近代法律條文之籌策）、加藤弘之（天保七年～大正五年；1836～1916，也在幕府之任命下，成為日本第一位修習德文者，

---

42 「帝國大學」係指後來的東京帝國大學。因為從帝國大學設立的明治十年（1877年：當時只稱「東京大學」）到日本第二所帝國大學之京都帝國大學所設立的明治三十年之二十年間，日本只有一所帝國大學。故當時只稱「帝國大學」。

43 當然我們並不能否定，這只是因為當時不夠著名的知識分子所寫的「荀子論」早已遺失之緣故。

44 他在明治十九年（1886）就此職位之後，就由當時文部大臣森有禮被推薦於擔任帝國大學校長，但西村堅辭其邀。

藉此他也成為歐洲憲制之專家，明治維新之後當上帝國大學前身時代之「綜理」，以及創校後的校長）。尤其西村、細川以及加藤皆曾經發表過有關荀子學說的專文。

不過，此階段是日本明治維新後的日本社會之轉捩時期，日本的近代學術的規範也還沒有成立。因此，嚴格而言，此時期的「研究」似乎還稱不上「研究」，充其量只可稱作是以《荀子》為題材的評論或論考。當然，即使這些評論的基本性格尚無法稱為研究，但這並不意味著這些論考對於日本的《荀子》研究並不重要。相反地，「荀子」這樣的題材在明治初年的啟蒙評論中出現的事實本身，反而顯現出當時荀子「研究」異於其他時期之《荀子》「研究」的特點。

另外，在這段時期，當時所著名的漢學家三島毅（天保二年～大正八年；1830～1919，東京大學教授，二松學舍大學的創始人）和島田重禮（天保九年～明治三十一年；1838～1898，東京大學漢學科的第一任教授）也相繼發表有關荀子的專文。特別是島田重禮的專文，試圖綜合性地闡述其文獻考據與思想。不過，與此相關，更令人矚目的作者是比三島、島田還屬於下一代的著名漢學家瀧川龜太郎（慶應元年～昭和二十一年；1865～1946，東北帝國大學法文學部講師，他是在臺灣漢學界無人不悉的《史記會注考證》之作者）。他比島田還早十年，即明治二十二年（1889）就發表了有關《荀子》之專文，其內容頗有綜合性且有比較思想的觀點。

第二時期乃涵蓋著明治時期之後半。在我們所獲悉的資料範圍內，這段時期發表文章的作者，相當年輕，其年

齡大多數僅是二十幾歲到三十初頭而已。基本上他們在明
治維新以後開始受教育，並畢業於剛設立不久的帝國大
學。這意謂，當時《荀子》一書乃吸引不少優秀年輕知識
分子的探求心。其中的先驅者是井上圓了（安政五年～大
正八年；1858-1919）。井上在東京大學畢業後就創立了
「哲學館」（現在的東洋大學），始終從事哲學教育的發展
與哲學思想的普及。井上圓了在一八八五年撰作了〈讀荀
子〉一篇，而這乃成為他的東京大學畢業論文。耐人尋味
的是，井上圓了竟將此論文命名為〈讀荀子〉，而這一著
作卻是模仿日本《荀子》詮釋傳統之開山祖師荻生徂徠
（物茂卿；1666～1728）的《讀荀子》的名稱。這一篇的
內容是由他理解的西方哲學的觀點來重新正面評估荀子哲
學之意義。[45]

　　井上之後寫過《荀子》的文章的人還有：服部宇之吉
（慶應三年～昭和十四年；1867～1939，從大正時期至昭
和初期日本文教政策的之籌策者，京城帝國大學校長）、
藤田豐八（明治三年～昭和四年；1870～1929，臺北帝國
大學創成期的文政學部長）、木村鷹太郎（明治三年～昭
和六年；1870～1931，在日本哲學史上第一位撰作比較東
西方倫理學史[46]，並且以獨力將《柏拉圖全集》翻譯為日
文）[47]、蟹江義丸（明治五年～明治三十七年；1872～

---

45 此文當時由《學藝志林》（卷85，1884年，頁182-204）發表；今收入
　　於《井上圓了選集‧卷25》（東京：東洋大學，2004年），頁727-744。

46 井上哲次郎校閱、木村鷹太郎著：《東洋西洋倫理學史》（東京：博
　　文館，1898年）。

47 荀子是木村的東京帝國大學「選課論文」（選讀課程畢業論文）之題
　　目，亦是在他生涯出版極多著作中的第一部著作。雖然此文已遺

1904，早期康德哲學的介紹者，三十二歲不幸英年早逝）、
桑木嚴翼（明治七年～昭和二十一年；1874～1946，從一
九一四年到一九二五年擔任東京帝國大學教授，居於二十
世紀前半的日本西方哲學之研究與教學核心）、淺井虎夫
（明治十年～昭和三年；1877～1928，中日法制史領域的
開拓者）等。尤其是木村鷹太郎在一八九八年（明治三十
一年）出版的《東洋西洋倫理學史》之序論中主張：「倫
理學」並不是「道德修養」的實踐，而是獨立於此的學術
探求。明治後期以後的《荀子》研究以井上圓了和木村鷹
太郎為濫觴，逐漸按照西方學術分野的區分（木村的話，
是「比較倫理學史」）探討《荀子》思想的特質。

　　再說，此時期發表有關《荀子》的青年學者之間有一
些共同的背景。他們大多數從小受到傳統漢學訓練，而在
高等教育階段接受西方哲學之訓練。耐人尋味的是，除了
年輕病逝的蟹江義丸之外，經由與《荀子》進行東西方哲
學對話之後，他們開拓此研究領域並留下巨大的研究成
果。當然，後來這些知識分子在深耕自己的專業學術領域
時，自己是否有意識到曾經進行過《荀子》的研究一事，
就無從得知了。然而他們在年輕的時候就具有與《荀子》
相關的專業知識，甚至具有能發表專文的程度之事實是值
得注意的。也可以說，對於剛獲得有關西方哲學知識之明
治中期青年知識分子而言，《荀子》應該是活用這些概念
工具來分析東方思想中的哲學因素最合適的教材之一。

　　第三時期是明治末年到大正時期。能夠代表此時期的

失，木村對荀子倫理學之觀點見其《東洋西洋倫理學史》（頁112-
120）。

學者有：狩野直喜（明治元年～昭和二十二年；1868～
1947）、高瀨武次郎（明治元年～昭和二十二年；1868～
1950）、遠藤隆吉（明治七年～昭和二十一年；1874～
1946）、宇野哲人（明治八年～昭和四十九年；1875～
1974）、渡邊秀方（生年未詳～昭和十五年；？～1940）
等人。此時期發表《荀子》專文的學者，其年齡並沒有比
第二時期的學者來得年輕，然而他們「晚寫」的原因可能
是他們與第二時期的學者比起來並沒有那麼早熟之故，或
者是因為他們在年輕時對《荀子》的興趣與知識還沒有高
達到足以發表文章的程度。不過相對地，在此時期，文獻
考據和比較哲學的分析均比前一時期的研究深入。

　　接承此第三時期的世代之後出現在荀子研究史上，我
們所比較熟悉的名字，如：本田成之（明治十五年～昭和
二十年；1882～1945）、武內義雄（明治十九年～昭和四
十一年；1886～1966）、木村英一（明治三十九年～昭和
六十一年；1906～1981）、重澤俊郎（明治三十九年～平成
二年；1906～1990）等。以上四位皆是狩野直喜的學生。

　　總之，雖然在日本其學術專業度因時期和學者而有不
同，然而相同的是，從明治維新到大正時期的約半世紀
中，《荀子》一書不斷地將「比較哲學」分析的材料提供
給當時社會領導角色的知識分子和學者進行研究。

第四節　日本學者研究中國古代思想的　三個視角

　　最後，我們來檢驗第二大戰後日本學者的中國古代思

想研究的方法論上的特色。日本學界的中國古代思想研究
也經過了幾次的演變。再說，其研究近代化的源頭是從在
十九世紀最後二十年以東京大學的年輕學徒，尤其是井上
哲次郎和井上圓了兩人根據西方「哲學史方法」來發展出
「東西方哲學比較」的研究方法，此研究方法在《荀子》
研究的層面上一九○○年至一九一○年前後由蟹江義丸的
研究到了頂點。接著，在日本甲午戰爭勝利之後對輕視中
國的社會風氣，讓當時的漢學家深感傳統漢學的危機，並
引起剛成立不久的京都帝國大學出身的年輕學者開始注重
從中國固有歷史脈絡來理解中國思想史的意義。這就是所
謂「支那學派」崛起。第二大戰後，「支那學派」的觀點
幾乎完全取代了東西方比較哲學的方法，而成為迄今日本
中國古代思想史研究的主流。從研究方法的層次來說，經
過第二大戰後半世紀以上對文獻和思想的精密研究，日本
學者發展出一些研究方法上的共同視角，即日文所說的
「しそうしほうほうろん（思想史方法論）」。[48] 此「思
想史方法論」要求研究中國古代思想的學者特別注意的是
如下三個觀點：

　　第一個觀點，是涉及分析各個概念意涵的研究方法。
這個層面所提出方法論視野，基本上與陳鼓應、王博等當
今的中國學者，以及美國的普鳴（Michael Puett）所採取

---

48 關於日本學者對東亞思想史整體的方法論省思，參見丸山真男：〈思
　想史の考え方について〉，收於武田靖子（編）：《思想史の對象と方
　法》（東京：創文社，1967年），頁3-33。關於日本學界對中國思想
　史的研究之回顧，參見赤塚忠：〈序言〉，收於赤塚（編）：《思想概
　論》（東京：大修館，1968年），頁1-27。

的途經並沒有太多的差異。日本學者長年以來分析了先秦
思想中之主要概念：例如，竹內照夫（1910～1982）對
「仁」概念的研究[49]，加藤常賢（1894～1978）對「禮」
的研究[50]，栗田直躬（1903～1998）對「心」與「性」概
念的研究[51]，還有小野澤精一（1919～1981）等學者對
「氣」概念所進行之共同研究等等。[52] 這些研究大部分
是在一九五〇年代之前就已進行。

　　第二個研究手法，是把思想史視為不同時代思想家之
間的問題意識的繼承，或是探求後一個時代的思想家是如
何「解決」前一個世代的思想家所留下的思想問題。保持
此研究途徑的人，特別注意思想史的脈絡與思想家之間論
辯焦點的演變。舉例來說，採用此途徑的學者這麼問到：
「為什麼《老子》批評倫理價值？」並在提出這種問題的
時候，認為《老子》對倫理價值的批評，反映在此之前曾
經有人主張過倫理價值的重要性。另外，使用此研究手法
的學者所注意的是在構成某一個主張背後的理論性。譬
如，儘管某一種主張由看似古老樸素的句子、單字或術語
所構成，其背後的思想內容本身不一定就如此樸素。換言
之，作者可能是以古老樸素的語法，用來自己闡述當時相
當先進的思想內容。在具有如此思想發展階段的文獻段落
中，通常論點本身會被比較清楚且有系統地提出來，而且
整段論述是由一個核心概念（主題概念）來得以統整。這

---

49 竹內照夫：《仁の古義の研究》（東京：明治書院，1964年）。

50 加藤常賢：《禮の起源と其の發達》（東京：中文館，1943年）。

51 栗田直躬：《中國上代の思想》（東京：岩波書店，1949年）。

52 小野澤精一（編）：《氣の思想》（東京：東京大學出版會，1978年）。

樣的主題概念由於具備高度的分析性內涵，通常是基於此前相關主題的討論之後才被提出來的。專攻中國古代邏輯和論辯史的學者大濱皓（1904～1987），便採用此研究途徑分析《老子》一書思想之哲學系統性。他認為《老子》的成書應在《孟子》和《荀子》之間。[53] 赤塚忠、板野長八（1905～1993）以及金谷治（1920～2006）分別把古代中國思想的演變勾勒出來，而他們的討論比較成熟且相當有說服力。[54]

　　第三個在哲學的寫作方式中，「對話」亦是作者闡述其思想的主要寫作手法之一，而在柏拉圖的作品為其顯著的代表。其實，中國古代的思想文獻也並不例外。不過，在解讀這些對話時我們應該要注意的是，不得混淆歷史上實際存在過的對話，與此後思想家托古創造出的對話之間的差別。舉個簡單的例子，應該沒有學者會把《莊子》中孔子和其弟子之大部分對話當作歷史事實。我們認為這些對話是《莊子》作者之創造，或是屬於當時的傳說之類。以此為前提，日本學者將此假設擴大到幾乎所有先秦文獻中的對話，包括《論語》在內。譬如說，和辻哲郎（1889～1960）和津田左右吉（1873～1961）的《論語》研究，都懷疑傳統學者在敘述孔子思想時所引用的許多重要句子

53　大濱皓：〈老子はいつ頃の思想か〉，氏著：《老子の哲學》（東京：勁草書房，1962年），頁295-328。

54　板野長八和金谷治寫的著作分量相當龐大。這裡只舉一本最可呈現他們對古代中國思想有系統的觀點的專著：板野長八：《中國古代における人間觀の展開》（東京：岩波書店，1972年）；金谷治：《秦漢思想史研究》（東京：日本學術振興會，1960年）。另外，赤塚忠的研究就有著作集。參見赤塚忠：《赤塚忠著作集》卷1-4（東京：研文社，1986年）。

的代表性。換言之，他們均認為從現本《論語》中孔子發言的內容，我們還難以真正了解孔子本人的思想。[55] 同樣的，吉川慎二郎研究《墨子》〈兼愛〉三篇中的「兼」和「兼愛」概念，也認為：「故子墨子曰」一句，就能證實此句之前的段落應該是墨子後學的作品。[56] 事實上，最被日本學者懷疑其歷史實在性的文獻記載為《春秋左傳》中的春秋國君、高官和賢人（如管仲、叔向、子產等）之間對話。也就是說，日本學者通常認為《春秋左傳》中的故事、對話所呈現出的思想——這些往往是藉由春秋時代王公貴族和賢人之口所言的——所代表的應為戰國時期無名思想家的主張。

小結

本章梳理荀子思想研究的主要脈絡，並且評述以中、英、日文撰寫的相關著作。筆者觀察出了以下兩點：第一，綜觀二十世紀《荀子》研究的長、短處，未來較可期待的探討方向，是將「禮」概念視為整個《荀子》哲學系統之關鍵因素的研究。其中，筆者認為，杜國庠、赤塚忠、Lee Yearly、陳大齊、韋政通以及龍宇純等人的研究，值得繼續發展、探索。

第二，在理解日本明治‧大正時期的《荀子》研究後

---

55 和辻哲郎：《孔子》（東京：岩波書店，1990年；1938年初版）。也請參見津田左右吉：《論語と孔子の思想》（東京：岩波書店，1964年；1946年初版）。

56 吉永慎二郎：〈墨子兼愛を說かず〉，《集刊東洋學》，號67（1992年），頁1-20。

便發現，從明治維新以來日本學者相當積極地進行《荀子》的文獻與哲學的研究，而顯然在昭和初期以來的《荀子》研究就在明治、大正時代的中國哲學研究之成果上所建立起來。然而，昭和初期之後迄今居於日本中國古代思想研究的「主流」（也就是說屬於「京都支那學派」）之學者們，如武內義雄、重澤俊郎等人，皆很少提及上一輩學者豐富的荀子「研究」成果。其結果是很遺憾的，再下一代學者都遺忘了日本明治・大正時期的《荀子》研究產生了相當豐富成果。甚至如近四十年日本學界中最完整描述荀子思想之全體輪廓的內山俊彥，在其一九七六年出版的《荀子》「後記」回顧過去荀子研究史時，不僅沒提早期的論著，竟將一九四三年才出版的重澤俊郎的研究稱為「專業荀子研究的基礎」。[57]

　　最後，藉此機會，筆者想要補充介紹另一位重要的學者──石黑俊逸（生沒年未詳）。在一九三八年代到一九五五年之間，石黑是將《荀子》研究，從文獻學、比較哲學或刻板的歷史研究等個別領域，提升到具備綜合性之思想史研究層次的學者。據筆者所悉，這段時期之間，針對荀子思想中的性論、禮論、後王論等主題，石黑總共發表了相當重要的五篇論文和一本專著；在每一領域中，他都斟酌了之前研究成果的得失，並提出許多創見。[58]　因

[57] 原文為「わが國の本格的な荀子研究の基盤になった」。內山所稱的重澤的論考〈荀況研究〉在一九四三年出版。參閱內山俊彥：《荀子》（東京：講談社，1999年），頁339。

[58] 石黑俊逸：《荀子》（東京：日本評論社，1943年）；〈荀子性惡說の構造〉，《漢學會雜誌》，卷6號1（1938年）；〈荀子に於ける禮成立の過程〉，《斯文》，卷20號12（1938年）；〈荀子の禮說〉，《斯文》，卷

此，石黑在日本荀子研究的進程當中，大概與同時期西方
漢學界著名的美國的德效騫和荷蘭的戴文達一樣，都代表
當時非中文界的卓越荀學專家。然而，德效騫的翻譯和戴
文達的研究，迄今在西方荀子研究中仍受一定程度的尊
敬；相比之下，一九五〇年代以後日本的荀子研究，卻幾
乎沒有提及石黑之名。部分理由應該是因為他的論文都發
表於軍國主義時代的日本，因此在第二大戰後，就與其他
戰前發表而具有軍國主義色彩的文章一起被遺棄。即便是
日本學者，時至今日也無人提及石黑研究之重要性。不得
不說，這真是令人感到遺憾。

22號12（1941年）；〈荀子における先王と後王〉，《山口大學文學會
誌》，號1（1950年）；〈史記孟子荀卿列傳の構成〉，《支那學研究》，
號12（1955年）。其中〈荀子に於ける禮成立の過程〉一篇再收入於
《支那學研究論叢》卷1（1939年）中。

第四章
《荀子》「禮治論」的思想特質暨歷史定位

序言

　　筆者近年試圖分析《荀子》中的禮治論與戰國諸子百家思想之關係，來闡述荀子政治哲學的整體內容及其歷史意義。這樣的問題意識，緣起於筆者在過去近二十年研究《荀子》的過程中所碰到的疑問——《荀子》思想之基本特色究竟是體系性還是綜合性？若回顧近代以來的《荀子》研究，無論是身處十九世紀末年的日本，在創建時期的帝國大學受西方哲學訓練的蟹江義丸，[1] 或在二十世紀初從美國將哲學研究直接帶進到中國學術界的胡適和馮友蘭，研讀《荀子》時都在探求其哲學的系統性。[2] 如此一來，「性惡」、「天人之分」等主張，或者是其「科學」思想，便被視為荀子哲學的特點。再加上流行於二十世紀前

1　關於日本近代的《荀子》研究與其「哲學化」的情形，請參閱佐藤將之：〈漢學與哲學之邂逅：明治時期日本學者之《荀子》研究〉，收入於《漢學研究集刊》，集3（2006年12月），頁153-182。
2　二十世紀紀中日《荀子》研究的主要脈絡與問題，請參閱本書第三章的探討。

半期中國思想研究中的疑古態度，使得《荀子》思想研究的主題，環繞在懷疑《荀子》一書是否真能代表荀子本人的思想。中、日學者不僅均把「性惡」、「天人之分」等主張視為荀子思想的特點，更將之視為判斷《荀子》其他篇章真偽的重要標準。結果是動不動就把這些與「性惡」、「天人之分」主張可能會衝突之處，都當作不屬於荀子本人思想的部分。這樣的觀點對建立荀子哲學的系統性本身會有幫助，因為學者能夠任意「刪除」《荀子》中思想上「雜亂」的，或者不太像荀子的部分。但是這樣由取捨選擇的思想材料所建立的荀子哲學，是否真能代表《荀子》哲學的整體呢？

然而，在一九七三年馬王堆漢墓各種帛書思想文獻的出土之後，中文界對《荀子》思想的看法開始有與以前不同的傾向。由於學界將其中的《黃帝帛書》逐漸看作「黃老思想」的代表文獻[3]，《黃帝帛書》和《荀子》思想中的所謂「黃老」因素也成為比較研究的對象。於是《荀子》思想中的多樣性——尤其是其中儒、道兩家思想共存的思想特質——便開始受到注目。此種情形，一方面引起大陸學界對於《荀子》思想是否稱得上是儒家的省思，另一方面在臺灣學界則加強了「荀子是正宗儒家的歧出」的見解。撇開《荀子》思想內容之學派歸屬，我們既然接受了《荀子》一書中含有各種戰國諸子之思想的事實，是不是也有必要去思考，為何《荀子》至少在表面上看來保持著

3　此書在剛出土時稱為《老子乙本卷前古佚書》。後來一些學者主張此書應該是《漢書‧藝文志》所著錄的《黃帝四經》一書。不過由於這一點迄今尚未定論，本書暫使用《黃帝帛書》這個名稱。

高度系統性呢？這只是因為《荀子》中有著「性惡」、「天人之分」、「科學」等獨特思想因素存在的緣故嗎？

或許我們可以換個角度探問：荀子本人最重視的觀念究竟是什麼？是「性惡」？還是「天人之分」？事實上，「性惡」一詞僅在〈性惡〉中出現，同樣地，「天人之分」的主張也只在〈天論〉中展開。其作為《荀子》思想之「代表」的主要根據，是在於其他文獻看不到這一點。相較於此，「禮」概念的重要性則不在於表面上有獨創性，而在其使用範圍的廣泛，與統整不同主張的綜合作用。

在整本《荀子》中，「禮」字出現三四二次（若加篇名則有三四三次），而且在全部篇章中，許多章節的主題都放在論述「禮」的重要性。荀子毫無保留地主張「禮」就是能夠解決他當時所能想到的大部分問題之究竟方法，甚至視為萬靈丹。荀子以「禮」概念中的多樣功能創建了新的倫理體系，試圖解決自戰國中期以來，思想家針對國家社會不斷提出來的治亂問題。耐人尋味的是，《荀子》的禮論涉及許多議題，包括修身論、資源分配論、人事論等等，而「禮」概念的多樣性，也就允許它統貫著全書中各種不同的主張內容，並發揮綜合各種不同論述的連結作用。筆者在二〇〇三年出版的《荀子禮治政治思想之研究》的主要議題，就是「禮」概念的連結作用。（詳後述）

另外，該書也關注《荀子》「禮」概念的多樣性以及其思想來源的問題。在此筆者將《荀子》的主要思想分成（1）重視倫理問題的早期「儒家思想」要素，和（2）以治亂問題為思想論辯核心議題的「稷下思想」要素，並且推論荀子思想的特質在於綜合此兩種思想潮流，進而指出

「禮」概念所發揮的，正是綜合此兩種思想要素之仲介作用。

順此理路，本文所要探討的問題是：一、整理過去「禮」思想的研究脈絡，思考它為何與荀子「禮」思想一直無法一起討論。二、簡述筆者在《荀子禮治政治思想之研究》中，如何探討此項問題。三、提出能顯現《荀子》「禮」思想的思想特質和歷史角色的分析架構：即以「禮論」、「禮制論」以及「禮治論」來區分廣闊的「禮」思想進而分析的觀點。四、闡述《荀子》「禮治論」的若干思想特色。

第一節　過去對「禮」思想的研究暨其與《荀子》禮論的關係

歷來中國古代「禮」的研究可謂汗牛充棟，[4] 劉豐將中國古代的「禮」與「禮」思想的研究動態分為（1）禮的起源；（2）三禮的成書年代及傳授研究；（3）禮制研究；（4）禮樂文化研究；以及（5）禮學思想研究五項，並整理過去主要研究之得失。[5] 然而我們在劉先生的著作

---

4 關於「三禮」文獻研究，有林慶彰主編：《經學研究論著目錄1912-1987》（臺北：漢學研究中心，1989年）之「三禮」的部分提供最完全的訊息。關於日本學界的情況，工藤卓司對日本「三禮」研究的評述可以參考。工藤卓司：〈近一百年日本《禮記》研究概況——1900-2008年之回顧與展望——〉，收於《中國文哲研究通訊》卷19期4（2009年12月），頁53-101。

5 劉豐：《先秦禮學思想與社會的整合》（北京：中國人民大學出版社，2003年），頁2-32。

中可以發現，他對自己譽為「對禮學的發展貢獻很大」的荀子，卻只以三百字左右的篇幅，並引用杜國庠和侯外廬兩位半世紀前學者的見解予以介紹而已。[6] 可見，對先秦「禮」概念和荀子禮治思想的關係的研究實際上仍未上軌道。另外，任強在討論「儒家禮法思想的超越根源」、「儒家思想中的禮法關係」以及「儒家禮法思想的旨趣：無訟」等三項問題，並分別評述大陸學者（含徐復觀等部分港臺學者）之見解時，並未將《荀子》與此些議題的重要關係放入其研究視野。[7] 再讓我們回顧一個世紀之前也注意到中國古代「禮」概念的演變的胡適。他將「禮」概念的發展分為：（1）最初的本義是宗教的儀節；（2）禮是一切習慣風俗所承認的規矩；（3）禮是合於義理可以做行為模範的規矩，並且也指出，在孔子弟子所發展的「禮」概念中有「規定倫理名分」、「節制人情」以及「涵養性情道德，養成道德習慣」之三層。[8] 雖然胡適曾經將此特色看作「孔門正傳」學說之大旨，但卻未說及與此荀子「禮」概念之間的關係。事實上，胡適只重視《荀子》中〈天論〉、〈解蔽〉、〈正名〉、以及〈性惡〉等四篇而已，並不包含〈禮論〉。因此，胡適在闡述《荀子》時沒有提及「禮」概念之重要性，也不足為奇。

在胡適寫《中國哲學史大綱‧上卷》之後的二十年，

---

6 劉豐：《先秦禮學思想與社會的整合》，頁26。
7 任強：〈研究綜述：20世紀的儒家禮法思想研究〉，收於氏著：《知識、信仰與超越：儒家禮法思想解讀》（北京：北京大學出版社，2007年），頁177-192。
8 胡適：《中國哲學史大綱‧上卷》（上海：上海商務印書館，1919年），頁137-139。

「禮」概念之研究，偶然地同時受到中、日、歐學者的注意。首先在日本，西晉一郎和小糸夏次郎列出孔子、孟子、荀子，探討其中「禮」思想之發展。[9] 西晉一郎撰寫的「禮之意義」部分指出，荀子時代的「禮」，由於與道家思想交流，「自然性」的內涵已經在此概念中開始顯現，也已具有宇宙論上的意義。這樣的解釋脈絡，足以說明了戰國末年宣揚的「無禮之禮」思想，以及重視禮制之「自然性」的理由。[10]

接著，擁有傳統漢學的背景，並具有宗教社會學之分析觀點的加藤常賢，他一方面受到胡適以三階段來區分「禮」的演變的啟發，一方面又對胡適沒有說明這三階段之間的發展關係不甚滿意，從而發表他的見解。[11] 加藤借用涂爾幹（Émile Durkheim, 1857～1917）和弗雷澤（James G. Frazer, 1854～1941）以來的古代宗教社會學觀點，認為「禮」的起源可以溯及在原始民族的風俗習慣中所看到的「禁忌」與「神秘力量」（taboo-mana）。談到荀子的「禮」思想時，他宣稱「對荀子而言，『禮』學說就是他的思想之出發點，亦是中心」。加藤的觀點與研究，與胡適對荀子的理解截然不同。加藤指出的是，荀子「禮」的學說的意義，在於他將原來富有宗教意涵的「禮」概念，轉化出客觀、具體的人文傳統意義。

9　西晉一郎、小糸夏次郎合著：〈儒家の禮說〉，收於西、小糸合著：《禮の意義と構造》（東京：畝傍書房，1936年），頁35-165。

10　西晉一郎：〈禮の意義〉，收於西、小糸合著：《禮の意義と構造》，頁31。

11　加藤常賢：《禮の起源と其發達》（東京：中文館，1943年），頁48。

幾乎與加藤同時，奇妙的是，當時文化人類學「機能主義」的旗手芮克里夫－布朗（Alfred Radcliffe-Brown, 1881～1955）在一九四四年所進行的演講中，使用了相當多的篇幅說明中國古代的「禮」概念，並且說明被他認為是「後期儒家」的荀子對「禮」概念的發展。他指出，「從荀子開始的『後期』儒家乃注意喪禮對社會秩序所發揮的功能」。[12] 由此可見，當時東方的漢學家和西方的文化人類學家同時從不同的立場注意中國古代「禮」之社會功能，以及荀子對此發展的理論貢獻。

Edward Noah Fehl 也針對中國古代的「禮」概念出版了專書。[13] 雖然 Fehl 主要依靠二手與翻譯文獻，但作為第一次有系統地用英文敘述中國古代「禮」概念之演變過程的專著，他很正確地理解到荀子擔綱的是綜合先秦禮學的角色。接著，雖然並非討論古代，Emily Martin Ahern 也很巧妙地論述道，中國禮儀的重要功能在於鞏固政治權威。尤其透過各種禮儀，衙門高官和民眾之間的關係常常被類比成神明和民眾之間的關係。不過，Ahern 完全不知道荀子是禮治思想演變的關鍵角色。[14]

眾所周知，一九五○年後中國大陸的研究頗受到馬克思－恩格斯歷史模式之影響。根據馬－恩歷史演變論，由於戰國時代的「禮」屬於在其前奴隸貴族制度階段之規範

---

12 此演講後收錄於 Radcliffe-Brown, Alfred R.: *Structure and Function in Primitive Society* (London: Cohen and West, 1952), pp. 178-187。

13 Edward Noah Fehl: *Li: Rites and Propriety in Literature and Life* (Hong Kong: The Chinese University of Hong Kong, 1971)。

14 Emily Martin Ahern: *Chinese Ritual and Politics* (Cambridge: Cambridge University Press, 1981)。

殘骸，實在不適於看作開拓了秦漢以後封建階段的荀子思想之核心部分。一般而言，直到一九八○年代，中國大陸的學者在《荀子》思想研究中專論「禮」的文章仍屬少數。當然還是有學者注意到「禮」概念在《荀子》思想中的角色。早在一九四四年，在中國共產時期之前，杜國庠就發表了〈略論禮樂的起源及中國禮學的發展〉這篇兼顧禮學發展和荀子對此之理論貢獻的重要文章。[15] 然而對於禮學或禮治思想的探討，除了楊寬在分析西周古禮的社會功能上較有持平之論外，此時期大部分的大陸學者對中國禮制的說明都是很簡單地應用馬恩歷史模式而已。[16] 在一九六○年代和一九七○年代的二十年中，基本上並不重視荀子在「禮」思想的角色和「禮」概念在荀子思想中的重要性。

到了一九八○年代，劉澤華以政治思想分析的角度，討論中國古代「禮」思想之各種功能。值得注意的是，劉氏的討論不僅參考《禮記》和《荀子》等儒家文獻，也論及道家、法家以及《管子》中的禮論。[17]

值得一提的是，在大陸青年學者這幾年來的荀子研究中，看重「禮」論的角色，這幾年來至少有三本以此為主題的專書，而且這些專書都是修改作者的博士論文來出版。首先，陸建華專論了荀子「禮論」的各種面向。陸先

---

15 杜國庠：〈略論禮樂的起源及中國禮學的發展〉，後來收於氏著：《中國思想的若干研究》（北京：生活‧讀書‧新知三聯書店，1952年，原發表於1944年），頁181-218。

16 楊寬：《古史新探》（北京：中華書局，1965年），頁218-370。

17 劉澤華：〈先秦禮論初探〉，《中國文化研究集刊》，號4（1987年），頁44-61。

生從（1）價值、（2）發生、（3）本質、（4）認識、（5）禮樂同構、（6）與法的關係、（7）解蔽論之七個角度，探討荀子的「禮」的功能。他結論說，「荀子哲學所探討主要問題都是著眼於禮，都是為了解決禮的問題服務的。」[18] 高春花在同年出版的專書則認為，藉「取其精華，去其糟粕，荀子禮學對於我們今天的政治文明建設仍然能夠起到有益借鑒作用」。[19] 相較於陸建華的研究，高春花高度重視「禮」能強化道德修養的功能。不過高春花還是陷於馬列歷史模式的桎梏，始終無法說明規範「奴隸階級」的「禮」為何成為支持地主階級的主要理念。第三位是吳樹勤。他探討了「天人之分」、「起偽化性」等常見的《荀子》研究議題在禮學中的角色，與高春花相同，他將「理想道德人格的形成」當作荀子「禮學」的核心功能。[20] 比起未參考中文以外的任何研究以及近半世紀之臺灣之研究的陸建華和高春花，吳樹勤的研究對臺灣荀子研究的掌握，較諸大陸過去的任何荀子研究可說是更廣闊且深入。

若我們將注意力移至近年歐美學界對荀子思想中的「禮」概念研究，美國學者金鵬程（Paul R. Goldin）在一九九五年發表的博士論文中，曾試圖由文化人類學對儀禮研究以及與西方社會思想的比較之觀點，來分析荀子禮論的特色。此研究在一九九九年以 *The Rituals of the Way:*

---

18 陸建華：《荀子禮學研究》（合肥：安徽大學出版社，2004年），頁145。

19 高春花：《荀子禮學思想與其現代價值》（北京：人民出版社，2004年），頁3。

20 吳樹勤：《禮學視野中的荀子人學——以「知通統類」為核心》（濟南：齊魯書社，2007年）。

The Philosophy of Xunzi 之書名出版之後，成為英美中國
哲學研究者的「荀子熱」之先驅。[21] 金鵬程在此專書中
題為「禮樂」的第四章中，展開對荀子禮論的分析。以下
仔細看金先生的觀點。

討論荀子的禮論時，金先生使用三分之一以上篇幅的
導論文字，探討 "ritual" 在社會和思想中的意義，同時已
將「禮」的成分看做荀子哲學的關鍵。在此導論中，金鵬
程首先觀察在奧斯丁（J.L. Austin, 1911～1960）所提出的
「發言行為」（performative act，即一些語言實具有行為的
作用）在「儀禮」中也普遍可見的事實，而且此「儀禮」
可比擬「社會」。還指出事實上「儀禮」的作用透過「儀
禮」的角色分配，讓參與者均能夠預料在此角色當中自己
所要做什麼和不用做什麼。他也介紹西方思想中所謂的
「社會契約論」，它是為了維持社會成員的安身立業，使
其成員決定將人民的權力割讓給國家之思想。在此金鵬程
觀察到「社會契約」的社會維持功能和「儀禮」的角色分
配功能（分享此儀禮的共同體同時能夠保持秩序）是相類
似的。因此，就金鵬程的觀點而言，荀子禮論的基本特色
就在於可由「儀禮」替代「社會契約」，因而「儀禮」在
維持「共同體」秩序的功能亦可擴大至維持整個社會。如
此，金鵬程似乎主張這就是荀子禮論在當代儀禮研究和比
較社會思想研究上所具有的意義。

在此導論性探討之後，金鵬程一邊將荀子與「禮」相
關的論述和霍布斯、慎到等的社會思想比較，一邊試圖找

---

21 Paul R. Goldin: *The Rituals of the Way: The Philosophy of Xunzi* (La Salle:
Open Court,1999)。

出讓荀子「禮論」脫穎而出的特點。第一、荀子提倡「禮」的效力範圍非常廣泛：從人的生死、國家的安寧甚至於軍事戰略。第二、社會維持是上述的「禮」之核心功能，而這與霍布斯的社會契約論相似，但荀子極為重視「禮」的道德功能，此則大異於霍布斯的社會功利主義。第三、對荀子而言，尤其是與「法」相比，「禮」乃合乎人的本質。[22] 第四、金鵬程在觀察「人之所以為人者〔……〕有辨也」（〈非相〉）、「辨莫大於分，分莫大於禮」（〈非相〉），以及「禮者人道之極也」（〈禮論〉）三例中，荀子認為「禮」均合乎「人」的本質，加強「人道」的功能。對荀子而言，「天命」就是人應要發揮人類之本分。第四、在此設計之下，荀子主張以「禮」克服「人性」的必要。也就是說，「禮」不僅要用來建立國家的安寧，維持人間的社會階層秩序，而且對眾人自己的發展有所貢獻。第五、在人人的發展當中，荀子的「禮樂」讓人能夠具備「文」的美德，從而使他的心與志合乎於「道」。總之，荀子禮論的功效涵蓋著政治、經濟以及倫理之層面，並且由於其實踐，人乃得成化性成文之功。

　　另外，以色列的中國思想史家尤銳（Yuri Pines）則表示，荀子的禮治思想是春秋時代禮理念之一種復甦，也指出荀子的理論工夫基本上讓他將「禮」概念之內涵與具體的「周禮」概念隔離開來，並將之提升為「知識社會秩序（尤銳稱為 "intellectual social order"）」的最高準則。[23]

---

22 金鵬程提醒讀者說，此 "human nature" 並非荀子所說的人「性」。參見氏著：*The Rituals of the Way*, p. 72。

23 Yuri Pines: "Disputers of *Li*: Breakthrough in the Concept of Ritual in Pre-imperial China", *Asia Major*, 13-1, (2000), pp.1-41。

　　反觀臺灣，一般而言，研究荀子思想者常常過度重視荀子「性惡論」，少有學者提及荀子對禮學發展之貢獻。譬如，徐復觀雖然將春秋時代敘述為以「禮」概念來涵蓋西周時代的「彝倫」之範圍，也認為春秋時代是「以禮為中心的人文世界出現」的時代。[24] 不過，在論述荀子的地方，他卻將荀子斷定為「經驗主義」的思想家，而且沒有探討他在「禮」思想發展中的角色。[25] 對徐復觀而言，春秋時代的「禮」思想與荀子「禮治」思想之間存在著思想發展脈絡上之某種「斷絕」。相較於此，幾乎與此同時發表見解的韋政通，則正確地將荀子哲學的核心觀念稱為「禮義之統」。[26] 接著，陳飛龍雖然未參考過西晉一郎、加藤常賢以及 Fehl，但與他們基本上相同，同樣探討「禮」字的淵源在《禮記》和《左傳》中所看到的「禮」字的意義，以及從孔子、孟子到荀子的「禮」思想之發展。除此之外，陳氏還用不少篇幅分析《荀子》和《禮記》、《大戴禮記》之間類似句子之異同，以及在兩漢文獻中引用《荀子》句子的情況。唯較可惜的是，陳飛龍的比較分析只止於文辭方面，還沒有進入思想內容的比較。[27]

　　另外，中國古代禮教思想研究之專家，在國立臺灣師

---

24 徐復觀：《中國人性論史》（臺北：臺灣商務印書館，1969年），頁36-50。

25 徐復觀：《中國人性論史》，頁253-258。

26 韋政通：《荀子與古代哲學》（臺北：臺灣商務印書館，1966年），頁1-45。

27 陳飛龍：〈孔孟荀三家禮學之異同〉，《中華學苑》，期21（1978年9月），頁161-181；以及陳飛龍：《孔孟荀禮學之研究》（臺北：文史哲出版，1982年）。

範大學教授三禮三十多年的周何，在其《禮學概論》一書
中，除了「禮的起源」一章有從《荀子‧禮論》引一條文
字，沒有再論及荀子「禮」思想的角色或意義。[28] 而周
何的學生林素英在過去發表的研究中，基本上將《荀子》
看做在禮學發展過程中的一種材料。[29] 林素英近年也發
表了〈從「修六禮明七教」之角度論荀子禮教思想之限
制〉一文，確認《荀子》的禮教思想基本上合乎當時「修
六禮明七教（即，七種人際關係）」的「魯學」傳統。[30]
但就像其他的臺灣學者，在林素英心目中，淵源於齊學的
荀子思想，其「性惡論」使得此「七教」無法「轉而入於
至道」。問題是，林素英除了以韓非和李斯為荀子門人的
說法為證據外，始終未在思想理由上說明「性惡論」為何
令其「禮說」無法「轉而入於至道」。因此，林素英的研
究，與其說是要展現如題目所言的荀子思想之限制，其實
卻是展現以性惡論為主的觀點典型，在分析荀子禮治思想
上的限制。

　　畢竟，過去大部分的學者對《荀子》「禮」的研究，
除羅根澤、龍宇純等少數例子，始終擺脫不了「性惡論」
圖式這根深柢固在心底的理解模式，因此其論述便成為以
「雖然荀子重視『禮』，但是由於其『性惡論』，無
法⋯⋯」的方式，為荀子建構「禮」思想的莫大貢獻打了

---

28 周何：《禮學概論》（臺北：三民書局，1997年），頁1-5。
29 林素英：《古代生命禮儀中的生死觀：以禮記為主的現代詮釋》（臺
　　北：文津出版社，1997年）；以及林素英：《古代祭禮中之政教觀：
　　以〈禮記〉成書前為論》（臺北：文津出版社，1997年）。
30 林素英：〈從「修六禮明七教」之角度論荀子禮教思想之限制〉，《漢
　　學研究集刊‧荀子研究專號》，期3（2006年12月），頁55-77。

折扣。

對於以上當代學者對中國古代「禮」的研究，以及其與《荀子》「禮治」思想關聯的論述，筆者要提出如下兩項問題：

第一個問題是，學者往往將《荀子》的「禮治論」的意義僅僅當作孔子「禮」思想的延續。但孔子既然是儒家思想體系的創始者，不論經過多少世代，其後學就永遠避免不了其影響，在此意義上，就可以主張荀子的「禮治思想」屬於孔子的「禮」思想。然而，孔子和荀子之間相隔兩百餘年，且在荀子的時代，孔子已然成為一種與其本人思想逐漸分離的「孔子」傳統。因此，在思想家個人只能從傳統學習其教祖思想的意涵上，主張荀子受到孔子「禮」概念的影響，實際上幾乎等於主張朱熹受到孔子的「禮」思想影響。我們要注意的是，主張「荀子的禮治思想是孔子禮思想的發展」的理路，往往忽略了從孔子到荀子的兩百多年之間，「禮」思想也可能經過許多演變與發展。當我們在評估《荀子》「禮」概念時，應該將《荀子》看作孔子「禮」思想的小部分繼承者而已呢？還是整個戰國各種「禮論」的綜合者，甚至可以說是集大成者？我們是不是需要考慮「禮」的思想，其實是經過荀子的理論功夫，才提升到可視為哲學理論的水準之可能？

第二個問題是，過去研究中國古代的「禮」的學者，似乎也不重視荀子「禮學」對後代東亞歷史、文化的影響。這樣的狀況是有些諷刺的：因為沒有人會懷疑「荀子是禮治思想的提倡者」，但奇怪的是，要進一步討論「荀子的禮學對後代的影響」時，許多禮學的專家就開始沉

默。其主要原因是宋代以來就以「性惡論」為荀子思想的主要特色，因此之故，通常學者在思考荀子學說的繼承問題時，腦海裡只會有李斯和韓非。不只禮學專家，而且連研究荀子的學者也都漠視荀子思想對後代禮學的莫大影響。至少，我們需要謹記以「性論」為核心的「荀子哲學」的形象是後來被塑造的，但就整本《荀子》的價值傾向來說，對「禮」之重要性的提倡遠遠超過「性惡」。

第二節　拙書《荀子禮治政治思想之研究》的主要觀點與課題

　　為了克服上述這種了解《荀子》思想意義的困境，筆者在一九九〇年代進行的博士研究中，探討了「禮論」在整個《荀子》思想系統的角色，並試著藉以掌握《荀子》思想的整體形成結構。此項研究在二〇〇三年出版，其主要見解大抵可分成如下四點：

　　第一，筆者提出了理解戰國時代思想演變的一套模式，並按照這項假設來分析荀子禮治思想之時代意義。若以公元前三〇〇年左右（這大概是孟子最晚年）作為戰國文獻思想特色的分歧點，在戰國時代思想發展的過程中，孟子以前，即戰國中期以前的思想（這幾乎等於是儒家與墨家）主要是要求統治者以實踐倫理價值（譬如「仁」和「義」等）的方法來謀求實現理想社會國家。筆者稱之為「倫理語說（ethical discourse）」。這種思想傾向明顯存在《論語》、《禮記・緇衣》、《墨子》以及《孟子》的思想中。相對的，在孟子以後的思想家，尤其是聚在齊國稷下

的學者，例如慎到、田駢、騶衍等，似乎開始分析國家社
會的結構與運作的原理，隨之也同時發展對形上問題的探
討。筆者則稱之為「分析語說（analytical discourse）」。按
照司馬遷的敘述，稷下思想家最為重視的問題是「國家社
會的治亂」，也就是說，他們探討人類的社會秩序往往陷
於混亂狀態的理由，同時思考如何把它回復。在他們的理
論中，回復人間秩序的楷模應該是天與地（天體回轉、萬
物孕育以及「循環」的概念等等）。所以他們的主張是：
「人類為了達成其和平安寧，必須效法天地的秩序。」

　　第二，荀子是如上兩階段思想特質，即「倫理語說」
與「分析語說」的綜合者。在荀子思想中，受稷下學者影
響最大者，即是荀子政治哲學中對天下國家的「治亂問
題」的關切。不過荀子在闡明人性的內容、社會和國家的
運作法則、形上的原理之後，還提倡需要透過「禮」和
「義」這樣的倫理價值，治亂問題才能夠獲得解決。也就
是說，假如我們把荀子當作倫理語說和分析語說的綜合
者，便能開始看到過去研究所未能觀察出的幾種思想特
色。例如，荀子將慎到的「分」論轉換成以倫理的原則來
達成資源分配的公正之「分義」論等。

　　第三，荀子的「禮」概念是結合此兩種思想潮流之環
節。其概念功能尤其發揮在以下九種當時的論述中。

（1）「禮」為與「仁」和「義」一樣修身的主要手段
（2）「禮」為讓倫理行為符合美感的方法
（3）「禮」為「養身」、「養心」、「養欲」的最佳方式
（4）「禮」為最關鍵的分配社會資源準則

（5）「禮」為唯一能夠控制國君的規範

（6）「禮」為能由媒介生死兩界，統貫人類歷史時間的規範

（7）「禮」為國君選聘最高人格之臣下的依據

（8）「禮」為讓「法」和「政」得以順利運作之依據

（9）「禮」為與「樂」一起代表秩序本身，統貫整體宇宙人類之原理

　　第四，筆者試圖重新找出荀子倫理思想在戰國儒學傳統的地位。一直以來，荀子被看作儒家思想的歧出，此說法蘊含著荀子思想不相似於孔孟思想。其實，定義所謂「正統」儒家思想的是棘手的問題，而荀子提倡「禮」一事，往往讓我們忽略荀子也非常重視「仁」和「仁義」的事實。其實，荀子支持「仁」的熱誠絲毫不比孟子遜色。像是李斯在〈議兵〉中提及「秦四世有勝」之「便」，荀子就激動的回答道：「非女所知也。女所為便者，不便之便也。吾所謂仁義者，大便之便也。」同樣在〈議兵〉，從陳囂說荀子：「先生議兵，常以仁義為本。」這點，正面表達了「仁義」是荀子在對話或辯論時實際提倡的觀念。

　　與一般對荀子的看法相反，荀子事實上沒看出當時有任何君主（也包括「四世有勝」秦王在內）能於短時間內有一統天下的可能。雖然荀子對秦國的優勢有深刻的理解，然而從「倫理語說」的集大成者的眼光來看，秦的情況是「諰諰然常恐天下之一合而軋己。」（〈彊國〉）由此可見，荀子絲毫沒有受到天下即將統一的「時代趨勢」的影響，仍堅持追求實現「仁義」的理想。對比孟子曾認為

齊宣王具有一統天下的資格之事實，實在耐人尋味。

　　無論孟子是否可稱為孔子思想的「正統」繼承者，從荀子與孟子沒有處於同一時代而言，嚴格來說荀子並非孟子的競爭者。而且，孟荀的活動時期有七、八十年的差距，而就這七、八十年的時間，中國思想歷史上可能經歷了未曾發生過的快速發展。尤其至少在《孟子》裡面我們看不出孟子曾受到慎到、田駢等卓越的稷下「分析語說」的挑戰，這同時也意味著，荀子得與孟子根本沒碰到過的「新」的思想體系辯論。總之，由於出現了荀子的禮治思想，在稷下「分析語說」挑戰下似乎漸漸失去說服力的儒家倫理學說得以復甦，終至成為漢朝國家大綱之藍圖。

　　以上是筆者《荀子禮治政治思想之研究》的主要論點。出版此書之後，學界視「荀子思想的意義在於綜合戰國各種思想」的觀點為筆者荀子理解之主要特點。不過，在筆者此後大概十年的研究中，發現在詮釋荀子的禮治思想上，還有一些問題是寫作前書時尚未發現的，主要可以分述為如下三項。

　　第一、如上所述，筆者在「倫理語說」和「分析語說」的綜合中試圖找出荀子思想的歷史意義。不過，在分析「倫理語說」方面，雖然說主要對象為早期儒、墨兩家，不過在討論「倫理語說」對荀子的影響的論述中，筆者只探討儒家而未提及墨家思想對荀子思想的影響。同樣地，在探討「分析語說」時，筆者由於特別重視稷下思想家，而對其他思想家的關注有所不足。筆者近年逐步發現，其實《莊子》對荀子的影響也不容忽視。

　　第二、雖然該拙書總共花費兩百頁的篇幅分析中國古

代「禮」概念的演變和荀子禮論，並且將荀子禮論的內容
分別為九種思想特色來討論。然而這樣分類式的探討，無
法清楚闡述在荀子之前的各種主要思想脈絡和其禮論的關
係。換言之，荀子的禮論，不但是戰國「禮」概念的集大
成，他同時也以其禮論來容納了當時其他思想家的主要主
張，如墨家的「兼愛」、道家的「道德」等。如此，荀子
的禮論並不只是先秦禮論本身的集成而已，而且也是其他
戰國思想，如「兼論」、「道德」論的一種發展型態。

　　第三、在寫作前書的時候，筆者對《管子》的禮論只
有局部性的了解，但在研究過後，逐漸理解到《管子》的
禮治思想具有相當完整的系統，其完整性僅次於荀子。換
言之，在《管子》的思想中，不但可以觀察出在《荀子》
中也看到的多樣「禮」概念，而且禮治本身在其政治藍圖
中幾乎也作為最高價值，例如〈牧民〉所言的「禮義廉
恥」。若是如此，荀子的禮治思想與其說是荀子的發明，
不如說是在齊學傳統中本來有的禮治思想的繼承和集成。

　　由是觀之，在目前要探討《荀子》思想中的多樣
「禮」概念如何發揮其綜合功能，以及此綜合性之思想意
義的話，我們需要分析的，應該不在於如前書所闡述或分
類探討「禮」概念的內容，而在於了解其如何統整當時在
戰國思想家之間展開的各種主張，特別是如下兩個問題。
第一個問題是，荀子如何以「禮」統合其前的各種論述。
其實，前書對此也有部分的探討。譬如，荀子如何藉由其
「禮」概念，將稷下主要思想家之一的慎到提出的「分」
論，轉換成基於倫理原則的資源分配論？就此，筆者目前
已進一步擴張探討的對象，以墨家的「兼」概念和《莊

子》的「道德」概念為例，試圖闡述荀子如何以他的
「禮」和「禮義」概念，將戰國諸子的幾項核心主張統合
於自己的禮治理論。

第二、雖然筆者在前書中仔細探討過先秦「禮」概念
的演變過程，試圖釐清《荀子》「禮」概念中，何種成分
是荀子繼承而來的，何種成分可能是他自己發明。但前書
只停留在探討「禮」概念的內容本身，討論的層次尚未涉
及「禮論」在荀子之前的發展與演變。特別值得注意的
是，筆者在過去幾年的研究當中，逐漸發現齊學似乎已存
在著豐富的禮論傳統，因此也已以《管子》為例，探討禮
論本身如何形成。筆者觀察後，認為《管子》的禮論是
《荀子》禮論的一種原型，也討論了《管子》禮論和《荀
子》禮論之間的異同和可能的影響關係。

第三節　《荀子》「禮」思想與戰國諸子思想 的關係

為了闡明《荀子》禮論的綜合性特質，以下筆者將針
對比較具體的兩項問題提出觀察成果：（1）荀子如何將墨
家因素和道家（尤其是《莊子》）的思想統合於他自己的
「禮治」理論？（2）《管子》的禮論或禮制論是否是《荀
子》禮論的一種原型？若是，彼此之間有何異同和可能的
影響關係？第一個問題要深入追問的，是荀子如何用
「禮」概念來整合以前的各種主張，並將其提升為更完整
又更具可行性的政治理論。為了理解《荀子》哲學的綜合
性，筆者注意到司馬遷在〈孟子荀卿列傳〉中，以「推儒

墨道德之行事興壞」來說明荀卿的思想。也就是說，司馬遷透過列舉「儒」、「墨」以及「道德」，指出荀子綜合「儒、墨、道（加上德）」三家的思想。

　　關於《荀子》思想中的墨學因素，除了司馬遷的「儒墨」一詞，筆者還注意到《韓非子・五蠹》有「今儒墨皆稱先王兼愛天下」的記載。據此，筆者為文推測當時儒墨兩家均可能主張「兼愛」，並且分析《荀子》的思想中的確含有豐富的由「兼」與「兼愛」概念來構成的主張。在《荀子》「兼」概念的用例中，我們能夠發現荀子將墨家的主要價值概念如「兼」、「愛」、「利」、「義」等，統合進他自己的政治社會理論。不但如此，正如其「兼術」（〈非相〉）一詞所示，《荀子》以引進「兼」概念的方式，來說明一國之君當如何提升自己成為治理天下的君王。如此，荀子將戰國末年仍為「顯學」的墨家思想的內容，轉換成自己的政治社會理論。

　　接著，筆者曾經以「道德」一詞在現存的先秦文獻中，唯有在《莊子》和《荀子》出現十次以上的事實為線索，來探討過《莊子》和《荀子》之間的思想關係，試圖闡明《荀子》思想中的另一種綜合性面貌。筆者先分析「德」字的意涵，發現它在《論語》、《孟子》、「郭店楚簡」（包含《郭店老子》）中，基本上代表個人（往往是指統治者）之倫理狀態；與此相比，「德」字在現本《老子》和《莊子》中，則有「與天地可相比的生成力量」之意。筆者發現，荀子的「德」概念綜合了此兩種意涵，尤其在「道德」的使用上，顯現出與《莊子》類似的內涵。

　　那麼，《莊》、《荀》兩書的「道德」概念的異同何

在？《莊子》的「道德」概念是為了成為在「天人」、「神人」、「至人」之次的「聖人」境界所依據的內涵，而在《莊子》思想中，不像「天人」、「神人」、「至人」之三種境界，「聖人」實為一般人（即「士」）唯一實際上能夠達成的理想境界。相較之下，《荀子》基本上接受「人（亦是「士」）的終極目標也是成為具備『道德』的『聖人』」的觀點，但不同於《莊子》將此「聖人」指向於「天」，《荀子》「道德」論中的「聖人」是為了人類社會的福利去效勞的帝王。不但如此，《荀子》在此也提出「禮」和「禮義」概念，並且以此作為達成此境界之具體方法。因此，「道德」便成為一般人也能基於「修禮」的工夫來達成的境界。也就是說，《莊子》的「道德」觀念在《荀子》「禮義」學說中轉換成理想人類社會所具備的終極目標。

筆者所要探討的第二個問題，是戰國時期的齊國原來可能存在過的禮論與《荀子》禮治論（禮治論本身於後詳述）的可能關聯。為了探討此問題，筆者分析了《管子》的「禮」概念。在《管子》「經言」諸篇中，我們能夠發現豐富的禮論，而且在「經言」中，「禮」是幾乎是最重要的治國方法和倫理價值。不過其與《荀子》仍有差異。整體而言，《管子》「經言」的禮論，其終極目標在於「管理人民」；但是在《荀子》，「禮」的關鍵功能則在於教化人民。而且，荀子的「禮」（以及「禮義」）不但涵蓋了本國的教化，更能促成全天下人類的教化。總之，荀子的思考面向是如何達成整體人類之福利，由此主張「禮」能夠幫助修身，並達成「公正地分配社會資源」這項人類社會的共同目標。

　　筆者同時將視角放在整本《管子》使用的「禮」，從中看出三個方向的發展。第一個方向是「禮」概念的抽象化。正如〈樞言〉所示，「禮」概念幾乎被視為「治」或甚至「道」的代名詞。第二個方向，是朝向具體化。由於《管子》中，尤其是所謂「四篇」中，「敬」、「氣」、「精」、「一」等用來治心的概念過於抽象且奧妙，所以實際上難以得知從何實踐。與這些奧妙的術語相比，「禮」概念幾乎可算是唯一容易達成「心治」狀態的實踐方法。第三個方向在以「體」字為切入點，於「身體」和「國體」的類比中，展現「禮」居於國家統合的關鍵。在〈君臣上〉和〈君臣下〉，作者提出「體」概念來排比「人體」和「國體」，並且從「禮」的功能中看出，「禮」具有讓「國體」像身體一樣保持其統合性之功效。換言之，國家從實行「禮」中得到生命。就這樣，「禮」成為人間最高且最貼切的準則；對《管子》而言，「禮」的功效可以比擬「神明」。簡言之，我們可以在《管子》的「禮論」中觀察出《荀子》「禮治」思想的主要思想來源。不過，荀子同時也用禮治思想補充了《管子》中比較缺乏的欲論與資源分配論，而且在修身論的框架中，詳論了「禮」的倫理價值。就此，荀子綜合了原來個別探討一個國家內部、一個身體或一群民間社會秩序的各種禮論，並將綜合的結果轉換成能治理全天下的人類，同時也對每個個人都具備實踐倫理意涵的禮治思想。

第四節　《荀子》禮治論的思想意義

　　筆者將如上探討所呈現出的《荀子》「禮」思想試稱為「禮治論」，並嘗試藉此釐清《荀子》的「禮」思想與其他文獻的「禮」思想最大的不同處。如此，筆者期盼能界定《荀子》禮治政治哲學的歷史意義。

　　筆者在《荀子禮治政治思想之研究》中，析論出《荀子》的「禮」概念含有如下九種功能：（1）修身的主要方法；（2）讓倫理行為符合美感的方法；（3）「養身」、「養心」、「養欲」的最佳方式；（4）最關鍵的社會資源分配準則；（5）唯一能夠控制國君的規範；（6）媒介生死兩界，形成統貫歷史時間的規範；（7）國君選聘最高人格之臣下的依據；（8）讓「法」和「政」得以順利運作之依據；以及（9）統貫整體宇宙人類之原理與秩序本身。從這九點功能不難看出，《荀子》的「禮」思想所涵蓋的範圍，比先秦任何有關「禮」的文獻更為寬闊。

　　過去的研究在探討《荀子》「禮」思想的特色時，通常注意的是（4）「最關鍵的社會資源分配準則」之層面。的確，戰國時代的其他與「禮」相關的言論中，此部分屬於比較少見的思想成分。然而，《荀子》的「禮」思想，除了有很顯著的思想成分之外，還讓我們感覺到比其他文獻的「禮」思想更深入，或者層次不同的思想意義。筆者在前書中試圖勾畫出先秦時代「禮」概念演變的脈絡，也據此試圖呈現《荀子》的「禮」概念中所包含的，以前的「禮」思想所沒有的內容。不過，筆者也認為只靠「禮」

概念的一種項目化之手法，無法闡明《荀子》「禮」思想的整體性特質：除了《荀子》「禮」具有多少種意涵之外，它的整體思想意義是什麼？於是筆者根據本文所獲得的見解，先將與「禮」相關的言論，依其論述目的、範圍以及內容，分成「禮論」、「禮制論」以及「禮治論」之三種論述，並且試著在第三種的「禮治論」中找出《荀子》的「禮」思想的整體思想意義。

首先我們從「禮論」開始。「禮論」此一用詞本身的意涵（即「禮」＋「論」），在廣意上涵蓋了與「禮」相關的所有論述。不過，筆者要談論的是狹義的「禮論」，它係指廣義的禮論中的（1）對個別的「禮」內容的解釋；（2）說明或回應何種「禮」最適用於何種場合；以及（3）針對某種「禮」的意義或重要性之說明所形成的論述。若採取這樣的界定，在《儀禮》、《禮記》以及《論語》這些現存文獻中大部分有關「禮」的內容，大概都屬於此類的禮論。

接著是「禮制論」。若從廣義的禮論來看，它係探討和解釋國家制度的論述。具體而言，它探問在某種國家運作中需要何種「禮」。當漢朝逐步完成國家的禮制後，中國歷代王朝以及李氏朝鮮的朝臣們，他們對「禮」的論辯大體上屬於禮制論的範疇。至於荀子以前的禮制論，由於古代國家的運作就是組成自各種儀禮，所以應該很早就有相關討論。例如《論語》就有加上王朝名稱的「夏禮」、「殷禮」等關於「禮」的言說，這也可謂是禮制論。再者，在《春秋》三傳、《晏子春秋》以及《管子》「經言」諸篇中的禮論，也多有相關的內容。

　　依照如上的界定，《荀子》一書也包含著非常豐富的禮論和禮制論。然而，《荀子》的「禮」思想似乎還含有禮論和禮制論之外的思想特質。禮論和禮制論的言說，都來自對「禮」之價值的深切認同，皆根據對既存的「禮」之功用的理解，來探討批判現有的政治制度和運作。與此相比，自從如《莊子》等發起對「禮」之功用的根本性批判後，面對這種思想環境的荀子以及戰國中後期的思想家們，則更進一步地對個人和國家究竟為何需要「禮」的問題深入省思，開啟了禮治論的思辨範疇。

　　「禮治論」是從建構國家、社會，甚至宇宙準則等，構成秩序的原理性問題來思考並論述「禮」的重要性。在中國古代思想中，「治」概念除了「統治」之外，還含有「秩序」的意思，而在此意涵上，禮治論通常以治亂論的方式來展開。正如筆者前書所述，在《墨子》和《孟子》中雖然也可以觀察到治亂的問題，但治亂問題本身應當是在齊國稷下的思想論辯活動當中才成為核心的主題。司馬遷指出當時的思想活動的狀況為：

　　　自騶衍與齊之稷下先生，如淳于髡、慎到、環淵、
　　　接子、騶奭之徒，各著書言治亂之事，以干世主。
　　　　　　　　　　　　　　　　　（《史記‧田敬仲完世家》）

在引文中，司馬遷回顧戰國中期在齊國的「稷下先生」們，是以「治亂之事」作為共同探討的主題。那麼，在這樣的問題意識中，「禮」概念又在思想上扮演了怎麼樣的角色呢？雖然「禮」概念的發展與司馬遷所列舉的稷下思

想家的關聯尚待釐清，但我們已清楚的觀察出，「禮」概念在《晏子春秋》和《管子》這兩本戰國時期的齊國著作中，已成為國家安定的關鍵價值。尤其如《管子・君臣下》的「君臣上下之分素，則禮制立矣」，其雖以「禮制」一詞來論述「禮」的重要，但由於它是自社會功能來探討「禮」的意義，因此其內容已涉及禮治論的範疇。接下來，我們來看《荀子》的禮治論。關於荀子對「禮」的重視已毋需贅言，我們先確認《荀子》如何看待「治」概念。

在荀子的政治社會理論中，達成「治」的狀態是其最優先的目標。譬如在〈非十二子〉中，其批評十二位思想家的主要理由即是：「使天下混然不知是非治亂之所存」，顯示出荀子以讓天下人了解社會、國家達成「治」或陷於「亂」之原因才是思想家的首要任務。在〈解蔽〉中，荀子也觀察當時的思想家都是「凡語治……」。還有，荀子在〈天論〉中，以「治亂天耶？」來回應懷疑「知天」之必要性的說法，主張「天」的重要性取決於他和治亂問題的關係。在〈性惡〉中，荀子也把「善」定義為「正理平治」。

在《荀子》思想中，「治」和「禮」兩概念之間又有怎樣的關係呢？在〈王制〉中，有謂「禮義者，治之始也」，表達「禮」係「治」的開始。若考慮「禮」作為實踐方法的面向，此句亦意謂著「禮」是達成「治」的關鍵方法。然而對荀子而言，「治之始」的「禮」實際上正是「治」本身，〈不苟〉就提出：「君子治治，非治亂也。曷謂邪？曰：禮義之謂治，非禮義之謂亂也。」若將此處的「禮義之謂治」與〈正論〉之「道也者，治之經理也」一

起理解，荀子的「禮義」乃經過「治」概念來與「道」概念相結合。這讓我們想起《管子・心術上》說的：「法出於禮，禮出於治。治、禮，道也。萬物待治，禮而後定。」〈心術上〉的作者從生成論的觀點來提出「禮」較「法」為優越，而且並稱「禮」和「治」，甚至將它們視為「道」本身。如此，《荀子》和《管子・心術上》中的禮治論皆將「禮」和「治」（以及「亂」）視為同等價值，並代表統貫世界和宇宙的秩序本身，也在終極意義上與「道」相結合，意指「道」（的秩序）在現實之呈現。追求完美和諧的秩序（harmonious order of universe）本身，就是《荀子》禮治論在思想史上的第一種意義。

我們不難發現，荀子的「禮」概念除了朝向普遍的宇宙秩序論的方向外，還以治理人類世界作為其最核心的功能。我們可以舉〈禮論〉中「禮之三本」的觀念為例，來試著了解荀子禮治論中，能代表其政治哲學之具體且究竟之理論目標的第二種整體意義。司馬遷在《史記・禮書》中也引述此段，可見其對漢朝知識分子「禮」觀的影響。荀子曰：

> 禮有三本：天地者，生之本也；先祖者，類之本也；君師者，治之本也。無天地，惡生？無先祖，惡出？無君師，惡治？三者偏亡，焉無安人。故禮、上事天，下事地，尊先祖，而隆君師。是禮之三本也。

因為其說明始自「天地」一詞，乍看之下，荀子似乎是提

倡「禮」概念中的形上或宇宙論上的意義。然而，與如上《管子・心術上》的例子不同，荀子並沒有直接將「禮」或「禮」的基礎與「天地」本身相結合。在這裡，「天地」之所以成為「禮之三本」之一的理由，在於它「生」（產出）人類這一點上。按照此理路來解釋，可說荀子將「天地」看作「先祖」之「先祖」，使之含有人類的先祖之意。換言之，「禮」之「第一本」和「第二本」實際上是互為一種親子關係。如此，「天地」成為人類的先祖，而「禮」便具有與人類同源，並且保持著不可分割的歷史關係。

接著，荀子提及「禮」之「第三本」，即「君師」。如同〈不苟〉、〈正論〉的例子，此處提倡「治」的重要。此外還有一個重點，就是荀子觀察到人類社會事實上仍未達到「治」的狀態，由此說明人類需要「君師」的理由。在最後一句的總結中，荀子主張，此「三本」之重要性在於「安人」。這裡還有一點值得注意的是，此處的「人」並不意指特定的人物或人群、或只限於被統治的人民（若是如此，荀子就會說「民」或「百姓」），而是如「凡人有所一同」（〈榮辱〉）一句中的「人」般係指人類。

荀子的「禮三本論」涵蓋的「禮」概念有先祖和甚至天地的意含，並由人類之意的「人」概念，主張「禮」的功能涵蓋整個人類的全部歷史。若與禮制論相比較，明顯可見兩者在基本觀點上的差別。禮制論所涵蓋的範圍是就像「夏禮」、「殷禮」等術語所示某個朝代的「禮」或制度，因而禮制論無法探討「禮」對整體人類的生存之意義。相形之下，荀子的禮治論則能夠思考「禮」在整段人類歷史上的獨特意義和未來的理想生存方式。

　　總之，《荀子》禮治論的整體性特質可歸納為如下兩點：第一、當戰國時代中晚期的齊國稷下的思想家在探討「治亂」問題，包括宇宙秩序中「禮」的角色等問題的思想環境下，《荀子》將「禮」概念以「治」概念為媒介，間接的與「道」概念做連結，建立了「禮」就是秩序本身的觀點。第二、荀子深感發揮「禮」的功能之關鍵處並不在於宇宙或本體論上的領域，而是在相對於天地的「人」的領域。而且，荀子的「人」並不是指居住在某個地區或構成某一國的具體人群，而是能組成社會乃至國家的總體人類。就這樣，荀子的禮治論不只是治理某一個國家的抽象的形上、宇宙秩序，而是為了達成整體人類社會的秩序所提出來的論述。並且，此人間的秩序須以倫理的準則（即「義」）來建立，這也是《荀子》的禮治論常表述為禮義論的理由。對荀子而言，倫理（即「義」）和秩序（即「治」）不可分割。荀子的「禮」在宇宙論的結構中界定出人類的生存條件和目標，同時也賦予人類將其倫理化的可能。[31]

小結　「禮治國家」漢朝的形成

　　漢朝可謂是其後兩千多年的東亞歷史上，國家社會的基本母型，而其基本性格可稱為「禮治國家」。在本節，

---

31 由於本論文的焦點放在《荀子》「禮治論」的整體特色，無法進一步探討社會成員個體在其理論當中所要擔任的倫理角色，特別是其與「修身論」和「性論」的關係等問題。因為這些問題還需要不同方向的探討，筆者將另外為文專論。

筆者先舉兩個例子說明為何漢朝可稱「禮治國家」，以期呈現荀子禮治論對此發揮的巨大作用。

　　第一個例子是司馬遷《史記·叔孫通列傳》中，漢朝建立後第五年的記述。漢朝太祖，即劉邦，由於本身並非出身自王公貴族階級，因而年輕時沒有機會參與任何戰國國家或秦朝之朝廷儀式，又因嫌厭繁瑣的法規，剛成立的漢朝在皇帝臨席之場合，也就缺乏適當的國家儀禮。再加上，漢朝的諸侯、廷臣，大多數都以戰功出身，他們也不知該如何在朝廷內舉動進退。因此，每逢朝廷群臣聚會，他們常出現「飲酒爭功，醉或妄呼，拔劍擊柱」的醜態。劉邦越來越厭惡朝廷的無秩序狀態，此時原為秦臣，後來投降於劉邦的儒者叔孫通，察覺到劉邦受不了這樣的狀態，遂建議劉邦：以長樂宮落成的紀念儀式為機會，建立壯麗但較嚴格的朝廷禮儀。劉邦果然答應。於是，叔孫通在他一百多位門人之外，還徵求魯國三十位儒生，為劉邦準備一場壯觀又嚴肅的禮儀。到了當天，在整場禮儀進行的嚴肅氣氛中，「自諸侯王以下莫不振恐肅敬」，一些鬧出問題的行為者立刻被御史拉走離場。如此，諸臣「竟朝置酒，無敢讙譁失禮者。」典禮結束之後，劉邦在喜悅之際不禁喊出：「吾迺今日知為皇帝之貴也！」劉邦原來痛恨儒者，然而此次機會卻完全改變了劉邦對儒學的看法。也就是說，藉著此次機會，劉邦完全體會到能否建立「禮制」，將會是穩固漢朝皇權之關鍵。此時也註定了漢朝儒學「國教化」的命運。若以當代電影、或其他文化事業來比喻，叔孫通毫無疑問是演出漢朝「禮制」的導演。不過，「禮制國家」的藍圖並非叔孫通發明的。那麼，漢代

「禮制」藍圖的製作人又是誰呢？

從叔孫通的時代過了七、八十年，在司馬遷著述《史記》時，他闡述統治天下之八種綱要。此八種大綱按順序分別為「禮」、「樂」、「律」、「歷」、「天官」、「封禪」、「河渠」以及「平準」。「禮」被安排為其首，顯然便代表在司馬遷的腦海裡，「禮」就是漢朝之存續與建立最需要的一種原理。甚至如其開頭所宣揚，認為「禮」為「宰制萬物，役使群眾」的「美德」，「禮」不但是每個人類個體生存之最高規範，同時也是將秩序與安寧帶給整體生物世界和人類社會的最高原理。而由於漢朝是個世界國家，因此需要在能夠統貫自然和社會兩種領域的原理上建立。對司馬遷而言，「禮」就是能夠滿足漢朝建立世界國家需求之最高原理，這也應該是司馬遷將之列為八種綱要之首的原因。

在司馬遷的思考中，「禮」在具體上的功能是什麼呢？若我們看整段〈禮書〉的內容，我們便能夠發現司馬遷的「禮論」之實際內容不是他自己發明的。司馬遷先在〈禮書〉首段讚揚「禮」的重要，之後在第二段敘述禮制從戰國時代到今上皇帝（即漢武帝）時代的整備過程。接著，以剩下佔整篇三分之二份量的篇幅，說明「禮」的意義與內容，而這部分的論述竟幾乎都可在《荀子》本文中找到。事實上，在沒有直接摘錄《荀子》的前面三分之一的內容中，若我們考慮第二段所敘述的，從秦朝到漢朝歷代皇帝間禮制的演變，自然為荀子逝世之後所發生之事，若再扣除整篇前後有一些司馬遷本人對「禮」之重要性發出的感嘆語，司馬遷關於「禮」功用的論述基本上都是依

據《荀子》的內容而寫成。我們可以進而推論：如果《史記·禮書》中所看見的內容能代表漢朝禮制的理論依據，漢朝禮制的原理就是來自於《荀子》的禮論。

經過《荀子》的禮治論，也如司馬遷在禮治論中明顯提出，漢代的「禮」概念便具有「在天地宇宙中貫統整體人類、構成理想生存方式之準則」的意涵，而這就是在統一天下後，於理論上要治理全世界人類的漢朝最需要的統治大綱。由於漢朝逐步引進禮制，後代的王朝也仿效漢制，故禮制奠定了東亞社會、國家運作方式的基礎，延續了兩千多年。不僅於此，荀子禮治論具備超過「一王朝」、「一國家」之框架的視野，能涵蓋整個人類社會的歷史與生存方式，這讓「禮」的重要性不因漢朝的消失而減縮，反而讓東亞的知識分子透過不同的禮制論重新表述「禮」的重要性。只是荀子在此方面的莫大貢獻被逐漸遺忘了。司馬遷《史記·禮書》的一段可作本文的結尾。

> 人道經緯萬端，規矩無所不貫。誘進以仁義；束縛以刑罰。故德厚者位尊，祿重者寵榮，所以總一海內而整齊萬民也。[……] 仲尼曰：「禘自既灌而往者，吾不欲觀之矣。」

第五章
二十一世紀《荀子》思想研究的意義與前景

序言

　　如本書序論和第三章中所討論，在過去二十年之間華語和英語兩大語言圈的中國哲學研究趨勢中，能觀察到的情形就是荀子思想研究之崛起或復興。在英語學界，荀子思想已被視為比較哲學領域中不可或缺的哲學探索之資源。而長期以來以新儒家「反荀」或「批荀」觀點為優勢的臺港澳學界，則有不少青年學者的論述，或研究生所寫的碩、博士論文中，明顯開始脫離以「當代新儒學」式的理解模式，亦即以對孟子的深刻認同為基礎來理解荀子哲學的負面意義之桎梏。簡言之，荀子哲學在此兩個語言圈的研究中正在開始獲得新的生命。以這種對荀子研究的新的趨勢為背景，筆者根據過去二十多年進行荀子研究的若干心得，以及最近十多年推動與荀子研究者之間的交流的經驗來構想荀子思想研究之未來，應是一件有意義的事。據此，本章以荀子思想對東亞國家、社會以及倫理觀所產生的整體性的巨大影響的理解，重點關注荀子對「禮」的

理論之集大成者的角色，並闡發荀子「禮治」思想對二十一世紀倫理學、社會、政治哲學各方面所具有的新的啟示和意義。

第一節　荀子對「人」和「社會」的理解

若要探討「荀子政治哲學」這樣的題目，由此所聯想的副題大概是與荀子所指向的理想國家、社會、統治者、治術以及人民等問題相關。不過由於我們生活在二十一世紀，我們應該從荀子哲學的當代意義開始探討。簡言之，我們能向荀子學習什麼？針對此問題，筆者首先要指出的一項重點是荀子理解「人」的方式。聽到此句，大多數的人應該會自然回應說：「應該是性惡論吧。」不可諱言，荀子將「人之性」作為考察的對象，這個事實本身表明荀子對「人」進行深入的思索。不過，筆者希望讀者暫時擱置像「性善」、「性惡」等妨礙理解荀子思想的口號性術語，先照著筆者的說明試圖理解。首先筆者試圖闡述荀子所提出對「人」的整體理解：

> 「人」的存在本質在於「人」個體正在經過的變化過程所呈現的時間軸和「人」這樣的存在者經過政治體系來形成無限擴大的人類集團（＝社會）的空間軸之兩隻軸之交會的地方所產生的動態（＝dynamism）。

在此我們需要注意兩點：第一、雖然筆者用當代的語言說

「人的本質」，而此句會引出「性」這個術語的聯想，但在這裡要避免「性」這種的術語的使用。第二、我們也需要謹慎地避免將此「本質」以「善」或「惡」這種含有價值判斷的形容詞界定其內涵。對荀子而言，「人之性」無論是解釋為「本然狀態」或「應然狀態」，都並非指「人的本質」的意思。荀子認為，可規定人類的基本條件是，「人」為人類中的每一個人，並且同時亦為形成社會集團成員這一點。

那麼，從這樣人類的基本條件所具體指向的動態是怎樣的呢？筆者的理解是：

> 幾乎擴大無限大數量的人類社會中，每一個人由於將自己改善（即「化性」），進而擴大自己生命的可能性和意義，也改善社會。

簡言之，荀子認為人和社會均經過變化。荀子的「變化觀」與《莊子》的「物化論」息息相關，但這並非本文所要闡述的方向。[1] 這裡筆者要指出的一點是，荀子哲學充分具有要控制變化的方向的需求之思想。正如引文所說，由於要改善自己，也改善社會，荀子將個人的變化與社會的變化之間的關係視為互相的連動。筆者認為，這就是荀子哲學的特點。而且荀子也提示了同時改善個人和社會的具體方法以及目標的境界——聖人。在這種倫理價值由政

1　關於這一點的詳細探討，請參閱佐藤將之：《荀子禮治政治思想的淵源與戰國諸子之研究》，頁61-109。

治行為或過程中實現的這一點意義上，「荀子思想」的基本特質可謂是與希臘哲學，特別是與柏拉圖和亞理斯多德可以交流的富有倫理意涵之「政治哲學」。[2]

然而，既然我們說荀子哲學具備以上特質，那麼我們要向這樣的哲學學習什麼？如上所整理的說法也許過於簡略，筆者欲進一步闡述。在此之際，我們也擴大荀子思想所含有的思想意義。下面我們對此分別由歷史上、哲學上以及實踐上的層面來說明。

首先從歷史的觀點來思考我們向荀子能學習的東西。事實上理解荀子的思想就等於了解我們東亞歷史上國家、制度、倫理的根源。簡單說，理解荀子等於理解我們——東亞人。換言之，若沒有荀子的思想，從漢朝以來迄今約兩千年的東亞歷史恐怕就不會以我們所知悉的方式展開。特別我們的道德觀和倫理意識也恐怕會變得與現在相當不一樣。在此筆者主張「對東亞社會的影響」時，這並非因為廣義的儒家思想對東亞社會這樣的影響，而是因為受到荀子思想的影響後，東亞社會成為現在我們所屬且置身其中生活的社會這一點。即使退一步說，現在的東亞社會是受到廣義的儒家思想影響而形成，作為其基礎的「六經」體系本身可能是由荀子的禮治理論得到整備。

第二、荀子禮治理論的哲學意義是什麼？在古代屬亞歐大陸東邊的特定時代所產生所謂「諸子百家」的思想，對（二十一世紀的）「哲學領域」學術探討上會有何種啟示呢？關於所謂「中國哲學」是否涵蓋在希臘哲學所指的

---

2 本書第七章提供對荀子和亞理斯多德政治哲學之間的比較探討。

「哲學（philosophy）」，即「Φιλο＋σοφία＝愛智」的問題，
在過去數十年間世界相關的專家之間有熱烈的討論。進而
直接地或間接地，學者們針對中國「哲學」是否為哲學這
一點展開了多樣的論辯。[3] 筆者無法在這裡詳論此問題，
不過值得一提的是，哪怕最懷疑中國「哲學」為哲學的學
者也會同意：荀子的思想目前是我們在「哲學」學科中探
討各種議題時，能提出富有啟發性論點的思想。荀子思想
中充滿著被視為儒學核心成分之「倫理學」中的內容──
希臘和羅馬古典哲學中，「哲學」的目標就在於「倫理生
活」，即「良好的人生（living well）」這一點。除此之外，
一般而言，荀子思想還充分具備了中國哲學比較缺乏的
「獲得正確的知識之方法」、「言語的構成和功能」、「合理
理解世界的構成」等，相當於西洋哲學中的認識論、語言哲
學、科學哲學相關的論述。特別在比較哲學領域，學者將
荀子的思想與亞理斯多德、聖・奧古斯丁（Aurelius
Augustinus, 354～430）、霍布斯（Thomas Hobbes, 1588～
1679）甚至是達爾文（Charles Robert Darwin, 1809～
1882）[4] 等思想進行相當仔細的比較分析。換言之，荀子思
想在我們以西洋哲學的問題意識架構下來思考傳統東亞思
想的內容和各種問題時，足以成為東西方思想之間的媒介。

3　比利時學者戴卡琳（Carine Defoort）將與此相關論辯分成四種立場
　　來詳論。請參閱 Carine Defoort: "Is There such a Thing as Chinese
　　Philosophy? Arguments of an Implicit Debate", *Philosophy East & West*,
　　vol. 51-3 (July 2001), pp. 393-413。

4　關於荀子和達爾文進化論的比較研究，請參閱信夫淳平：《荀子の新
　　研究：殊に性惡說とダルウィニズムの關連性について》（東京：研
　　文社，1959年）。

不僅如此，日本近二十年來的學界，包含政府和工商界各層中，有兩項哲學議題的探討相當普遍：（1）探求在不同種類的生物之間、或不同立場的個人或人群之間，或者整體人類和地球環境之間如何共存的「共生哲學」；（2）以個人與社會如何經過國家的媒介創造更為理想的共同體（或共「働」體）為課題的「公共哲學」。[5] 無疑，基於荀子思想探討所獲得的見解，一定會對於此兩個領域中的各種探討有幫助。這是因為荀子所考察的對象：「人」，通常是以兩個以上的人，或人和人之間的關係為前提。其他從古代傳下來的卓越思想文獻也是如此，《荀子》一書經過「哲學」這樣的學科討論，在我們新的思想哲學地平面上能提供無數線索和新見。

第三、學習荀子思想的實踐意義何在？在中國思想的領域中，荀子的思想通常被分類於「儒家」。在此分類「儒學」係經過修身、齊家、治國，而在終極意義上還指向平天下的實際倫理的教義。同時在傳統東亞社會中，舉日本為例，直到第二次世界大戰結束，此教義在當時也構成日本的修身教育課目之一種。荀子的思想無疑對儒學修身思想的形成發揮了巨大影響。

如上所述，基於對荀子是修身理論建立者的理解，在思考荀子哲學的實踐意義時，我們需要進一步釐清的是，荀子如何理解「人」。前文已經說明了從源初的意義上荀子如何看「人」。若更具體一點闡述的話，荀子的「人」論則可以分成如下四點：

---

5 請個別參閱本書第七章和第八章的探討。

（1）荀子認為每個人出生時都一樣，而且都具備倫理發展無限可能性之「素質」。

（2）荀子探求在人間世界（在此世界中鬼神是「敬而遠之」的祭祀對象，而這種角色是構成社會共同體的重要一部分）本身，每個人和社會的理想存在方式。[6]

（3）荀子將人類視為正在經歷變化的主體，並且將每個人的目標放在使其改善自己的德性上。

（4）荀子構想了能統合無限擴大其規模的人類社會之規範及制度，並且提示為了實現此規範和制度的領導術（按司馬遷所說的「帝王之術」[7]）。

　　以上四點可見，荀子對「人」的理解似乎只在歷史上和哲學上能找出意義，不過筆者認為，這樣的「人」觀，從思考現代社會中每個人的生活方式以及理想社會的時間方法的層次來看，仍然富有實踐意義。若我們進一步闡述其意義的話，關於第一點，荀子對「人」的理解，若與其他古代思想相比較的話（譬如古代希臘思想、印度思想等），相當例外地與現代人所期盼的方向相一致，即共有（人類皆同）的「人」觀。關於第二點，則能在信仰「神聖」愈來愈困難的現代社會中，提供人與人之間如何相處之指針的基礎。第三點，提供一個人如何改善生活的目標和理論根據。第四點，具有在社會的規模已經擴大成地球

6　〈天論〉：「雩而雨，何也？曰：無何也，猶不雩而雨也。[……]。故君子以為文，而百姓以為神。以為文則吉，以為神則凶也。」

7　《史記・李斯列傳》：「乃從荀卿學帝王之術。」

規模的今天，如何思考保持人類秩序的問題之智慧。

除此之外，筆者還要提出的一點是荀子思想和東亞傳統中的教育思想（亦即相當於今天所稱的「教育學」的內容）之間的關係。現本《荀子》的第一篇和第二篇的個別主題為「勸學」、「修身」的事實來看，在東亞的傳統思想中，第一位提出最有系統性的教育思想的人就是荀子。尤其是在西漢以前的文獻中，「教化」一詞唯獨在《荀子》中就出現有七次之多[8]，而且構成了荀子教育論的重要主張。《荀子》就是東亞教育理論或教育學之祖。與此相比，孔子和孟子對教育的言說，則只不過是提出日常倫理原則或者其德目和德目之間的關係而已，因而比較難以稱得上教育理論。再說，如從現本開頭的篇章（〈勸學〉〈修身〉）所示，作為「人」學的荀子教育學說的核心，在於「學」的實現能夠提高「人」的品質（荀子即說「化性」）。不但如此，荀子同時提出了旨在實踐此境界的具體學程──「禮」。荀子認為，人若沒有在社會中加入教育，就會失去人類的特質。也就是說，人類固有的價值只能透過教育來繼承。對荀子而言，此種特質的繼承必須透過從太古傳來的「禮」不斷實踐進行再生產。荀子云：「禮義不行，教化不成。」（〈堯問〉）

以上乃是筆者對荀子思想之價值學習的可能性的分析。總之，荀子已經想到了實現人類固有價值的意義，並且針對我們能夠想到的問題提出了最深的原理以及其主要的有效解決方法。而且也為我們提供了實踐的具體指南。

8　其他的用例是：《禮記》有一例；《列子》有三例（全部在〈天瑞〉篇中）；《文子》有五例；《商君書》有一例。

那麼，下面我們再回到思考東亞社會和歷史時，為何荀子思想如此重要這一點。也就是說，我們進一步看荀子思想對東亞歷史、社會的影響。

第二節 「禮」和東亞國家的政治、社會以及倫理

筆者認為，東亞世界的國家制度、政治、社會以及倫理等方面都淵源於荀子的思想，也可以說基於其理論基礎而實現發展。從社會科學的觀點來看思想和歷史，若主張荀子思想的影響廣及「東亞世界的國家制度、政治、社會及倫理的基礎」全部，聽起來好似籠統的大話，甚至荒唐無稽。即使如此，為了描述荀子思想的影響之大，不便於只指出其與特定時代的思潮或與歷史事實之間的關係，只好以「東亞世界的國家制度、政治、社會及倫理的基礎」這樣的一句來涵蓋其影響的規模和深度。

在二十世紀前半時，著名的美國漢學家德效騫（Homer H. Dubs, 1892～1969）曾經指出，荀子在中國哲學史上的巨大思想角色可與亞理斯多德相比。[9] 毋庸諱言，亞理斯多德的哲學成為西洋幾乎全部學術領域之基礎。德效騫甚至說荀子這樣偉大的思想家不僅在東亞思想上，而且在世界的思想發展上屬稀有。其實，在二十世紀的荀子研究者

---

9 Homer H. Dubs: *The Works of Hsüntze: Translation from the Chinese, with Note* (London: Probsthain & Co, 1928), 以及 Homer H. Dubs: *Hsüntze: The Moulder of Ancient Confucianism* (London: Probsthain & Co, 1927)。前者為翻譯，後者則為對荀子哲學的研究專著。

中，如陳大齊等，常常把荀子在中國哲學史上的角色與亞
理斯多德比較。[10] 如本書第七章所論述，最近則開始對
兩者的哲學內容之間異同點進行比較研究。然而，針對筆
者的主張（荀子思想成為「東亞世界的國家制度、政治、
社會及倫理的基礎」這一點），讀者應該仍會懷疑荀子思
想的影響為何足以與亞理斯多德比肩。

其實，我們尚未涉及整條中國思想史的脈絡，只是若
以孔子和孟子思想來比較荀子思想的影響力，讀者會覺得
荀子思想對東亞思想的影響應該比孔孟還小。甚至，還存
在著過度低估荀子思想影響力的現象。這就是宋明理學和
陽明學對當代東亞的政治制度或倫理觀的連續性影響。的
確，清朝、李氏朝鮮及德川幕府的儒學直接來源，主要就
是宋明理學和陽明學。眾所皆知，荀子原本位居孔廟的享
祀地位甚至被後人加以剝奪，迄今尚未「平反」。[11]

不過在這裡，筆者有意讓大家從我們所熟悉的儒學各
種概念中，最重視的價值是什麼展開深入思考。以在東亞
三國的文化中，看起來與「禮」的理念似乎有些距離的日
本社會為例，耐人尋味的是，在日本語境中最重要的儒家
價值概念的卻不是「仁義」。在當代日文語境中「仁義」
（じんぎ）一詞的意思淪為黑社會的規範，更無關乎「理
－氣」架構。至於「忠孝」概念，此概念在第二次世界大
戰後的日本社會已不再流行，因此筆者認為，其所奉行的

---

10 陳大齊：《荀子學說》（臺北：中央文物供應社，1954年），頁3。

11 黃進興：〈荀子：孔廟從祀的缺席者〉，收於氏著：《從理學到倫理學：
清末民初道德意識的轉化》（臺北：允晨文化出版公司，2013年），
頁314-347。

乃是「禮」和「誠」兩個概念。事實上,「誠」概念的理
論化也在某種程度上由荀子來達成。[12] 那麼暫將我們的
焦點集中放在「禮」概念對日本的政治、社會以及倫理的
影響。可以說,「禮制」就是日本天皇制度的根基,也是
其統治原則。可代表日本王朝制度和文化的「雅樂(がが
く)」以及所謂「十二單(十二ひとえ)」等服裝制度,都
淵源於「禮制」。而且,形容文物和高貴人物所具備的文
雅所使用的術語「みやび(雅)」這樣的概念,就是原來
「禮」所呈現的燦然的文明性之象徵。值得注意的是,在
日本文化中似乎最偏離「禮制」理念的德川時代,正如渡
邊浩的研究所示,德川幕府的政治秩序是由當時無數有關
於席次、進退、服飾等「禮」體現在將軍－諸侯－其他下
級武士之間嚴格身分秩序和各個角色維持下來的。[13] 的
確,在德川幕府最高法規之「武家諸法度」中,早在一六
一五年制訂的「元和令」中,首章所寫「需專相嗜文武**弓
馬之道**」的部分,在一六八三年修改的「天和令」中就改
為「需勵文武忠**孝正禮儀**」。簡言之,「禮儀」的實現成為
德川幕府公開之最高目標。到了十八世紀,亦即在日本德
川時期中期,代表日本兩大儒者之一的荻生徂徠(物茂

---

12 筆者在如下文章中比較仔細討論荀子對「誠」概念的理論化之關鍵
　　角色。請參閱佐藤將之:〈戰國時代「誠」概念的形成與意義:以
　　『孟子』、『莊子』、『呂氏春秋』爲中心〉,《清華學報》,集35期2
　　(2005年),頁215-244;以及佐藤將之:〈掌握變化的道德──《荀
　　子》「誠」概念的結構〉,《漢學研究》,卷27期4(臺北:漢學研究中
　　心,2009年12月),頁1-35。
13 渡邊浩:《東アジアの王權と思想》(東京:東京大學出版會,1997年),
　　頁28-40。

卿，1666～1728）進一步主張由「禮樂」統治國家的重
要性。

　　附帶一提，在東亞政治哲學傳統中，第一次建立以音
樂為有效統治方式之完整的政治理論思想家也是荀子。眾
所皆知，中國古代音樂的政治論也在《禮記・樂記》以及
《呂氏春秋・十二紀》諸篇中可以看到，但與荀子〈樂
論〉的論述相比，這兩本中的論述還沒有像荀子的音樂論
那樣具備系統一貫的論述特性。[14]

第三節　在視野中缺乏荀子的禮學研究

　　具有諷刺意味的是，許多學者都認為「禮」對東亞政
治社會發揮了關鍵的價值功能。而且，朝鮮的禮制、「朱
子家禮」、道教的各種禮儀以及德川時代的喪禮等，與文
化人類學的儀禮研究（ritual studies）彼此啟發，吸引許
多中日韓學者參與。問題是，這些學者都同意在理解東亞
社會的國家和制度中「禮」是關鍵因素的這一點，但對將
「禮」概念提升為最高統治理念的人就是荀子這點事實缺
乏認知。若我們稍微仔細比較那些從事東亞「禮制史」或
「禮學史」的研究者對「禮」的理解，便可以發現幾種共
同態度。

　　首先，從最基本的一點開始，在日本學界的「禮」的
研究者當中（尤其較為年輕的），恐怕不少學者還沒有細
讀《荀子》。而若從二手文獻理解荀子的思想，則常常會

---

14 關於荀子樂論的詳細分析，請參閱Masayuki Sato: *The Confucian
　　Quest for Order*, pp. 362-369。

忽略荀子作為「禮治」理論的完成者之角色。這一點我們將在下文再提及。不過，我們暫時假設這些研究者也都對荀子思想的主要內容有大概的理解。不過，儘管如此，學者們為何忘了荀子對建立「禮制」的哲學基礎具有那麼大的貢獻呢？筆者認為，這與這些學者觀照「禮制」的歷史態度有關。至少在漢朝以後，雖然有諸如東漢鄭玄那樣對「禮學」的著名注解者，但並沒有輩出像荀子那樣將「禮」的概念提升為「禮治」理論的傑出思想家。因此在研究漢朝以後的「禮制」的現代學者眼中，各朝代的禮制就是前個朝代的禮制的延續、或部分改變而繼承下來的。不過，這樣的視野往往忽略了漢朝的禮制並非秦朝禮制的延續，而由叔孫通重新制定而一步一步整備之事實。

再者，學者在探討漢朝以後的歷代王朝禮制的思想基礎時，所重視的文獻並非是《荀子》，而是《儀禮》、《周禮》以及《禮記》等所謂的「三禮」。在這裡先對於《周禮》是否為劉歆的偽作問題暫不談，雖然其作為最後編輯，直到漢朝時沒有異議。若從此「三禮」的材料來看，亦可謂大部分為從先秦時代傳下來的文獻。這樣的事實導致「禮制」研究者往往將漢朝的「禮制」當作是對（從先秦時代傳下來的）「三禮」的內容之實現或繼承。如此，在思考中國歷史上的「禮制」之淵源與發展時，所勾勒出的繼承模式是：①「原周禮」→②「三禮」中所描述的各種禮制→③漢禮→④作為漢禮的一種複製品的歷代王朝禮制的程序。職是之故，尤其在研究魏晉時代以後的禮制或禮學的學者眼中，作為其研究對象的「禮制」是前朝禮制的延續，並且按照如此類比思考將漢禮也自動視為「三

禮」內容的具現。倘如此，學者就會忽略在先秦時各國的
禮制（雖然我們不得知其大部分）和漢朝禮制之間的巨大
差距。並且在漢朝整備禮制時，為何漢朝的統治層認為需
要整備禮制這個事實。當然，我們不能想像研究東亞國家
社會的禮制之學者不熟悉荀子的名字和荀子就是提倡
「禮」的重要的思想家這件事，但這些學者的腦海中通常
缺乏對以下漢朝情況的理解：第一、漢朝在開創時基本上
並沒有稱得上「禮制」的國家運作制度。第二、在漢朝功
臣中（這意味著漢朝國家最高層次）。缺乏親身能實踐各
種儀禮的王侯或貴族。第三、眾所皆知，在漢朝初期也許
由於實際的需求，或由於理論上的說服力，王侯貴族對黃
老思潮的「無為」主張頗為歡迎。簡言之，在漢朝開創時
的情況是：漢朝原來沒有禮制；國家高層完全不悉禮；王
侯貴族比較欣賞黃老「無為」。若漢朝從如此情況開始，
而後來成為「禮制國家」的話，這需要令人進一步推想當
時非常有說服力的「禮治」哲學。也就是說，國家一定擁
有經過「禮」來治理的政治理論。否則，在當時的漢朝高
官中幾乎沒有人會習禮，更不會將之定為國家綱基。何況
《莊子》曰：「說禮邪，是相於技也」（〈在宥〉），當時應
該有很多聲音攻擊「禮」的人為性和欺瞞性。在這樣的思
想氣氛中，當時推崇黃老無為術的朝廷高官，基本上沒有
理由再辛苦地推行「經禮三百，曲禮三千」（《禮記‧禮
器》）的「禮」，並且將之在漢朝國家運作中落實。在如此
情況下，漢朝如何能成為「禮治國家」呢？

　　在此筆者要強調的一點是，當時漢廷為了克服黃老思
潮的優勢，需要整備「為什麼國家需要禮制」的一套有說

服力的理論。基於這樣的觀點來看「三禮」的內容，在
《禮記》的〈禮運〉和〈祭統〉等篇章的討論中，針對國
家為什麼需要「禮制」的問題含有若干具備理論性的論
述。然而，光靠《禮記》的這些論述，能夠取代當時流行
的黃老「無為」這個統治理論嗎？漢朝中期，在其〈論六
家要旨〉中，正當公孫弘和董仲舒推行儒學之時，司馬遷
（或司馬談）還讚美道家為「事少而功多」呢！

　　雖然漢初著名的知識分子如叔孫通、陸賈、賈誼等都
極為重視「禮制」的推行，但他們的言說中並沒有出現荀
子的名字。[15] 司馬遷所撰寫的《史記・禮書》，提供了漢
朝禮制的理論基於荀子思想的一條線索。眾所周知，司馬
遷除了敘述國家、人物之興衰成敗的故事，還闡述了統治
天下的八項綱要。此八種大綱按順序分別為「禮」、
「樂」、「律」、「歷」、「天官」、「封禪」、「河渠」以及「平
準」。而「禮」被排為其首，顯然表明在司馬遷的腦海
裡，「禮」就是漢朝之建立與存續最需要的一種原理。甚
至如其開頭所宣揚，認為「禮」為「宰制萬物，役使群
眾」的「美德」，「禮」不但是人類每個人生存之最高規
範，同時也是將秩序與安寧帶給整體生物世界和人類社會
的最高原理。而由於漢朝幾乎是同等於「世界」的國家，
因此需要建立能夠統貫自然和社會兩種領域的原理。對司
馬遷而言，「禮」就是能夠滿足漢朝建立「世界」國家需
求之最高原理，這也應該是司馬遷將之列為八種綱要之首

---

15 其中韓嬰的《韓詩外傳》為例外。其中有多達五十多條由《荀子》
　的引述。而且，其中許多是整段的論述。

的原因。正如本書第四章所論述，如果《史記・禮書》中所看見的內容能代表漢朝禮制的理論依據，代表漢朝禮制的原理就是來自於《荀子》的禮治論。

同樣具有諷刺意味的是，對於古代「禮制」和「禮治思想」的構想上，荀子的存在往往處於被遺忘的狀況，這原因不能只歸納為禮制研究者的忽視。筆者認為，忽略荀子哲學中的「禮治理論」之完成者角色的最大原因竟在於荀子哲學研究者本身。

若我們回顧近代以來的《荀子》研究，無論是身處十九世紀末年的日本，在仍處於創立階段的（東京）帝國大學受西方哲學訓練的蟹江義丸，[16] 還是在二十世紀初年從美國將哲學研究直接帶進中國學術界的胡適和馮友蘭，都在研讀《荀子》時探求了其哲學史上的思想意義。[17] 如此一來，「性惡」、「天人之分」等主張，或者是其「科學」思想，便被視為荀子哲學的特點。而流行於二十世紀前半期中國思想研究中的疑古態度，更使得研究《荀子》思想的主題，環繞於該書是否真能代表荀子本人思想的懷疑之上。中、日學者不僅均把「性惡」、「天人之分」等主張視為荀子思想的特點，而且更將之視為判斷篇章是否真偽的重要標準。其結果則是動不動就把這些與「性惡」、「天人之分」主張可能相衝突之處，排除在荀子本人的思想之

---

16 關於日本近代的《荀子》研究與其「哲學化」的情形，請參閱佐藤將之：〈漢學與哲學之邂逅：明治時期日本學者之《荀子》研究〉，收入於《漢學研究集刊》，集3（2006年12月），頁153-182。

17 胡適在《中國哲學史大綱（上卷）》（上海：上海商務印書館，1919年，頁306）中，只將〈天論〉、〈解蔽〉、〈正名〉以及〈性惡〉視為理解荀子本人的思想之重要篇章，其中卻不包含〈禮論〉。

外。如此，作為「禮治理論的集大成」的荀子歷史角色便
由以「性惡論來對抗孟子」的哲學角色予以替代迄今。

小結　荀子在東亞歷史中的意義在於「禮治理論」的建立

　　最後，到此再次試問：荀子本人最重視的觀念究竟是
什麼？是「性惡」？還是「天人之分」？事實上，「性
惡」一詞僅在〈性惡〉一篇中出現。[18] 而同樣地，「天人
之分」的主張也只在〈天論〉中展開而已。其作為《荀
子》思想之「代表性」的主要根據，是基於不見於其他文
獻之中觀察而來的。相形之下，「禮」概念的重要性並不
在於其表面上的獨創性，而在其使用範圍的廣泛，與其統
整不同主張的綜合作用。在整本《荀子》中，「禮」字出
現三四二次（若加篇名則有三四三次），而且在其書的全
部篇章中，「禮」的重要性成為許多章節的主題。
　　荀子毫無保留地主張「禮」就是能夠解決幾乎所有當
時他所能想到的問題之根本方法，甚至視之為一種「萬靈
丹」。荀子以「禮」概念中的多樣功能建立了新的倫理體
系，試圖解決自戰國中期以來被思想家不斷提出來的國家
及社會治亂問題。值得注意的是，《荀子》的禮論涉及許
多議題，包括修身論、人事論、資源分配論等等。而
「禮」概念的這種多樣性，也允許它統貫全書各種不同的

18　「性惡」一詞在〈性惡〉中總共出現二十六次，而其中十五個屬於
　　「人之性惡」的句型。

主張內容，並且發揮了綜合各種不同論述的連結作用。[19]
若我們可以說建立「性惡論」和「天人之分」的哲學曾經
為二十世紀荀子研究的特點，二十一世紀荀子研究的方
向，應該從荀子闡明涵蓋東亞國家社會及倫理的「禮學」
中的關鍵性思想角色著手。

　　總而言之，筆者在本章要闡述的是：第一、荀子的思
想對東亞國家、社會以及倫理觀帶來了整體性的巨大影
響；第二、對荀子思想的探求，尤其藉由與各種哲學思潮
的比較，會繼續啟發我們的學術見解；第三、荀子對
「人」的理解和理想社會的構想，也對生活在二十一世紀
的我們具有十分重要的實踐意義；第四、在我們探討荀子
思想的核心內容時，我們應該以荀子為「禮」的理論之集
大成者的角色重新著手，以期取代所謂「性惡論」提倡者
的被誤造的形象。

---

19 下一章提出對這一點筆者的觀點。

第六章
《荀子》哲學研究之解構與建構：以中日學者的嘗試與其「綜合」與「變化」為線索

序言

　　本章之目的在於經由對於當代學者理解《荀子》哲學的兩組框架——「性惡論」和「天人之分」的解構之嘗試，來探索建構荀子哲學之另一種可能性。眾所周知，《荀子》中的「性惡論」歷來被視為荀子哲學的核心思想，不但對於宋代理學家，而且對當代中國哲學研究者而言，「性惡論」仍居於《荀子》哲學之核心，而往往成為他們「探討」《荀子》哲學特質之預設或出發點。[1] 相對地，其「天人之分」的主張，則是在東亞地區引進西方哲學方法論之後所開始引起學者關注之部分，迄今也與「性

1　劉振維列出認定「荀子的人性是『本惡』或人性本有『惡端』」之學者計有十五位左右（含大陸）。請參閱劉振維：〈荀子「性惡」芻議〉，《東華人文學報》，期6（2004年）；後收於氏著：《從性善到性本善》（臺北：光鹽出版社，2006年），頁125-145。除此之外，劉振維的《從性善到性本善》一書也闡述原來孟子所提出的「性善論」如何經過程朱的理學來變成了「性本善」的思想脈絡，值得參考。

惡論」一同被視為《荀子》哲學之兩大特質。

　　本章的探討分為兩個部分。在前半，先評述對此問題的研究狀況之後，與在臺灣開創了《荀子》研究新視野——蔡錦昌、王慶光、以及劉又銘三位學者——的主要見解進行對話。在後半則先整理過去日本學者對相關問題的看法之後，以「綜合」和「變化」為切入點，由三個維度闡述《荀子》思想體系的特質。藉此筆者試圖將「性惡論」與「天人之分」兩項核心主張之「核心」一詞放入括弧，以期作為未來能夠建構更為代表《荀子》思想整體性之基礎作業。

第一節　傳統荀子觀之「解構」

　　眾所周知，宋明以來絕大多數的知識分子一直堅信「性惡」是荀子的核心主張。由於「性惡」一詞，與孟子「性善」互為顯著的對照，從識字時就開始朗誦「人之初，性本善，性相近，習相遠」（《三字經》）的中國知識分子，從一開始受教育就命定由「性善—性惡」的認知架構來看荀子思想的特色。如此的傳統中國知識分子，對荀子思想的整體了解，一直是非常堅固且安定的。到了十九世紀末，開始吸收西方哲學史方法，所謂「經學」也隨之逐步轉為「經學研究」或「中國思想‧哲學研究」。儘管如此，就從民國時期到近五十年臺灣學界的《荀子》思想研究而言，以「性惡」為中心的荀子觀的大架構，佔了其研究方向的主流。

　　回顧二十世紀初民國時期中文學界的荀子研究，譬如

胡適、楊筠如、梁啟超等學者，在當時疑古風氣崛起的學術氣氛下，將《荀子》一書的內容分為「代表荀子本人的部分」和「後人之增加」兩個部分；另一方面，如在胡適的看法中顯著可見的，由於試圖以西方哲學史中的重要哲學概念和範疇來說明中國哲學的內涵，因而荀子思想中的「天人之分」、「邏輯思想」、「科學思想」等因素，也被列為荀子思想之重要特色。[2] 不過，無論將荀子的思想和文獻怎麼區分，「性惡論」在荀子思想中的核心地位絲毫不受影響。[3] 而且，到了二十世紀中期，臺灣和香港的儒學研究之重心，回到孟學中找出可與西方倫理學比擬的倫理價值和其形上論基礎，而似與孟子對立的荀子「性惡論」和「天人之分」，便又受到了學者的關切。在這樣的思路中，荀子的「性惡」被視為「對人性尊嚴的否定」，而其「天人之分」則被看做「缺乏道德形上論」的證據。職是之故，蔡錦昌與劉又銘均認為，二十世紀後半臺港澳學界對《荀子》研究的過去方向背後受到牟宗三的觀點之莫大影響。蔡錦昌即指出：

> 由於過去這三十多年來牟宗三派的新儒家學者在臺灣所謂中國哲學界裡有相當大的影響力而且奠立了

---

[2] 關於二十世紀前半荀子研究之趨勢，江心力最近出版了《20世紀前期的荀學研究》（北京：中國社會科學出版社，2005年）一書。筆者也曾經評述過中國二十世紀前半在疑古氣氛崛起之下所進行的《荀子》研究之問題。請參見本書第三章的探討。

[3] 譬如，在一九五四年出版的陳大齊：《荀子學說》中，「天人之分」和「性惡論」乃佔他所提舉的荀子學說三項基本觀點之二。請參閱，陳大齊：《荀子學說》（臺北：中華文化出版事業社，1954年），頁3。

一種所謂「道德形上學」和「內聖開外王」的論述
架構來。有部分臺灣的儒學研究者可能是針對該派
主張「孟子為儒學正宗」之論而闡揚荀子的，不管
是修補式的闡揚或者反抗式的闡揚，總之皆離不開
牟派荀學的天羅地網。[4]

劉又銘也表示：

當代許多學者（以牟宗三、蔡仁厚為代表）循著宋
明理學主流程朱、陸王學派的足跡，就這個理路做
了進一步的詮釋，比程朱、陸王學派更精微更縝密
也更深入地突顯了荀子哲學的準異端性格，並且產
生了廣大、普遍的影響力。[5]

最近二十年來，只以其「性惡論」來貶斥荀子思想的
論述大幅減少，尤其是在過去五十年中，懷疑傳統荀子思
想「主要特色」的學者不斷地出現，而他們採取的途徑通
常可歸納為以下四種：（1）在荀子思想中找出新的正面意
義，如「科學思想」、「邏輯思想」等「近代」科學的因
素；（2）強調其主張的真正內涵與孟子或儒家「主流」的
觀點並不衝突；（3）以歷史背景上的必然（編戶齊民之大

4　請參見蔡錦昌：〈「不若」說變成「基於」說──檢討台灣的荀子研
　　究〉（「荀子研究的回顧與開創國際研討會」宣讀論文，國立雲林科
　　技大學漢學資料研究所，2006年2月18日），頁1。
5　請參閱劉又銘：〈荀子哲學典範及其在後代的變遷轉移〉，收於《漢
　　學研究集刊》國立雲林科技大學漢學資料整理研究所刊，期3（2006
　　年），頁34。

一統國家出現的歷史脈絡），或與孔孟所面對的背景不同來辯護荀子主張「性惡」的理由；以及（4）「性惡論」和「天人之分」並不是荀子思想之重點。然而，由於荀子研究的「大環境」之延續與牽制，要找出荀子思想的「新」價值之論述時，仍然保留著濃厚的「性惡論」和「天人之分」之陰霾。

總觀近年臺灣的情形，令人感意外的是，在臺灣發表關於荀子之論文和著作可以說一直沒有減少。就以一九九五至二〇〇五年的十年期間為例，有超過一百五十篇的專書和論文（這不含大陸出版的）。但是如上所述，明確意識到過去知識分子和當前研究者所共有荀子觀或預設之問題的論述並不多，並且過去大部分的論考仍留於對荀子「性惡論」和「天人之分」之處理，此見解也大概不超過如上所舉的四點。

不過，其中一些學者從方法論的層次比較明確地認知對於如上所示過去荀子研究的基本問題，並試圖提出荀子哲學之意義，而開始影響臺灣未來荀子研究之方向。下面本文舉蔡錦昌、王慶光以及劉又銘三位學者的主要觀點為例，探討過去研究中國哲學的學者所根柢根固的傳統「荀子觀」如何解構。其實，此三位所採取的探討方式不同：蔡錦昌針對在臺灣最有影響力的見解而展開了全面性的方法論批判之方式；王慶光反而將自己與臺灣學者的主要觀點劃了一條線，並引進過去十幾年在大陸成為主流的思想史之觀點；劉又銘由於直接針對「性惡論」與「天人之分」對決的方式，試圖進行傳統荀子觀之解構。無論其嘗試是否成功，無疑地，由於他們如此不同的探討，以「性

惡」和「天人之分」為中心的傳統荀子觀是否能代表荀子
哲學價值之議題漸漸開始主導臺灣荀子哲學以及其意義的
研究方向。[6]

第二節　蔡錦昌、王慶光、劉又銘對傳統　　　荀子觀的「解構」與「建構」

　　我們首先看的是上列三位學者中最早提出對於臺灣過
去荀子研究之全面性批判的蔡錦昌觀點。他的主要觀點在
他匯集從一九八五至一九八八年之間發表的論文而由唐山
出版社在一九八九年出版的《從中國古代思考方式論較荀
子思想之本色》一書中，[7] 他近年也梳理臺灣學界過去
《荀子》思想研究的一些生態，並且加以嚴厲的批判。[8]
雖然蔡錦昌的批評不是專門針對過去荀子研究的「性惡

6　伍振勳的《語言、社會與歷史意識——荀子思想探義》（臺北：國立
　　清華大學中國文學研究所博士論文，2005年）、田富美的《清代荀子
　　學研究》（臺北：國立政治大學中國文學研究所博士論文，2006
　　年），以及劉又銘的指導學生曾暐傑的《打破性善的誘惑——重探荀
　　子性惡論的意義與價值》（臺北：國立政治大學中國文學研究所碩士
　　論文，2012年）也或多或少意圖傳統荀子觀之變更，這樣的問題意
　　識可以放在蔡錦昌以來的臺灣《荀子》研究之脈絡上。如上三書均
　　由臺北花木蘭文化出版社出版（個別在2009、2011、2014年）。

7　蔡錦昌：《從中國古代思考方式論較荀子思想之本色》（臺北：唐山
　　出版社，1989年）。此書後來以《拿捏分寸的思考：荀子與古代思想
　　新論》之書名再版（臺北：唐山出版社，1996年）。在本文中的引用
　　均以新版為準。

8　蔡錦昌：〈「不若」說變成「基於」說——檢討台灣的荀子研究〉，雲
　　林科技大學漢學資料研究所主辦「荀子研究的回顧與開創國際研討
　　會」宣讀論文（斗六：國立雲林科技大學漢學資料研究所，2006年2
　　月18日）。

論」和「天人之分」研究架構的問題進行批評，然而由此
我們仍可以理解，基本上屬於當代新儒家脈絡的主要學者
對荀子的看法和基本設計的一些問題。蔡錦昌所批評的學
者，即：牟宗三、唐君毅、勞思光、韋政通以及蕭公權等
諸位先生。下面我們略述蔡錦昌的觀點。

　　對勞思光先生的荀子觀，蔡錦昌即提出「勞先生憑什
麼說，荀子倡性惡而言師法而沒有順孟子之路擴大儒家之
重德哲學就是儒學的歧途？」之疑問。[9] 對於蕭公權先生
的荀子觀，則提出「蕭先生一下說荀子不違孔孟之傳統，
一下又說已近申韓的主張，將荀子寫成一個駁雜、混合
的、過渡性的人物」之疑問。[10] 對於韋政通先生說「性
惡論並非荀子的中心思想，但荀韓關係卻與性惡論直接有
關」這一點，蔡錦昌認為「不正確」。[11] 對於牟宗三先生
將荀子的「心」稱為「認識之心」一點，蔡錦昌認為，牟
先生將「知識」和「道德」分為兩個。[12] 對此，蔡錦昌
主張，「荀子所謂『虛一而靜』並非一般所謂認知的方法
論，而是修養功夫論」。[13]

　　如上面的種種批評，蔡錦昌始終一貫地強調，研究中
國古代思想的學者必須正確地了解中國古代特有的思維方
式。因此，他除了對中國古代哲學中的許多重要概念重新
劃定其意涵之外，還提出了解傳統中國人之思考格式：

9　蔡錦昌：《拿捏分寸的思考》，頁125。
10　蔡錦昌：《拿捏分寸的思考》，頁105。
11　蔡錦昌：《拿捏分寸的思考》，頁96。
12　蔡錦昌：《拿捏分寸的思考》，頁63。
13　蔡錦昌：《拿捏分寸的思考》，頁73。

「陰陽往復之道」之重要。我們透過蔡錦昌的批評，便能
夠了解目前臺灣學界可說是最有影響力的學者之荀子觀的
一些共同的問題：在牟、唐、勞三位先生的心目中，「性
惡論」等幾個荀子思想特色，成了分析荀子思想的出發
點，而不是分析的結果。因此，像蔡錦昌自己這樣，努力
從荀子思想的內在脈絡了解荀子思想之研究者的心目中，
他們的分析始終無法涵蓋荀子思想特色的整體面貌。

　　為了正確的了解荀子思想，蔡錦昌提出「有為」—
「無為」；「性內」—「性外」；「陰陽」—「利害」以及
「形名」—「名實」的四組八種思維類型，而將荀子思想
的特色歸屬於其中四種類型：即「有為」、「性外」、「陰
陽」以及「名實」。[14]

　　接著我們看王慶光的觀點。王慶光是臺大中文研究所
出身，亦曾為著名的《荀子》研究者張亨的學生，是最近
中興大學退休的資深學者，而他已經出版了有關荀子思想
研究之三本專著。除此之外，他在二○一○年也完成了以
《荀子禮樂教化論研究》題目的博士研究。[15]

　　王慶光對荀子研究的主調在於探討荀子對戰國稷下
學，以及黃老學派之回應。在此基礎上，王慶光進一步試
圖顯現出在戰國中期主流思潮中的荀子思想之特質。其
實，王慶光的研究並沒有針對過去荀子思想研究的某些觀

---

14 蔡錦昌：《拿捏分寸的思考》，頁31-43。
15 （1）王慶光：《荀子與戰國思想研究》（臺中：大同資訊出版社，
　　1989年）；（2）王慶光：《荀子與戰國黃老思想的辯證關係》（臺北：
　　文史哲出版社，1997年）；（3）王慶光：《荀子與齊道家的對比》（臺
　　北：大安出版社，2014年）；以及（4）王慶光：《荀子禮樂教化論研
　　究》（臺中：東海大學博士論文，2010年）。

點進行反駁，他的研究特色反而展現於他基本上與臺灣荀子研究不同脈絡進行的這一點上。換言之，王慶光主要在大陸近年的中國古代思想史研究脈絡上發展出他自己的見解。但值得注意的是，他在註解中屢次提及他的觀點被審查人批評（他忍不住在註解中記下來此內容），而這乃暗示王慶光的研究和發表就是在不斷地與臺灣的傳統荀子觀之交鋒過程中進行。也因此，如此得出王慶光的幾個觀點就是，與蔡錦昌和劉又銘的見解一樣，對臺灣傳統荀子觀提出重要的商榷。如上所述，王慶光有關荀子的著作與論文非常多，但就在本文所設計的問題意識上，筆者主要依據彙集他過去十幾年研究所成冊最近才出版的《荀子與齊道家的對比》乙書內容整理王慶光的研究特點。[16] 對王慶光的研究，筆者所重視的是如下三點：

　　第一、王慶光非常努力梳理戰國中晚期的思想脈絡，並且將道家思想當作其樞紐。他經過對《莊子》、《管子》、《黃帝帛書》（《黃帝四經》）等文本以及大陸學者對於稷下、黃老思想的大量相關研究之分析，傾力釐清在戰國中期齊國稷下學的崛起和黃老思想的內容特質，而試圖將荀子思想的特色在與稷下黃老思想之對比中顯現出來。在過去十年發表的許多文章中王慶光從各種各樣的角度整理稷下黃老道家的思想特色，若我們以《荀子與齊道家的對比》的第四章〈《荀子‧解蔽》「虛壹而靜」與齊道家

---

16 王慶光的《荀子與齊道家的對比》所收的論文大多數曾經在臺灣或大陸的學術期刊或會議論文集發表過的。雖然他為出版此書進行了相當多的修改，就如下所述的三個觀點而言，他的立場是始終一貫的。

「虛靜」、「搏氣」的對比〉中的討論為例[17]，稷下黃老思
想之特色為：（1）黃老道家針對人心中「潛意識」層次的
議題上進行其「心性論」。（2）黃老道家所提及的「心」
與「意」概念是與他們的「氣」概念不能分割的，而其重
點在於「治氣養生」。（3）黃老也進一步提出「精」概
念，這是人與人之間的深度交往，是一種超過語言、思慮
的溝通型態。王慶光認為，荀子的思想特質就在荀子對於
稷下黃老道家的回應中。譬如，對於黃老關注「潛意識」
來探索其「心性論」相比，荀子與孟子一起由於關注於
「顯意識」來提出「心擇論」與「化性論」。對於黃老道
家提出「治氣養生」的修養論，荀子則提出「治氣養
心」，而兩者之間的差別在於前者是為了祛病延年，即全
「自然生命」的方法，而後者則是「名配堯禹」之「修
身」，即修養「文化生命」之進路。

第二、王慶光提出「荀子偽（為）善」的論點，以試
圖取代傳統荀子觀之「性惡論」的說法。王慶光基於香港
學者唐端正先生對傳統荀子觀的批評，以及對於《荀子》
的重點並不在於論證「性惡」，而是「善偽」之見解[18]，
進一步指出：

> 歸納《荀子・性惡》篇共計七次重複「人之性惡，
> 其善者偽也」命題。這提醒筆者想到處理〈性惡〉

---

17 此文是原以〈荀子駁正「黃老之學」並倡導「文化生命」〉的篇名由
《興大人文學報》，期34（2004年）發表的。今收入於王慶光：《荀子
與齊道家的對比》，頁77-103。

18 唐端正：〈荀子善偽所展示的知識問題〉，收於《中國學人》，期6
（1977年），頁11-24。

篇的一個新的提法：既然荀子那樣密集地並列「性
惡」、「善偽」，視此二概念為同位語（appositive）
使用，我們可不可直接稱為「性惡」篇做「善偽」
篇呢？[19]

王慶光基於對整本《荀子》解讀，乃指出，「以荀解荀，
則『偽』之概念似是『人之所以為人』（〈非相〉）會意
字，而為了避免私衷辭意接近『起偽』而表達較巧善的一
個同義詞是『為善』。」王慶光接著根據他對戰國中晚期
「黃老稷下道家」中所觀察到的思想意識型態及荀子的反
駁之歷史脈絡的了解，乃主張，荀子以「禮法」抗「道
法」，以「積善成德」抗「積精成德」，以及以「治氣養
心」抗「治氣養生」。[20]
　　第三、王慶光將荀子思想看作孔子以來儒學人文傳統
之繼承者。他試圖確認在先秦思想脈絡當中孔子的「儒學
人文傳統」由荀子進一步發展之思想意義。在此文，王慶
光首先對於儒家「人文」概念加以界定說，「如果『道
德』側重人格德行與價值理想，意境高，內涵深，則『文
化』指一種素質較高的生活方式，它要求在態度與行為方
面體現道德、符合規範。」基於此界定，王慶光將孔子思
想對儒學人文傳統之思想工夫歸納出兩點：（1）孔子以
「人本體用」說揭示其道德與文化素質教育，以及（2）

---

19 王慶光：《荀子與齊道家的對比》，頁296。
20 王慶光：〈論晚周「因性法治」說興起及荀子「化性為善」說的回
　　應〉，頁106-107；也參照王慶光：《荀子與齊道家的對比》，頁208-
　　211。

以「性近習遠」說調動人的主體能動性以「化成天下」。
王慶光同時指出，為了要求「文化素質」的提升，除要求
思想、意志走上更高道德境界外，也需要要求生活習俗從
低俗轉為高雅，以至於言行舉止、視聽言動上的氣質變
化，而在此意義上荀子的「化性起偽」之主張會具有莫大
的思想意義。[21] 如此，王慶光將荀子與孟子一同視為孔
子的道德思想之正當繼承人。王慶光指出：

> 荀子道德意識絕不亞於孟子。孟子側重於勉人建立
> 自我意識，以取得主體性地位，荀子則側重於經過
> 對自身具體慾望的時時自覺警醒，「經過思慮而發
> 揮人的能動作用」，皆有助於啟發人們自覺地發展
> 和改造主體能動性。（強調點由引用者加）[22]

值得注意者，王慶光一再提及荀子的道德學說預設人的主
體性和能動性。如此，荀子與孟子一樣被列為孔子「人文
思想」的接棒人。最後，王慶光依據祁潤興的「智能的本
性是自然的、先天的」之觀點[23]，進一步主張，荀子的
「性惡」主張其實只是「邏輯特設」（王氏語）而已，不

---

21 王慶光：《荀子與齊道家的對比》，頁355-367。
22 王慶光：《荀子與齊道家的對比》，頁378。王慶光也表示，「荀子道
   德意識絕不亞於孟子」一句係赤塚忠先生所說的。赤塚忠原著，佐
   藤將之、林明照合譯：〈荀子研究的若干問題〉，收於《政治大學哲
   學學報》，期11（2004年），頁85-108。
23 祁潤興：〈人性：自然奠基、人文化成與價值創造──先秦人性論的
   現代詮釋〉，收於《孔子研究》，期1（1997年），頁120-122。

必執實探究怎麼個「惡」法。[24] 總之，王慶光由於其整個
思想特質與戰國中晚期黃老思想之思想特色相對比，將整
個荀子學說中的「性惡」學說之角色推至次要的地位。

　　最後，我們來看劉又銘的觀點。據筆者所悉，關於傳
統荀子觀中的「性惡論」和「天人之分」嘗試解構之議
題，劉又銘曾經發表了三篇文章。他在二○○一年發表的
〈從「蘊謂」論荀子哲學潛在的性善觀〉一篇是針對在傳
統荀子觀中根深柢固的「性惡論」嘗試解構。[25] 他在二
○○五年發表第二篇〈合中有分：荀子、董仲舒天人關係
論新詮〉，則由於找出荀子和董仲舒天人關係論中的共同
思想因素來試圖使傳統荀子觀的「天人之分」論解構。[26]
他在二○○六年發表的第三篇〈論荀子哲學典範及其流
變〉綜合此前兩篇所提出的主要觀點，也同時將之在荀子
思想研究更廣闊的方法論之層次評述，並且主張克服當代
新儒學（劉又銘指出，使用「新儒學」名稱不合適，應該
使用「新程朱學派」或「新陸王學派」之名稱）所造成對
荀學的舊形象，以及一個孟、荀同尊並建的儒學史觀建立
之必要。[27]

---

24 王慶光：《荀子與齊道家的對比》，頁383。
25 此文收於《「孔學與二十一紀」國際學術研討會論文集》（國立政治
　大學文學院編印，2001年10月刊）。
26 此文為第二屆「中國文哲之當代詮釋：文本、對話與詮釋學術研討
　會」的宣讀論文（國立台北大學中語系，2005年10月22-23日）。
27 此文為「荀子研究的回顧與開創國際研討會」的宣讀論文（雲林科
　技大學漢學資料研究所，2006年2月18日），後來以〈荀子哲學典範
　及其在後代的變遷轉移〉之題目收入《漢學研究集刊》，斗六：雲林
　科技大學漢學資料整理研究所刊，期3（2006年），頁33-54。日本的
　青年學者關村博道也提供此篇（會議論文版）的主要論點之扼要評

　　劉又銘對傳統荀學解構之作業的出發點在於在他過去
研究〈大學〉的思想和〈大學〉的詮釋時發現，[28] 其實
〈大學〉中的基本設想實屬於荀子哲學的思想內涵，而朱
熹將之轉變為合乎「孟學」的詮釋內容；也同時發現歷代
推崇孟子的思想家中，如韓愈、戴震等人之思想中就可以
看到「皮孟骨荀」的思想內涵。如此，劉又銘認為，在中
國思想的傳統當中所受荀子影響的部分應該很大，並且預
設表面上以「孟學」為中心的中國哲學史背後還有思想內
容很豐富的「荀學史」之存在。為了找出「孟學傳統之中
荀學因素」之理論目標，劉又銘進行兩項探討。第一，基
於傅偉勳、劉昌元對中國哲學方法論之理解方向，劉又銘
將中國哲學、思想探討的作業乃分成「意謂」和「蘊謂」
兩種層次，而藉由專論荀子思想中的「蘊謂」層次來試圖
突顯在荀子思想中與後代思想共同的思想成分。第二，將
在荀子思想中的「蘊謂」層次上解構其在中國思想傳統中
與後代的儒家思想格格不入的「性惡論」與「天人之分」
之主張的特殊性，以試圖確認「蘊謂」層次的「荀子思
想」——尤其是其道德工夫論——對後代儒學發展有莫大
正面影響。

　　在荀子的「性」概念中劉又銘所觀察到的「性善」蘊

述。請參見關村博道：〈海外荀子研究における多彩な問題意識——
「荀子研究的回顧與開創國際研討會」參加報告〉，收於《中國哲學》
（札幌：北海道大學中國哲學會刊），號34（2006年），頁120-122。
28 關於此仔細論證，請參見劉又銘：〈〈大學〉思想的歷史變邊〉，收於
黃俊傑編：《東亞儒者的四書詮釋》（臺北：臺灣大學出版中心，
2005年），頁3-39。但劉先生指出，此觀點他在撰作博士論文時已經
確立的。

意分成如下三點的意義。第一，劉又銘指出：孟子在說
「乃若其情，則可以為善矣，乃所謂善也。」（〈告子
上〉）時，其「善」係指「發展、實現善的潛力」，而在此
意涵上，荀子的「性」概念並不否定「性」有如此潛力。
第二，雖然荀子的「禮義」被視為外在規範，但荀子也說
「禮也者，理之不可易者也」，而此「理」係一種內在性
的「理」，並且此「理」也與人性中「情」和「欲」無不
相關。第三，荀子的「心」是一種「價值意識」，並且能
夠直覺道德，也就是說，它是能夠肯定、羨慕具體的善行
和人格典範，所謂「未得道而求道」之器官。據此，劉又
銘主張具有如此特質的荀子「性善觀」是與孟子的「性
善」不同的另一種「性善觀」，而不宜按照以孟子的性善
論為標準的「性善觀」來論斷其正確與否。劉又銘在二○
○五年發表的〈〈大學〉思想的歷史變遷〉一篇中以一個
「弱性善觀」、「有限的、低階的性善觀」（相對於孟子的
強性善觀或高階性善觀），以及「人性向善論」來概括其
主張內容。[29]

　　接著我們來看劉又銘對於荀子「合中有分」的主張。
首先，劉又銘從〈禮論〉中的「天地合而萬物生，陰陽接
而變化起，性偽合而天下治」一句導出，在荀子的思想中

29　參見劉又銘：〈〈大學〉思想的歷史變遷〉，頁15-16，關於「人性向
　　善論」，劉又銘註明：「此語借自傅佩榮，但傅氏用它來詮論孔孟思
　　想，這裡的用法跟他不同」（上同，頁16），但耐人尋味的是，傅佩
　　榮的指導學生蕭振聲也曾經操作了〈荀子的性向善論〉（國立臺灣大
　　學哲學研究所碩士論文，臺北：2006年6月）一篇。蕭振聲由戰國時
　　代當時的語境來界定「性」和「善惡」等語意，試圖指出荀子的
　　「性論」實含「性向善」的內容。

「氣一元論」之存在，並且指出，荀子主張，倫理秩序觀與「天地同理」，而在此可以看到人間和自然界之間的連續性與一貫性。接著，劉又銘注意荀子在〈天論〉中「天功」、「天職」等用詞來說明人心、人體和自然情感的功能之事實，進而指出，「若能同時注意到存在的結構，以及職能發動的具體內涵之內在屬性，則荀子的天、人之間其實有所合有所分的『合中有分』的關係的」。再者，劉又銘也注意荀子（「天」、「地」、「人」之）「參」概念，在荀子所說的「天地生之，聖人成之」一句中，也觀察到天人之間的「共同」和「共享」（劉氏語）之思想系統。根據此觀察，劉又銘進一步將之與董仲舒的所謂「天人合一」思想相比較，而主張，其實董仲舒的「天人關係論」預設某種程度的人間和自然界之間的分工關係[30]，因此此思想實屬「合中有分」的思想，而並沒有像想像中那麼怪力亂神，也就是說並非根本的、積極的、全面的（劉氏語）背反於荀學的觀點。

第三節　蔡、王、劉三位的觀點之一些問題與日本學者對相關問題的看法

　　下面，我們也提出蔡錦昌、王慶光、劉又銘三位學者所提出的對傳統荀子觀解構和建構的嘗試之一些問題。接著也提及日本學者對相關問題的看法。
　　首先我們來看蔡錦昌觀點的一些問題。他的問題主要

---

30 劉又銘舉〈天道施〉的「天之所為，有所至而至。止之外謂之人事」以及「察天人之分，觀道命之異……」兩句。

在於他分析的方法本身中就有。蔡錦昌提出的「無為」—
「有為」等對比的四組思維類型，乃是由互相衝突的二分
法來組成，而如此的分類，似乎蔡錦昌本人也無法避免地
以他所批判的西方式分析格局來思考中國哲學的特色。中
國古代的思想家之思想類型，未必歸類於兩種互相衝突或
對立之一方。具體而言，若荀子的思想在「無為」—「有
為」的二分法來看的話，可以確定的是，其思想特色應該
不是屬於任何一方，而是在於兼具「無為」和「有為」。
〈解蔽〉云：「仁者之行道也，無為也；聖人之行道也，
無彊也。」同樣地，在「陰陽」—「利害」的區分中，我
認為荀子對「治亂」問題的關切其實可謂是「利害」之思
維方式的一種展現。因此，不能完全說只有「陰陽」能代
表荀子的思考方式。

　　第二，王慶光的觀點中，黃老道家與荀子之間的「神
文」——「人文」、「養生」——「養心」、「潛意識」——
「顯意識」等區別不免過於刻板。其實，荀子的思想幾乎
都包容著「神文」（荀子還讚揚君王之「大神」）、「潛意
識」（在荀子的音樂論當中強調樂對民眾潛意識之陶冶功
能）、「養生」（荀子與「養心」一起同時強調「禮」就是
「治氣」——即養生——的最好方法）等王慶光所提的黃
老道家所主張的思想內涵。再者，根據筆者的過去研究，
荀子的「化性」乃基於戰國中期以來的「變化論」之發展
上所提出的（下節再提），而這樣一種的「本體變化論」
在可以代表戰國早中期的文獻，如《論語》、《孟子》、「郭
店楚簡」以及「上海博物館藏戰國楚竹書」文獻中幾乎未
見，而所謂《管子四篇》（〈心術上〉、〈心術下〉、〈白心〉

以及〈內業〉四篇）、《莊子》以及《呂氏春秋》等可代表
戰國中晚期的文獻中卻發揮非常重要的思想功能。可見，
王慶光所提出的荀子思想核心之「善為」與「化性」之內
涵就是荀子對「儒家」和「黃老」兩種思想傳統之結合所
產生的特質。畢竟，荀子思想的意義，與其說是王慶光所
提的對黃老道家的反駁，不如說是兩種傳統之綜合或甚至
統合，可能比較合乎歷史真實。

　　至於劉又銘的觀點，其實，當劉又銘主張在荀子思想
中有「性善」蘊意和「天人之間」的「分中有合」思想因
素時，他在古代中國思想史的脈絡當中就預設了他所要看
出的價值。其實，從客觀實證方法論來試圖論證荀子思想
中的非「性惡」因素和非「天人之分」因素過程當中，我
們並不需要將此思想特色拉到「性善」或「有合」的論
點。也就是說，我們並不需要主張荀子的「性論」因為不
與孟子的「性論」衝突所以有價值；或主張他的「天人關
係論」後來由董仲舒繼承所以有價值。畢竟，這樣的討論
方式還透露出其論述仍無法脫離傳統荀子觀所設計的價值
系統與論述的基本框架。

　　如上蔡錦昌和劉又銘所提出的觀察所給予我們的啟示
是，在過去對荀子思想如「性惡」、「天人之分」等固定觀
點一定是需要解構的。王慶光的研究則告訴我們，我們在
重新理解荀子思想的內涵與意義時，需要經過對於當時的
思維方式、思想發展的脈絡以及論辯議題的演變等相關問
題的釐清。尤其我們也需要用心探討荀子如何包容且統合
各種不同思想因素。到此，《荀子》思想的綜合特質會引
起我們的注意。我們在下文再回到這一點。

　　接著，我們來看一看日本學者對相關問題的觀點。其
實，日本學者努力將「性惡論」和「天人之分」從荀子思
想的核心特色推到邊緣的過程已歷經一百年以上。首先對
於「性惡論」，據筆者所悉，明治初年——即在一八七○
年代，《日本道德論》之作者並且是當時日本最代表性的
啟蒙知識分子之一的西村茂樹早已指出過，孟荀對性論之
歧見是由於兩者對「性」字的定義之不同所引起的。[31]
直到一九五○年代的金谷治，也主張在研究荀子思想時過
度重視「性惡論」之不當。金谷治指出，與「性惡」相關
論述應該是由屬於李斯、韓非學統的後學來提倡的。[32]
米田登也主張「性惡論」並非荀子自己的主張。[33] 雖然
金谷治在以後寫的文章中並沒有明確的主張「性惡」是他
後學的思想，但是至少似乎保持「『性惡』並不是荀子思
想中重要部分」的觀點。[34] 另外，兒玉六郎則主張在討
論荀子「性」論的特色時必以「性樸論」來替代原來的

31　參見西村茂樹：〈性善說〉，收入於《東京學士院雜誌》，編3號6，
　　1880年（明治十三年），後來再錄於《西村茂樹全集》卷2，1976年
　　復刊版，頁67-72。關於作者對日本明治時代荀子研究之分析，請參
　　閱拙文：〈漢學與哲學之邂逅：明治時期日本學者之《荀子》研
　　究〉，頁153-182。

32　金谷治：〈荀子の文獻學的研究〉，收於《日本學士院紀要》（1950
　　年），頁186-187。

33　米田登：〈荀子性惡論管見〉，收於《文芸と思想》（福岡女子大学文
　　学部），號15（1958年），頁21-33。

34　請參閱金谷治：〈欲望のありか：荀子の所說をめぐって〉，收於氏
　　著：《死と運命：中國古代の思索》（東京：法藏館，1986年），頁186-
　　187。關於其天人觀，金谷也發表〈荀子「天人の分」について：その
　　の自然學の特色〉，收於《集刊東洋學》，號24（1970年），頁1-14。

「性惡論」，這才是代表著荀子原來的思想。[35] 兒玉六郎從一九七〇年代以來為了證明此論點繼續發表了許多論考，而在一九九二年將之以《荀子の思想：自然・主宰の兩天道觀と性樸說》書名出版。[36] 一般而言，在日本探討荀子的性論者，皆表示在討論荀子性論時必須注意其多樣性，以及不宜動不動就將之與孟子「性善」對比。

其次，是關於日本學界對其「天人之分」之商榷。關於此問題的討論是在一九七〇年代到一九八〇年代初期的十年之間，由松田弘、三浦吉明、片倉望等當時年輕氣銳的學者密集進行，而獲得了相當豐富的成果。[37] 據此，之後的日本學者便很少有簡單地以「因為荀子將『天』與『人』分開……，所以……」的方式，來論述荀子思想的特色。總之，在目前的日本學界，荀子的「性惡論」和「天人之分」在荀子思想並不佔據核心部分。然而，在日本荀子研究中的「性惡論」和「天人之分」的如此「邊緣化」，也許反而降低了一九九〇年代以後日本學界對研究

---

35 兒玉六郎：〈荀子性樸說の提出〉，收於《日本中國學會報》，集26（1974年），頁26-42。

36 兒玉六郎：《荀子の思想：自然・主宰の兩天道觀と性樸說》（東京：風間書房，1993年）。據筆者所悉，本書是在一九九〇年代以後迄今在日本出版過有關荀子思想的唯一研究專書。

37 請各參閱，松田弘：〈荀子における儒家理念と天の思想的位置〉，收於《筑波大學・哲學思想學系論集》，號1（1975年），頁63-91；三浦吉明：〈「荀子」における對天の思想〉，收於《日本中國學會報》，集32（1980年），頁41-52；片倉望：〈荀子思想の分裂と統一：「天人之分」の思想〉，收於《集刊東洋學》，號40（1978年），頁14-27；以及片倉望：〈「性偽之分」と性惡說：荀子思想の分裂と統一〉，收於《日本中國學會報》，集32（1980年），頁53-65。

荀子思想的興趣。也很諷刺地，在此氣氛下，近年留日的中國留學生用日語寫的論文當中，又讓注重「天人之分」的觀點於日本學界復甦。[38]

第四節　為了理解荀子思想的特質──
##　　　　以「綜合」與「變化」為切入點

　　基於如上的探討，我們所要建構的「荀子思想」具備何種的特色呢？下面，筆者以「綜合」和「變化」為線索，也加上作為綜合思想的環節之「禮」概念的視角，試圖闡述為了理解《荀子》思想的整體特色之幾個特色。

第一項　作為先秦思想的綜合者的荀子哲學

　　先秦時代所有的思想流入於荀子；而秦漢以後的所有的思想流出於荀子。司馬遷即說明荀子的思想活動說：「推儒墨道德之得失興壞」。此句意謂：荀子考究儒家、墨家，以及當時被稱為「道德」的道家思想的功過得失，而換句話說，就司馬遷而言，申不害、韓非的所謂「法家思想」也淵源於「黃老」思想，因此「儒墨道德」一詞幾乎包含大部分的先秦思想之內容。也就是說，從司馬遷的如此一句話，我們就可以確認荀子思想在中國古代思想史上的重要意義在其綜合他以前的諸子思想這一點。其實荀子本人也在〈非十二子〉、〈天論〉以及〈解蔽〉等篇章中

---

38 蔣樂群：〈「荀子」天論篇の再檢討──その意圖と意義〉，收於《中國哲學研究》，東京大學中國哲學會，號10（1996年），頁1-31。

批判他以前的戰國諸子只掌握「道」的部分而已，因而提出理解整體性（即「全」）或統合性（即「統」）的重要。值得注意的是，如在《莊子・天下》中對戰國諸子的評論所示，在戰國末年的思潮中注意思想的綜合或統合的重要性之思想家應該不只荀子。若是如此，我們便要問的是，由於我們注意荀子思想的綜合特質，我們能夠看到荀子思想有何種特色？町田三郎曾經指出：正如《呂氏春秋》的思想中很明顯，戰國末年的諸子思想──《荀子》、《韓非子》，也包含了《莊子・天下》的作者指向戰國思想的某種程度的綜合。[39] 那麼，筆者為何強調《荀子》的思想綜合呢？根據敝見，荀子在中國古代思想史上達成的思想綜合可分成以下三個層次：（1）所謂「五經」的綜合；（2）「倫理主張」（ethical argumentation）和「分析論述」（analytical discourse）的綜合；以及（3）倫理問題層次的理論與實踐的綜合。

1 「五經」的綜合

　　荀子為了創造出倫理原則落實於實際政治體制的知識體系，不但闡述所謂的「五經」──「書」、「詩」、「禮」、「樂」以及「春秋」中各經的內容和倫理意義，而且綜合彼此之間思想角色的論述。雖然「樂經」已失傳而無法得悉在秦漢改朝之時如何繼承，如由在《史記》和《漢書》等〈儒林〉的相關記載，我們可以確認五經之傳

---

39 參見町田三郎：《秦漢思想の研究》（東京：創文社，1985年），頁25-46。

承上荀子弟子浮丘伯的角色並不小，因而我們可以推測漢
代基本上經學淵源於荀子的思想。而且若我們考慮到在秦
朝統一天下後，由於除了「易」的「五經」皆淪為焚書的
對象而其學術傳統斷絕一次的事實，在漢朝成立之後「五
經」的權威能夠順利復甦的理由並不僅僅是因為其文本後
來重現於世；而且因為在此之前荀子界定了每一套「經」
的內容為了建構新經書對的社會之倫理上的意義，並且藉
此「五經」的功能彼此以有機的方式結合。如此，整備了
作為儒學修身理論中的實踐角色。〈勸學〉稱：

> 故書者、政事之紀也；詩者、中聲之所止也；禮
> 者、法之大分，類之綱紀也。故學至乎禮而止矣。
> 夫是之謂道德之極。禮之敬文也，樂之中和也，詩
> 書之博也，春秋之微也，在天地之間者畢矣。

如上引文所示，由於在戰國之際荀子早已闡述整體
「五經」（即「書」、「詩」、「禮」、「樂」以及「春秋」）對
於建立理想世界（即「天地之間者」）的倫理意義，雖然
「五經」的文本經過了一段暫時不流傳的時期，但一到漢
朝復興儒學時，漢朝的儒者就能夠說明他們新的國家和
社會為什麼需要「五經」，而毫無躊躇地邁進「經學」的
建立以及普及。

2 「倫理主張」（ethical argumentation）與「分析論述」（analytical discourse）的主張之間綜合

筆者在拙作 *The Confucian Quset for Order* 中主張，戰

國時代思想史的主要脈絡是從以統治者的倫理問題最為關
鍵議題的「倫理主張」在戰國中晚期轉換成經過理論性分
析，來探討國家治亂的實際問題的「分析論述」。生活在
戰國末年的荀子就是此兩種論辯的綜合者。換言之，荀子
接受國家治亂的問題基本上由國家運作和社會結構等角度
需要進行客觀分析，而這是他必須回應稷下等戰國中晚期
諸子所提出的尖銳論述或觀點的必然結果。然而荀子在終
極的意義上還是堅持：「不能貫徹倫理道德的原則的統治
者，無法治理自己的國家；更何況由他達成天下的統一」
的信念，而且荀子某種程度成功地將原來傾向於分析論述
所主導的當時思想，拉回到重視倫理議題的方向。也就是
說，若中國思想史上並沒有由荀子如此的綜合，中國政治
思想史的主流思想地位恐怕永遠讓給將分析角度極端化之
《韓非子》，或將倫理意涵淡化的黃老思想來主導。筆者
之所以認為荀子為建立儒家哲學且延續作為東亞國家和社
會主導的思想體系迄今的最大功臣之理由，亦是在把分析
論述落實於實現倫理目標的方向意義上。

3 理論探求與實踐之間的綜合

我們不應該忽略荀子所做的綜合中此層面的綜合。如
在 *The Confucian Quset for Order* 中論述，「倫理主張」思
潮主導的戰國早期思想環境中，當時的儒家和墨家思想家
只需要提倡自己所相信的倫理德目之重要。然而，隨著
「分析論述」逐步佔優勢的思想環境轉變，懷疑人對是非
判斷的相對論、探求遠超過人類認知世界範圍之騶衍的
「大九州論」和推類的探索方式、公孫龍的名實論或者是

道家提倡的「道」、「一」等涉及終極原理的概念，這些新的概念和論述方法不斷地被提出來。不過在此也有個問題。如當時養生論中的「坐忘」境界為例，雖然在語言上很簡潔，但缺乏常人在生活上要如何實際實踐時其內容卻空虛的主張正在蔓延著。在如此思想環境中，荀子的論述是基於戰國中後期的分析論述傾向，如〈解蔽〉的「大清明」概念所提出抽象性相當高的境界論述，也是就「禮」概念的內容而言，實際上提出的意涵幾乎涵蓋了「道」的境界。在這裡荀子按照當時的「分析論述」水平提出了相當抽象的概念和論述。但另一方面，為了進入這樣的境界，荀子也提出「禮」和「善」的德目，這些相當具體且一般的人也都可以實踐的方法。換言之，戰國中後期的道家和《韓非子》政治哲學中的統治者是，就像《莊子》中「天人」和「神人」或者《韓非子》思想中的完全去掉人自然慾望的君主，遠遠超過常人能力境界的超人。而且他們的統治術也只有具備如此超能力的統治者本人才能理解，更何況是實踐。事實上，這樣的思想內容本身透露出這些作者們對一般民眾的嫌惡感。

與此相反，荀子思想中「禮」的統治術基本上還是提供給帝王，但是其論述還含有一般的人也能夠實踐的具體修身項目，提示了只具有普通能力的一般人也可以藉此提升為聖人（這亦即「帝王」）。因此荀子的統治理論由於加上「治理自我」（荀子而言，這就是「修身」）的實踐論，而把實踐主體的範圍從統治階層開放給一般的人。因此，荀子由「禮」的統治理論作為提供給全人類的修身論方式，獲得了漢朝整個社會之支持。若我們看《韓詩外傳》

和司馬遷《史記》中〈禮書〉的「禮論」幾乎拷貝荀子禮論的事實可不只意味著，荀子禮論達成了理論上的高完成度，而且是由於其作為實踐論已經具有充分的具體實踐方法和步驟，漢朝的儒者也不需要更改其主要內容。

第二項　作為綜合的環節的荀子之「禮」概念

　　秦漢以前所有的「禮」思想流入於荀子的「禮治論」；秦漢以後所有的「禮」思想亦淵源於荀子的「禮治論」。在我們探討《荀子》思想中「禮」概念的綜合特質時，我們便需要注意其「綜合」含有三種不同層次的綜合。第一層是荀子對先秦各種「禮」論或他以前的「禮」概念集大成的角色。換言之，荀子針對當時存在的各種與「禮」相關的議題或針對當時流行的各種「禮論」（這些各種的「禮論」在現本《禮記》〈曲禮〉和〈壇弓〉等諸篇中可以看到），提出了決定性（也就是說，在當時相關論述中最具有說服力）的論述。因此，正如《韓詩外傳》和《史記》〈禮書〉的「禮論」中所看見的，漢代以後儒家的「禮」論不再超過《荀子》所提出的視野和深度。

　　第二層「禮」的綜合意涵是在其與「五經」的關係上。其實，在此意涵上，「禮」概念有兩種不同層次的內容。在戰國早中期的「禮」思想脈絡中，第一層次的「禮」主要係在戰國時代存在過的各種「禮書」（大概像現存《儀禮》的內容）中所呈現王公貴族的生活和言行規範的總體。正如《禮記》許多篇章的內容所示，荀子以前儒家

的「禮論」主要屬此層次（《管子》中有若干例外）[40]，
而現本《莊子・外篇》中遭到嚴厲批判的「禮」內容亦是
此內容的「禮」。相形之下，第二層次的「禮」則是能整
合「五經」的知識和技能，並且由「禮」的實踐來把如上
「五經」（此包括第一層的「禮」）的各種知識或身體機能
呈現於實際的社會行為和言論中。這種「禮」係能治理一
個人言行的準則，亦是將「五經」的內容落實於個人心中
的最理想方法。

　　第三層次是荀子的「禮論」在與當時其他倫理、政
治、社會議題等關係上的角色中觀察到。如上所述，在戰
國初期，主要由儒墨兩家對「倫理」議題的各種論述構成
當時思潮的主流，而從戰國中期之後，稷下思想家和道家
思想的崛起，論辯的主流漸漸轉移到一方面客觀且實際可
用的國家運作方法上，另一方面思想家也針對更具理論性
或抽象的議題，或對如「道」、「一」、「理」等與本體概念
的探求進行論辯。荀子面對在戰國中後期各種論辯複雜交
錯的情況下，乃由他所提倡的「禮」概念來試圖整合，並
且針對各種論辯也提出了極終答案。具體而言，荀子對當
時的國家論、資源分配論、慾望論、人事論、修身論等各
種探討中，提倡實踐「禮」的重要。簡言之，荀子主張
「禮」的實踐就是如上所列的各種議題最好的解決方法。
如此，荀子一方面將「禮」當作最合適解決各種問題的方
法來提升「禮」在概念價值上的地位：幾乎到達了與

---

40 請參閱佐藤將之：《荀子禮治思想的淵源與戰國諸子之研究》的第三
　章與第四章之相關論述。

「道」一樣的層次，但另一方面也始終關切「禮」對人類社會的倫理功能，防止將他的「禮論」淪為過於抽象且一般的人無法實踐的玄學。

就這樣，荀子所建立的「禮治」思想成為了之後在東亞國家、社會制度以及倫理的基礎。然而，如上所述，從宋明理學至當代學者在闡述荀子思想特色時，其理解侷限在「性惡論」的框架中，因而往往只能注意「禮」概念中的外在規範意涵。結果，如在本書緒論所述的勞思光的論述般，顯著地在探討「禮」的功能時只注意其由上往下的強化統治層面。與此相關到此需要指出的一點是，過去學者也無法分辨出荀子思想中，「禮」和「法」的功能之間存在著根本差別這一點。而且也無法觀察出荀子的「禮」實為控制君主本人才是其重要的功能（此種功能在中國古代的「法」概念中則無）。如此，荀子「禮」概念的真面貌與其是在於帝王控制人民，不如是在於帝王控制自己這一點。假如我們意識到荀子「禮」功能如上所述的特點，我們方能重新理解荀子提出來的「禮治」思想在當時政治哲學上的重大意義：這就是，荀子的「禮」是為了建立從君主本人至全部人民的「國家—社會—倫理」整體規範之總稱。

第三項　由「變化論」或「化性論」的修身論

在本章最後讓我們理解「變化」在荀子思想中的意義。「變化」一詞是在戰國諸子思想在被綜合，並且流入於漢代學術思想的過程中發揮相當重要功能的概念。以此

「變化」為核心的中國古代「變化論」，與古代希臘哲學家赫拉克利圖斯（Ἡράκλειτος, or Herakleitos, 約前544～約前484）的萬物流轉論或萬物生成論可比擬，乃由將一切看作經過「變化」的過程（此「變化」不只係物質的生成，與其用「生成」，不如用「變化」一詞）的世界觀以及為了掌握此「變化」的方法之探索或理論構成。在這裡只能提示其理論的輪廓，由現存的文獻來看，提出一切萬物經過「變化」而掌握為其哲學探求主題的思想家，應該就是稷下先生之一的騶衍與《莊子》。騶衍和《莊子》的作者個別提出較有系統的「變化論」之後，從戰國末年到漢朝的思想史上如何掌握「變化」，就成為當時思想家共同的主題。[41]

　　荀子在這樣的思想潮流中，將廣義的「變化」概念分成了外在情形或狀況的變化之「變」和人格內在面的變化之「化」兩種，並且推進後者的理論化。也就是說，荀子認為，就人類而言，「變化」的意義應該從作為生物的生成變化，轉換成由個人意志來使人格內在面推進的陶冶之過程，而如何產生此種「變化」的一套就是荀子修身理論的關鍵所在。在此值得注意的是，對荀子而言，重要的一點不在於「原性」的「善惡」，而是如何將其本質上一定經過「變化」的「性」放在正確「變化」之方向。筆者之所以不將荀子「性論」稱呼為「性惡論」，而是「化性論」的理由就在這裡。

---

41 如此，司馬遷將評論老子的思想意義時，其重點在於他掌握變化這一點。其〈老子列傳〉曰：「老子所貴道，虛無，因應變化於無為」。

　　與此相關，到此還有一個概念要提及。此概念是過去荀子研究將荀子的「性」論就直接理解為「性惡」論之故，在荀子思想研究的議題中長期以來被忽略的概念，就是「誠」。眾所周知，中國古代的思想文獻中「誠」在《禮記‧中庸》整篇中，在某種意義上是比「中庸」一詞還更為重要的價值概念。職是之故，朱熹以及日本德川時代，反朱熹的日本儒者也均讚揚「誠」的重要。甚至我們可以說，之所以朱熹將〈中庸〉一篇加入「四書」的主要理由，也應該是為了大力顯彰「誠」的重要之故。

　　在整本《荀子》中，「誠」字出現七十次。雖然其中大半是「真正」意涵的副詞，但剩下一半的用例則像〈中庸〉的用例一樣富有倫理意涵。特別在此「誠」字單獨出現時，在〈不苟〉的一段文字中就集中多達十一個用例，此部分可謂是《荀子》書中的一種「誠論」。其實，我們由中國古代「誠」概念的演變過程觀點，來分析《荀子‧不苟》的「誠」概念內容的話，此比較分析較能夠導出的觀察是，對荀子而言「誠」在其「變化」論脈絡出現的概念。〈不苟〉的「誠論」之小結云：「變化代興，謂之天德」。這一句意謂，致「誠」的君王能夠同時掌握人格和周邊環境「變化」。換言之，由於荀子在「變化論」的脈絡提倡「誠」概念具備倫理意涵的論述，因而將倫理意義賦予「變化論」。若我們看荀子思想的整體，雖然「誠」概念並沒有像「禮」概念涵蓋荀子哲學的全部，但光看其對以後東亞思想發展的貢獻，我們便能夠了解荀子思想所綜合的範圍非常廣闊。

　　其實從表面來看荀子的「性論」、「天論」（此思想特

色往往以「惡」、「無」、「外在」等負面術語被界定）和
「誠論」（此思想特色以「上」、「本」、「內在」等正面術
語被界定）彼此格格不入，然而若理解如上所述的內容，
便會理解荀子的「化性論」和「誠論」，甚至「天論」實
為構成《荀子》倫理哲學體系之彼此不可或缺的部分。[42]

小結

　　本章的目的在於以「性惡論」和「天人之分」為預設
而組成的荀子思想論之解構，本文評述上世紀以來中日荀
子思想研究者如何看待「性惡論」和「天人之分」之分析
框架，以及臺灣三位學者——蔡錦昌、王慶光以及劉又
銘——對過去臺灣地區荀子研究主要觀點所進行的批判之
意義。由對此三位的探討而能夠獲得的啟示是，我們在重
新理解荀子思想的內涵與意義時，需要經過對於當時的思
維方式、思想發展的脈絡以及論辯議題的演變等相關問題
的釐清。尤其我們也需要用心探討荀子如何包容且統合各
種不同思想因素。據此筆者整理了《荀子》思想的綜合特
質中在未來《荀子》思想研究的發展中值得注意的幾個特
色。也指出，就《荀子》而言，「誠」概念的提出等於是
具備倫理內涵的「變化論」建構一樣，並且與其「性論」

---

42 關於請參閱佐藤將之：〈中國古代的「變化」觀念之演變暨其思想意
　義〉，《國立政治大學中文學報》，期3（2005年6月），頁51-86；以及
　佐藤將之：〈戰國時代「誠」概念的形成與意義：以《孟子》、《莊
　子》、《呂氏春秋》為中心〉，收於《清華學報》，期35號2（2005
　年），頁215-244。

和「天論」不但並不矛盾，而且彼此之間是不可或缺的思
想內容。

第七章
《荀子》禮治思想所追求的「公共善」是什麼？
——以與亞理斯多德政治哲學的比較為中心

序言　荀子和亞理斯多德的邂逅

　　《荀子》哲學是否能與當代政治哲學的幾個主要議題進行有意義的對話？在十九世紀後半「哲學」這門學術領域引進於東亞學術傳統之後，在中國古代思想家當中《荀子》的「哲學」與西方哲學家的各種思想內容無疑地成為最受歡迎的相比較對象。筆者所知悉的，有與聖・保羅（Saint Paul, the Apostle, 生年未詳～約65）[1]、聖・奧古斯丁（Aurelius Augustinus, 354～430）[2]、霍布斯（Thomas Hobbes, 1588～1679）[3]、康德（Immanuel Kant, 1724～

1　Zhao Yanxia（趙燕霞）: *Father & Son in Confucianism & Christianity: A Comparative Study of Xunzi & Paul* (Eastbourne: Sussex Academic Press, 2007)。

2　Aaron Stalnaker: *Overcoming Our Evil: Human Nature and Spiritual Exercises in Xunzi and Augustine* (Georgetown University Press, 2006)。

3　比較荀子和霍布斯的論述相當多。茲只舉屬最早期者：加藤弘之：〈性善惡について〉，收於《東洋哲學》，編5號6（1898年）。加藤為創立期東京大學的綜理（校長），也繼續擔任過將東京大學改制而新建立的帝國大學（東京帝國大學的前身）的之校長。

1804）[4]、胡塞爾（Edmund Gustav Albrecht Husserl, 1859
～1938）[5] 等哲學家的思想比較。此外「生物演化論」的
達爾文（Charles Robert Darwin, 1809～1882）[6] 和二十世
紀初英國著名的人類學家 Radcliffe-Brown（1881～1955）
也成為其與《荀子》比較的對象。[7]

　　不過，歷來東西方的哲學研究者所觀察到與《荀子》
思想有不少相似之處的西方哲學家應該莫過於亞理斯多德
（Ἀριστοτέλης，Aristotélēs，約前384～前322）。二十世紀
前半葉在芝加哥大學、牛津大學等地，教授中國古典文
獻和思想的美國漢學家德效騫（Homer H. Dubs, 1892～
1969），早在一九二八年的名著 *Hsüntze: The Moulder of*

4　韓國學者李樟熙（Janghee Lee）《荀子與中國古代自然主義》一書的
　　第六章「自然主義與自律性」中提供荀子和康德的自然觀制比較分
　　析。請參閱 Janghee Lee: *Xunzi and Early Chinese Naturalism* (NY:
　　SUNY, 2004), pp. 83-96。Scott Stroud的研究則批評李樟熙的觀點。請
　　參閱：Scott R. Stroud: "Moral Cultivation in Kant and Xunzi," *Journal of
　　Chinese Philosophy*, vol. 38-4 (December 2011), pp. 538-555。

5　楊秀宮認為胡塞爾現象學對《荀子》認知論的研究有幫助。請參閱楊
　　秀宮：〈荀子學說中「虛壹靜」說之釋義：一個現象學進路之研究〉，
　　「荀子研究的回顧與開創」國際學術研討會會議論文（斗六：雲林科
　　技大學漢學資料研究所，2006年）；以及楊秀宮：〈荀子「統類」及其
　　哲學〉，收於《邯鄲學院學報》，卷22期4（2013年12月），頁69-80。

6　日本的法學者信夫淳平其晚年出版了他對《荀子》性論和達爾文進化
　　論的比較研究的專書。請參閱信夫淳平：《荀子の新研究：殊に性惡
　　說とダルウイニズムの関連性について》（東京：研文社，1959年）。

7　更正確地說，Radcliffe-Brown 曾經注意過《荀子》「禮」的社會功
　　能。美國學者金鵬程比較 Radcliffe-Brown 的觀點和《荀子》「禮論」
　　本身。請參閱：Alfred R. Radcliffe-Brown: *Structure and Function of
　　Primitive Society* (London: Cohen and West, 1952), pp.178-187；以及
　　Paul R. Goldin: *Rituals of the Way: The Philosophy of Xunzi* (La Salle:
　　Open Court, 1999), p. 133。

Ancient Confucianism 中將荀子稱呼「東方的亞理斯多德」。[8] 另外，精通於心理學且身為臺灣《荀子》研究開拓者的陳大齊（1886～1983），在中文學界中頗受重視的著作《荀子學說》中也同樣看待荀子。[9] 不過德效騫和陳大齊兩位對亞理斯多德和荀子思想之間有「類似」之處的言論，還稱不上是實際比較研究兩者思想的特色後所歸納出的結論，只不過是學者們對兩者思想的一些印象之水平而已。

　　中國哲學研究者實際開始探討亞理斯多德哲學和儒家學說類似點的契機是在一九九〇年代，受美國德性倫理學（virtue ethics）研究崛起的影響。比較諷刺的是，與從事東西方比較哲學中不少學者對德性倫理學的興趣愈來愈大的情況成反比，其理論本身的主要旗手麥金泰爾（Alasdair MacIntyre）本人卻主張，亞理斯多德哲學和儒學之間難以進行有意義（commensurable）的溝通。麥金泰爾還曾經發表以〈不可溝通性、真理以及關於德性的儒家和亞里斯多德主義者之間的對話〉為題目的一篇論考，其中他主張，希臘的「πάθος / pathos」和中文的「禮」，在彼此的文化中皆無法找出相似的概念。[10]

8　該書在以一九二七年從 London: Probsthain (Oriental Series No.15) 出版。德效騫在同年同系列（No.16）也出版了 *The Works of Hsüntze*，即《荀子》文本的英譯。雖然此本並非全部的翻譯，並且不幸地在出版後馬上遭到荷蘭漢學家 J.J.L. Duyvendak 的嚴厲批評，然而其對歐美《荀子》研究的發展之功獻不可埋沒。

9　該書在一九五四年從臺北：中華文化出版事業委員會出版。

10　Alasdair MacIntyre: "Incommensurability, Truth, and the Conversation between Confucians and Aristotelians about the Virtue", Eliot Deutsch (ed.): *Culture and Modernity: East-West Philosophical Perspectives* (Honolulu: University of Hawaii Press, 1991), pp.104-122。其實，麥金泰爾在他早

　　的確，歷來西方學界，從中文和西方語言之間的巨大
差異（例如在中文中並沒有古希臘文「eimi」(to be) 那樣
直接涉及存有問題的動詞等原因，認為在中西哲學之間找
出表面上類似點以上的比較研究是相當困難的。麥金泰爾
有可能受到這樣從比較語言的分析而來的觀點影響。然而
到了二十一世紀，如 Jean-Paul Reding 對古代希臘和中國
的各種概念、論述、比喻等的比較研究所示，語言結構的
不同或某些概念的存在與否本身不會成為進行有意義的思
想比較分析的關鍵障礙。[11]

　　值得注意的是，麥金泰爾的弟子，新加坡出身的留美
學者沈美華（May Sim）則反駁麥金泰爾對亞理斯多德哲
學和儒學之間為「不可溝通」的觀點。沈美華探討《論
語》和《禮記‧中庸》等儒家主要文獻的倫理思想，並且
找出與亞理斯多德倫理思想可以溝通的概念和觀點。沈美
華還進一步以假設性的分析手法指出，亞理斯多德的倫理
學說和孔子的倫理學說能相輔而成，有可以向彼此學習之
處。[12] 不過沈美華本人目前進行的亞理斯多德和儒家思
想之比較探討中，迄今尚未發表將荀子思想當作她所要比

　　期的著作的希臘倫理學的闡述中，不斷指出古希臘哲學中的相關觀念
　　難以翻成當代英文。Alasdair MacIntyre: *A Short History of Ethics—A
　　History of Moral Philosophy from the Homeric Age to the Twentieth
　　Century* (London: Routlgedge & Kegan Paul, 1967), pp.1-2, p.11等。

11 Jean-Paul Reding: *Comparative Essays in Early Greek and Chinese
　　Rational Thinking* (Farnham: Ashgate, 2004)。

12 May Sim（沈美華）: "Categories and Commensurability in Confucius
　　and Aristotle: A Response to MacIntyre", Michael Gorman and Jonathan J.
　　Sanford (ed.): *Categories: Historical and Systematic Essays* (Washington,
　　D.C.: The Catholic University of America Press, 2004), pp. 58-77。

較對象的論述。另外，如臺灣的何淑靜之研究，有原來
《荀子》哲學的專家，在進行與亞理斯多德哲學的比較
時，卻選擇《孟子》的例子。[13]

　　不過到了一九九〇年代後半以後，隨著在東西方比較
哲學領域中德性倫理學途徑的崛起，主要在英美學圈活動
的比較倫理學者開始探討在德性倫理學的視野中《荀子》
思想的意義。[14] 譬如，德性倫理學途徑的信奉者，新加
坡出身的莊錦章（Kimchong Chong）以德性倫理學的角
度個別分析《論語》、孟子以及荀子倫理學說的意義。[15]
同樣地，美國的何艾克（Eric L. Hutton）也曾經以德性倫理
學的途徑來進行他的博士研究（但至今尚未商業出版）[16]，
而其中部分成果以 "Moral Reasoning in Aristotle and Xunzi
（亞理斯多德與荀子中道德論證）" 一文出版。據筆者所
悉，此文發表以來十多年間，到孫偉的專書（後詳述）出
版之前，幾乎是唯一由專門研究荀子思想的學者所撰寫，

---

13 譬如 Shu-ching Ho （何淑靜）：*Practical Thought in Aristotle and Mencius*, Doctoral Dissertation, Duquesne University, 2004。

14 不過我們不應該忽略柯雄文（Antonio S. Cua, 1932～2007）早已於一九七〇年代由他的倫理學途徑就逕行相當深入的荀子倫理學說中各項德目——如「禮」概念——之意義之研究，因而成為此研究方向的先驅。他在此時期進行的研究後來成冊出版。請參閱柯雄文（Antonio S. Cua）：*Human Nature, Ritual, and History: Studies in Xunzi and Chinese Philosophy*（Washington D.C.: Catholic University of America Press, 2005）。

15 Kimchong Chong: *Early Confucian Ethics: Concepts and Arguments* (La Salle: Open Court, 2006)。

16 Eric L. Hutton: *Virtue and Reason in* Xunzi, Doctoral Dissertation, Stanford University, 2001。

比較、分析荀、亞兩者哲學特質之一篇專題文章。[17] 然而，何艾克的視野如其主題只環繞在「moral reasoning」的問題上。在何艾克之後，同樣以德性倫理學的途徑來研究《荀子》哲學的還有中國大陸的王楷和臺灣的王靈康的博士研究，而其中王楷的研究已經有商業出版。[18] 雖然麥金泰爾本人對亞理斯多德哲學和儒家思想的比較感到質疑，隨著美國學界東西方比較哲學研究盛行的大環境下，目前在中國哲學研究的領域中，無論是美國學界或中文學界，愈來愈多研究先秦儒學的學者傾向於認為，德性倫理學的視野對儒學的理解，多少都會有所貢獻。

　　在學界鼓勵中西哲學比較研究的趨勢下，屬北京市社科院的青年學者孫偉最近出版了《道與幸福：荀子與亞里士多德倫理學比較研究》一書。[19] 本書在作者對《荀子》倫理思想進行過的博士研究基礎上而撰寫的。尤其在作者的《荀子》倫理思想的理解上受到英美學界相關研究（如 John Knoblock, David Nivison, Kimchong Chong）的啟發。通讀全書，吾人會發現，孫偉在荀子和亞理斯多德哲學之間（包括兩者之間的歷史背景在內），努力找出三個層次的類似點。第一層次是在中國古代和希臘古代的思

---

17 該文在二〇〇二年由 *Journal of Chinese Philosophy*（29:3）出版。

18 請參閱王楷：〈性惡與德性：荀子道德基礎之建立一種德性倫理學的視角〉，收入於《哲學與文化》，卷34期12（2007年12月），頁87-104；以及王靈康：《荀子哲學的反思：以人觀為核心的探討》，國立政治大學哲學研究所博士論文，2008年。

19 孫偉：《道與幸福：荀子與亞里士多德倫理學比較研究》（北京：北京大學出版社，2015年）。以下的評論為根據筆者對此書的閱讀而整理出來的。其實，作者指出，他對比較荀子和亞理斯多德哲學的興趣在他在進行博士研究時就有。

想傳統中，宗教迷信的信仰一步步被合理思維取代，而荀、亞兩氏的哲學以此思想傳統為背景而形成。第二層次是荀亞兩氏哲學的極終目標。眾所週知，亞理斯多德倫理學（＋政治學）中，每個人對他們的人生之極終目標應該為「幸福」（εὐδαιμονία）的實現。孫偉在介紹亞氏「幸福論」有兩種不同論述之後指出，以「觀想」（θεωρία）的生活為人生最高的「幸福」論，可與荀子追求「知道」的境界作對照。第三層為人格陶冶的實踐。正如荀子的「禮」就是為了達成修身的重要準則，亞理斯多德的「法」（νόμοι）主要功能也是涵養市民之「卓越德性」（ἀρετή）。

　　如上三點中，第一點只不過是對古代文明發展上一般特性的敘述，如此觀點（「宗教迷信」→「合理思維」發展的理解模式）似乎無法呈現古代中國和希臘文明的思想特色。關於第二點，雖然如其他大多數戰國諸子的思想，「道」概念在《荀子》中也佔非常高的地位，如下文所要論述，就荀子自己的哲學目標而言，其極終目標應該並非「知道」（在亞理斯多德「幸福論」脈絡下生活在「θεωρία」境界）本身；而在於由「知道」的「聖王」來實踐或推進「禮義」因而達成國家社會的「治」之狀態莫屬。因此，作為亞－荀哲學比較的關鍵詞，「幸福」和「知道」似乎有彼此並不太對稱之嫌。不過，與此兩點論述相比，第三點則富有說服力，亦應當作荀子和亞理斯多德比較哲學研究的主要方向。[20]

---

20 就對《荀子》思想的理解上，本書還有一個優點是，雖然作者敘述許多先秦儒家的「性」論（在該書中此段論述本身與亞理斯多德的相關思想，似乎無法對照起來），作者並沒有將「性惡」這點為荀子「性」論的主要特點（頁147）。

作為對此東西方兩大哲學系統的比較之第一本專書，
該書的分析不可避免地包含著若干瑕疵：該書對《荀子》
的成書過程和生平的敘述含有一些混亂和錯誤。譬如，作
者指出劉向《敘錄》寫荀子到齊國的年齡為十五歲。[21]
然而與《史記》同樣記為五十歲。作者對亞理斯多德思想
內容的理解，除了部分引文從 Ross 的引文翻成中文之
外，大部分的引文直接引用苗立田的《尼各馬哥倫理學》
和吳壽彭的《政治學》等中文翻譯。[22] 如此，作者的論
述中總是無法令人感覺到「希臘原典怎麼寫？」的考量，
或作者對相關哲學術語的希臘詞彙敏感度。

不過孫偉要由歷史思想背景和荀－亞兩者的思想內容
等雙方面來進行兩者之間有意義的「哲學對話」的企圖，
應該會獲得不少比較研究者的讚許。馮友蘭也早已指出，
在古代中國和古代希臘的思想之間，雖然一部分確實屬於
兩社會個別經驗的固有歷史中所造成的思想特色。就算
如此，因為兩者還是都具有人類生活者的條件來生存，
應該還存在著兩者之間共同的永恆價值。[23] 正如史華茲
（Benjamin Schwartz）在他的《中國古代思想的世界》一
書的探討來呈現，古代希臘思想和古代中國思想之間仍有
許多可以比較的主題。[24] 孫偉的比較分析再度令人確

---

21 孫偉：《道與幸福：荀子與亞里士多德倫理學比較研究》，頁46的註1。
　　但這個事實並不會否定劉向原寫過十五，而後來被改為五十的可能性。
22 譬如，該書中有關「θεωρία」的探討中，在全書中「θεωρία」一詞完
　　全沒有出現，作者總頭到尾使用「contemplation」一詞（頁77-80以及
　　其他）。
23 Feng Yulan 馮友蘭：*A Short Introduction of Chinese Philosophy* (NY:
　　The Free Press, 1966), p. 28。
24 Benjamin Schwartz: "The Emergence of a Common Discourse: Some Key

信，在古代希臘人和中國人之間應該沒有直接文明交流的情況中，卻在同一時期都發展出關於人民福利和國家組成之意義深刻思維的這一點。關於這一點，該書將啟發未來荀子——亞理斯多德哲學間的比較研究。

　　從如上的探討，筆者所關注的是，在以彼此不同的歷史和地理條件下產生的古代希臘和古代中國兩種文明中卻發展出彼此類似的共同議題（例如對「人」、「社會」以及「倫理」等）的事實。不但如此，亞理斯多德和荀子的思想均提出：（1）「人類會組群」、（2）「人類需要國家社會組織」、（3）「此社會共同體的秩序和安寧（包括個人的幸福）由其成員的修身或教育方能達成」的三點。下面，我們從另一位亞理斯多德專家的研究來進一步思考亞－荀兩人政治哲學中能夠彼此進行哲學對話的思想內容。

第一節　亞理斯多德政治哲學的基本結構：荒木勝對「正義」與「秩序」觀念的理解

　　下文將試圖探索，亞理斯多德和荀子的政治哲學之間，在某種程度上具有共同——或退一步說，彼此能夠成為有意義的比較對象——的思想成分，而為達到此目標，我們稍微仔細探討荒木勝對亞理斯多德政治哲學的研究所

Terms," Schwartz: *The World of Ancient Chinese Thought* (Cambridge: Harvard University Press, 1985), pp. 173-186。在此史氏將戰國中期由稷下學者來提出的「性」、「心」以及「氣」三個概念，與古代希臘思想中的相關概念進行「對話」。

提出的相關見解。[25] 筆者之所以關注荒木勝的亞理斯多德哲學研究觀點的主要理由有二：其一、荒木勝的亞理斯多德政治哲學的研究是基於他直接對相關文獻的希臘文本之分析來進行的第一手研究，而由此闡明了亞理斯多政治哲學中所出現的重要觀念詞的多層性以及綜合性。根據其對相關文獻的第一手研究，他批評當代著名亞理斯多德政治哲學學者——如從前世紀的 Werner W. Jaeger（1888～1961）、Hannah Arendt（1906～1975）[26]、John Rawls（1921～2002）[27] 及至近年的 Michael Sandel 等人的見解。荒木勝認為，現代亞理斯多德政治哲學的研究大部分都認同以當代價值（如「人權」、「男女平等」、「議會民主

---

25 荒木勝（Araki, Masaru, 1949～）為日本國際基督教大學博士。經過日本岡山大學法律系教授、社會文化科學研究所教授等，現擔任為該校副校長。著有《亞理斯多德政治哲學的重層性》（東京：創文社，2011年）、與亞理斯多德哲學相關主題的日文和英文的論文二十多篇。他曾經出版過亞理斯多德《政治學》的日文翻譯（岡山：岡山大學法律系，2001-2003年），也主持過日本與亞理斯多德哲學相關的研讀會以及各項研究計畫。

26 中島隆博對《荀子》政治思想的分析中可以觀察出他受到 Arendt 的觀點之影響，但就在理解《荀子》政治哲學的意義而言，他以「暴力」一次來形容《荀子》語言的社會功能這一點似嫌過於強調荀子語言哲學的負面意義。請參閱中島隆博：《殘像の中國哲學──語言と政治》（東京：東京大學出版會，2007年），第一章（頁7-19）的相關論述。

27 羅爾斯和《荀子》思想研究的「邂逅」也於于學平、黃春興：〈荀子的正義理論〉（戴華、鄭曉時合編：《正義及相關問題》，臺北：中央研究院中山人文社會科學研究所專書，1991年，頁93-110）中可以看到。亦可參照楊秀宮：〈孔孟荀思想中蘊含的兩式正義論〉，收於《樹德科技大學學報》，卷6期2（2004年6月），頁19-32。不過，于文和楊文均並沒有注意到羅爾斯的「正義論」淵源於亞理斯多德思想。

主義」等）為其研究的出發點之態度。相形之下，荒木自己的研究目標則重視古代希臘的歷史背景和當時的政治概念中的豐富涵義。簡言之，因為荒木勝的研究努力按照亞理斯多德的概念、思維以及語言來呈現他的思想內容，而如此的研究途徑，與其他著名的政治哲學研究者對亞理斯多德的觀點比起，會有利於與同樣屬於古代哲學家的荀子「禮治論」的內容直接進行比較探討。

　　其二、另一方面，荒木勝本人近年來也非常關注如何將亞理斯多德政治哲學的核心價值落實於未來東亞國家社會之間的交流促進之可能性，為此，荒木勝所提倡的價值就是亞氏的「公共善」概念（後詳述）。因此，本文亦可以視為一篇由從事中國哲學的作者對荒木勝的亞理斯多德政治哲學研究以及關於如何將之落實於東亞政治哲學研究的嘗試之回應。

　　那麼，在下文我們基本上依據荒木勝最具代表性的專著《亞理斯多德政治哲學的重層性》的內容，理解荒木勝對亞理斯多德「公共善」概念的看法。荒木勝認為：之所以在近年西方學界亞理斯多德政治哲學的研究盛行的原因，應與想要從理論根源探求當代政治所遭遇之困境的態度有關。相比之下，日本的亞理斯多德哲學研究則對其政治思想方面的注意似嫌不夠。[28] 基於此問題意識，荒木勝先透過釐清「統治」（αρχη / arkhē）、「公共性」（τὸ κοινόν / to koinē）、「正」或「正義」（δίκαιον / dikaion）等希臘政治哲學的關鍵詞所含有的雙層意涵，試圖勾勒出亞

28　荒木勝：《アリストテレス政治哲學の重層性》（東京：創文社，2011年），頁i-iv。

理斯多德政治哲學的整體面貌，同時藉此提升亞理斯多德哲學對當代政治理論的媒介作用。基於此，荒木勝進一步提倡亞理斯多德所提出的「公共善（*to koinē synpferon*／*bonumcommune*／common good）」概念，對於建立亞洲的理想政治秩序能夠有一定的貢獻。[29] 眾所周知，亞理斯多德所構想的「國家」或「政治體」，是包含所有為善而建立的共同體中的最大共同體，並且它追求的是最高的善。其《政治學》開宗明義說[30]：

> 我們看到，所有城邦都是某種共同體，所有共同體
> 都是為著某種善而建立的，很顯然，既然所有共同
> 體都在追求某種善，所有共同體中最高的並且包含
> 了一切其他共同體的共同體，所追求的就一定是最
> 高的善。那就是所謂的城邦或政治共同體。
> （1252a1-4）[31]

---

29 荒木勝：《東アジアの共通善を実現する、深い教養に裏打ちされた中核的人材養成プログラム―2012年3月3日、スタートアップ・セミナーのための基調報告》，頁3-4。

30 亞理斯多德作品的希臘原文在「Perseus Digital Library」網站可以利用來自 Immanuel Bekker（1785～1871）校訂本（Aristotle: *Politica*, Berolini: apud G. Reinmerum, 1831）的電子文本。同網站也提供 Harris Rackham（1868-1944）的（Boston: Harvard University Press, 1944）電子版英譯。本文也參考諸家，如 William David Ross（1877～1971）、Carnes Lord、山本光雄、荒木勝的英文或日文翻譯（若有理解不同之處則有註明）。只是為了保持中文的流暢度，中文翻譯基本上依據顏一和秦典華的翻譯。

31 顏一‧秦典華共譯：《亞理斯多德政治學》（臺北：知書房，2001年），頁31。

根據亞理斯多德，構成城邦的「政體」，也就是國家的存在意義並不在於地理或經濟上的因素，也不在於要防止不正的理由（《政治學》第三卷第九章；1280b 29-31），而是在於達成「優良的生活」（εὖ ζήν）以及「追求完美的、自足的生活」（《政治學》第三卷第九章；1281 5）。[32] 那麼，能夠讓城邦的人民追求而享受優良、完美且自足生活的要件是什麼？亞理斯多德說，它就是「公共善」（to koinē synpferon／bonum commune／common good）。荒木解釋「公共善」的意義時說：

> 「公共善」概念所涵蓋的意義中其最重要者：是個人的利益和社會共同體的共通利益兩者，同時且彼此均衡的追求。以此為目標的追求，可以說是「正義」的追求。[33]

如此，荒木主張，國家所要達成的「公共善」實為「正」（δίκαιον）。荒木引述亞理斯多德在《政治學》第一章第二節說的：

> 公正是政治的基準，因為（習俗與法規的）公正代表著政治共同體的秩序，而公正是關於公正的人或

---

32 中文翻譯來自顏一和秦典華。顏一・秦典華共譯：《亞理斯多德政治學》，頁115。Carnes Lords 的英文翻譯個別是 "living well" 和 "in a complete and self-sufficient life"。See Carnes Lord (trans.): *Aristotle: Politics* (Chicago: The University of Chicago Press, 1984), p. 99。

33 荒木勝：《東アジアの共通善を実現する、深い教養に裏打ちされた中核の人材養成プログラム》，頁3。

事之判定。（1252a 35）[34]

荒木勝批評 W. Jaeger 將亞理斯多德《政治學》的內容，
分成受過柏拉圖哲學影響的「追求理想式國家論」（所謂
「前期亞理斯多德政治哲學」），以及根據實際的經驗觀察
而來的「生物學觀點的國家論」（所謂「後期亞理斯多德
政治哲學」），並且指出：就亞理斯多德的政治哲學而言，
「正義論」應該貫徹其整體內容。[35] 荒木勝說：

> 據說亞理斯多德在其《政治學》，位居整體總論性
> 地位的緒論中，最後寫過的一句，即第一卷第二章
> 所說的：「正義就是構成國家的骨幹」。可見，整部
> 《政治學》就是從屬於規範論之正義論觀點寫出來
> 的作品。[36]

根據這樣的立場，荒木勝從幾個角度試圖進一步釐清亞理
斯多德「正」概念所包含的多層意涵，並且探討其在政治
哲學中，分別在重要主張中扮演何種關鍵角色。依筆者的
理解，荒木勝將「正」概念分成五層領域來探討其多樣的
思想內容。[37]

---

34 顏一‧秦典華共譯：《亞理斯多德政治學》，頁35。
35 荒木勝：《アリストテレス政治哲學の重層性》，頁33-35。
36 對此部分，Lords 的英文翻譯是："[The virtue of] justice is a thing
belonging to the city." 參閱 Carnes Lord (trans.): *Aristotle: Politics*, p.
38。顏一和秦典華的中文翻譯則為：「公正是政治的基準。」顏一‧
秦典華共譯：《亞理斯多德政治學》，頁35。
37 以下的討論是整理自荒木勝：《アリストテレス政治哲學の重層性》，
頁108-148。

在第一層，荒木勝從分類「正」概念的文法字義來開始分析。他舉出與「正」相關的詞彙（許多希臘單字有品詞和格的複雜變化）有如下三種不同用法：

(1)「正」（δίκαιον）：規定人際關係應有的方式，具體而言是指公正分配方式之「正」。

(2)「正義」或「公正」（δικαιοσύνη）：做出「正」的心理傾向。

(3)「公正的人」（δίκαιοι）：保持或顯現此「正」之德的人。

接著，其第二層則將「正」概念分成整體性的「德」（όλη δικαιοσύνη），和特殊性的「德」（κατὰ μέρος δικαιοσύνη）兩種。前者把整體秩序帶給他者（others），後者則調整包含自己（self）的個別利益。荒木勝較為重視「正」概念之於前者的功能意義：「正」概念與「秩序」（τάξις）概念的結合，構成了亞理斯多德政治哲學的核心主張。《政治學》第三卷第六章就說：「一個政體就是對城邦中的各種官職——尤其擁有最高權力的官職的某種制度的秩序化（τάξις）。」[38] 荒木勝指出，「τάξις」為動詞「τάσσω」（to arrange／「整理‧安排」）的名詞，而引文中的「τάξις」係將從王職到民會的成員，凡涉及具有統治國家的職責，都予以安排或秩序化之意。因此，有關

---

38 顏一‧秦典華共譯：《亞理斯多德政治學》，頁107。但顏、秦將「τάξις」一詞翻成「安排」。本文按照荒木勝所解釋的方向將之換為「秩序化」。

「正」的探討，其內容實際上是以將國家機構「秩序化」為目標的範圍與方法。

在第三層，「正」概念分別包含了從統治主體和參政主體兩者的視點觀看之雙重意涵。從前者的角度來看，「正」係政體將其統治職權和參與權「公正地」提供給其成員。就後者的角度來看，「正」則是指屬於某一個政體的各個成員，在統治權和參與權中，自己能擁有或獲得應有角色的「權利」。荒木勝指出，若我們看到亞理斯多德的「正」概念有時候被翻譯成公民的「權利」時，我們便需要注意此意涵與前者的意涵正如一個錢幣的兩面，是互相搭配的。

荒木勝又從其他角度分析此問題。如上所述，根據亞理斯多德，「政體」要成立的目的，是為了達成公民成員之「優良的生活」。因此，某一個城邦成員能夠參與國政（也就是說，擁有或享受政治上比別人更大的權力）的程度，就會左右他對此城邦之「優良的生活」能做出多少的貢獻。不過荒木勝也指出，即使「正」的價值在個人心裡內化，進而化為習俗，但由於對其「公正度」之評估因人而異，要實現「正」仍然有其困難。只能依賴於個人主觀判斷的「正」，通常無法達成人與人之間適當的「正」之狀態。於是為了達成公民成員之間，更為安定的「正」之狀態，國家還要具備制度層面的強制力以及能發揮國家職權之「秩序化」作用的法治。總之，作為「倫理心理狀態」之「正義」，要藉由「秩序化」需求的「正」，才能保證分配給其國家成員的「正」，即「應獲得的公正參與統治之權利」。

　　第四層則涉及作為人性中原來就被賦予（但人要努力
發揮，才有實際的「德」）的「正義」（δικαιοσύνη），和實
踐規範或準則之間的多層性。與「政治德性」一樣，此
「正義」是讓國家存立的必要條件。《政治學》第三卷第
十二章曰：

> 可是假如財富和自由是（國家存立的）必需的條
> 件，「公正」（按：荒木譯成「正義」）和「政治德
> 性」也就是不可或缺的要求。因為沒有前兩種條
> 件，城邦無法維持存在，沒有後兩種城邦內就不可
> 能安居樂業。（1283a 20-21）[39]

荒木勝指出，雖然「正義」概念亦屬於「卓越德性」
（ἀρετή）之一，但「正義」這樣的卓越德性不像眼睛具
有「能視」的卓越德性，並不屬於本人原有的力量，而是
得經過有意且習慣性的活動才能夠累積成形。《尼各馬克
倫理學》第二卷第一章云：

> 我們由於實行各種公正的行為才能成為公正的人物
> （δίκαιοι）；由於實行節制的行為才能成為有節制
> 的人物；我們實行各種勇敢的行為才能成為勇敢的
> 人物。在各國實行的情形會證明這一點。即：立法
> 者由於使得「習慣化」的方法將市民化為善良的
> 人，這是任何立法者所欲的。（1103a 34-b5）

---

39 顏一・秦典華共譯：《亞理斯多德政治學》，頁121。按照荒木所解釋
　　的方向稍改譯文。

最後，第五層涉及「正」概念所涵蓋的人際關係範圍。若我們注意到「正」概念在亞理斯多德政治哲學中具有保持理想人際關係範圍的意涵，便可以發現「正」概念事實上具有根源於人性中之「正」，和國家制度所顯現之「正」的兩種概念，且此兩者往往無法一致。換句話說，亞理斯多德認為，「正」之德的端緒，應該是人人普遍被賦有的；但當要落實到實際社會制度時，「正」往往排斥了奴隸階級。荒木引用亞理斯多德要解放自己的奴隸之遺言為證，主張亞理斯多德雖然對奴隸制度的存在沒有感到疑問，但仍傾向於「正」概念應該具備於所有人類的想法。

以上為荒木勝《亞理斯多德政治哲學之重層性》一書中，對亞理斯多德的「公共善」和「正」概念之內容與意義的相關探討。那麼，為了將之與《荀子》政治哲學中的相關概念與論述進行有意義的比較，筆者在參考荒木勝的見解的同時，也加上個人閱讀《尼各馬克倫理學》和《政治學》的一些心得，從以「公共善」和「正」概念為中心的亞理斯多德政治哲學中，整理出如下三個特色。

第一，亞理斯多德雖然如同柏拉圖，認為人活動意義的最高價值在於「哲學思考」（φιλοσοφέω）或「觀想」（θεωρεῖν），但在探討政治哲學的實際問題，即人如何追求「完美的自給狀態」時，他的視野始終不離開人類生存方式之現實。具體而言，（1）人除了擁有高貴的靈魂，但也同時與動物一樣具有肉體和「非理性」的部分；（2）人會成群；（3）人雖然在其本性上具有某種「卓越德性」（ἀρετή），但這些「德性」唯有經過不斷的實踐和內在化

的過程，才能夠成為具體個人真正實際能夠發揮的「德性」。

第二，從宏觀的角度言之，亞理斯多德的「公共善」和「正」概念，在如何將「秩序」落實於人群的問題上發揮了價值功能。也就是說，一個政體為了達成其國家機構的秩序，必須靠「公共善」和「正」的原則。而在提出這樣概念的背後，存在著這樣的前提：一個政體是由不同身分、不同能力及擁有不同財產的人所共同構成的。

第三，與第二點相關，要達成人人都會接受的國家秩序，其關鍵在於解決分配資源的問題。具體而言，亞理斯多德認為如何將「統治權」和「參與權」分配給一個國家的公民階級是個關鍵議題。而且「統治權」和「參與權」之分配，也會決定個人從國家所獲得的經濟資源。

第二節　《荀子》「禮治論」之特色

接著，我們來看《荀子》「禮治論」中，可以與亞理斯多德的「正」和「正義」概念比較的幾個思想特色。如上所述，麥金泰爾認為，亞理斯多德哲學和儒學之間無法進行具有意義（commensurable）溝通的主要理由之一，就是在西方思想中找不到與儒家思想中的「禮」相當的概念。而沈美華則探討在《論語》中「禮」的用例，試圖找出與亞理斯多德哲學可以溝通的地方。不過，其實我們只要觀察《荀子》政治哲學中「禮」概念所發揮的關鍵角色，就會發現其正是能夠媒合如上亞理斯多德政治哲學中的「公共善」及「正」等相關概念。

　　如本書第四章所述，《荀子》的「禮」概念大抵含有
如下九種不同的功能：（1）修身的主要方法；（2）讓倫理
行為符合美感的方法；（3）養身、養心、養欲的最佳方
式；（4）最關鍵的社會資源分配準則；（5）唯一能夠控制
國君的規範；（6）媒介生死兩界，形成統貫歷史時間的規
範；（7）國君選聘最高人格之臣下的依據；（8）讓「法」
和「政」得順利運作之依據；以及（9）統貫整體宇宙人
類之原理與秩序本身。從這九點不難看出，《荀子》的
「禮」思想所涵蓋的範圍和意義，比先秦任何有關「禮」
的文獻更為寬闊又深入。

　　根據如上整理，《荀子》的「禮」與亞理斯多德的
「公共善」概念能夠比較的重要內容，可以歸納出三點：
第一、《荀子》提出「禮」概念是為了達成其政治社會理
論的最高目標——即國家與世界的「治」狀態（→亞理斯
多德的「τάξις」）。第二、如上所舉的「禮」的（4），即
《荀子》「禮」能夠發揮重要的「公正的社會資源之分
配」的功能（→亞理斯多德的「δίκαιον」）。第三、以
「禮」將資源分配給社會成員時，最關鍵之處在於此分配
是否按照倫理的原則（「義」）來實現（→亞理斯多德的
「δικαιοσύνη」）。

　　首先，我們來看《荀子》政治哲學中的「秩序觀」和
其中「禮」概念所發揮的角色。如本書第四章所闡述，
《荀子》將原來戰國思想中的各種「禮論」和「禮制
論」，提升為一套頗具系統的國家社會統治理論，建立出
可說是其哲學中最具特色的「禮治論」（「禮論」和「治
論」）。若將這一點與亞理斯多德政治哲學的特色相比較，

「治論」正如其中文的字義般，就是國家社會的秩序論。也就是說，這符合亞理斯多德所要探討的「秩序」（τάξις）問題。無可諱言，對《荀子》而言，其政治社會哲學的究竟目標就是讓一個國家和天下保持「治」的狀態。在中國古代思想中，「治」概念除了「統治」，還含有「秩序」的意思。在同屬古代儒家思想的文獻中，《論語》和《孟子》並沒有像《荀子》一樣，那樣的關注如何維持國家秩序的問題。[40] 相較於此，公元前四世紀末年，大約接續在孟子活動時期之後，齊國稷下的思想論辯活動當中，此問題逐漸成為當時思想家們的核心議題。司馬遷的《史記·孟子荀卿列傳》這樣敘述當時的思想活動的狀況：

> 自騶衍與齊之稷下先生，如淳于髡、慎到、環淵、接子、田駢、騶奭之徒，各著書，言治亂之事，以干世主。

在引文中，司馬遷回顧戰國中期在齊國的「稷下先生」們，是以「治亂之事」作為共同探討的主題。同樣的，就在齊國稷下曾擔任三次「祭酒」的荀子而言，在他的政治社會理論中，達成「治」的狀態就是他政治理論中最優先的目標。譬如說，在〈非十二子〉中，他批評十二位思想

---

40 當然，我們因此也不能說孔孟思想中並沒有秩序觀。只是孔子與早期儒家所關注的問題是如何保存當時至少在他們的眼前面臨瓦解的禮制本身，而孟子則專注向諸侯解決民生問題。如後文所述，進一步探討國家社會的「治亂」本身的問題是如慎到等比孟子屬於下一代的「稷下先生」之一群思想家。

家的主要理由即是：「使天下混然不知是非治亂之所存」，顯示出荀子認為讓天下人了解社會、國家達成「治」或陷於「亂」之原因，才是思想家的首要任務。在〈解蔽〉中，荀子也觀察當時的思想家都是「凡語治……」。此外，荀子在〈天論〉中，以「治亂天邪？」來回應懷疑「知天」之必要性的說法，主張「天」的重要性取決於它和治亂問題的關係。在〈性惡〉中，荀子也把「善」定義為「正理平治」。

　　那麼，在《荀子》思想中，「治」和「禮」兩概念之間又有怎樣的關係呢？在〈王制〉中，有謂「禮義者，治之始也」，表達「禮」係「治」的開始。若考慮「禮」作為實踐方法的面向，此句亦意謂「禮」是達成「治」的關鍵方法。然而對荀子而言，「治之始」的「禮」實際上正是「治」本身，〈不苟〉就提出：「君子治治，非治亂也。曷謂邪？曰：禮義之謂治，非禮義之謂亂也。」若將此處的「禮義之謂治」與〈正名〉之「道也者，治之經理也」一起理解，荀子的「禮義」乃經過「治」概念來與「道」概念相結合。如此，《荀子》將「禮」和「治」（以及「亂」）視為同等價值，並代表統貫世界和宇宙的秩序本身，也在究竟意義上與「道」相結合，意指「道」（的秩序）在現實之呈現。追求完美和諧的宇宙秩序（harmonious order of universe）本身，就是《荀子》禮治論在思想史上的第一種意義。

　　不過，這並非荀子「禮治論」的意義之全部。我們也不難發現，荀子的「禮」概念除了朝向普遍宇宙秩序論的方向外，還以治理人類世界作為其最核心的功能。我們可

以舉〈禮論〉中「禮之三本」的觀念為例，來試著了解荀子「禮治論」中，能代表其政治哲學之具體且究竟之理論目標的第二種整體意義。司馬遷在《史記・禮書》中也引述此段，可見其對漢朝知識分子「禮」觀的影響。荀子曰：

> 禮有三本：天地者，生之本也；先祖者，類之本也；君師者，治之本也。無天地，惡生？無先祖，惡出？無君師，惡治？三者偏亡焉，無安人。故禮，上事天，下事地，尊先祖，而隆君師。是禮之三本也。

在這裡，「天地」之所以成為「禮之三本」之一的理由，在於它「生」（產出）人類這一點上。按照此理路來解釋，可說荀子將「天地」看作「先祖」之「先祖」，使之含有人類的元祖之意。換言之，「禮」之「第一本」和「第二本」實際上互為一種親子關係。如此，「天地」成為人類的先祖，而「禮」便具有與人類同源，並且保持著不可分割的歷史關係。[41] 荀子的「禮三本論」涵蓋的「禮」概念有先祖和甚至天地的意涵，並由人類之義的「人」概念，主張「禮」的功能涵蓋整個人類的全部歷史。也就是說，荀子的「禮治論」所探討的主題，是「禮」在整段人類歷史上的獨特意義和未來的理想生存方式。

接著，我們來看《荀子》「禮治論」中的「資源分配論」之特色。荀子「禮治論」中涉及「分配論」的部分，

---

41 關於《荀子》「禮三本論」的思想意義，請看本書第四章的討論。

應該來自於戰國中晚期齊國稷下思想家慎到所大力提倡的「分」概念。慎到身處孟子和荀子之間的時期，在稷下活動的思想家，他在中國思想史中，可能是第一個發現國家安定的關鍵在於國君如何處理資源分配問題之人。慎到曰：

> 今一兔走，百人逐之；非一兔足為百人分也，由未定。由未定，堯且屈力，而況眾人乎？積兔滿市，行者不顧；非不欲兔也，分已定矣。分已矣，人雖鄙不爭。故治天下及國在乎定分而已矣。[42]

齊國稷下學者對「分」的重視在《管子》中也看到：〈乘馬〉即說：「聖人之所以聖人者善分民也。」現本《管子》一書中還含有〈制分〉篇。

荀子自己對「分」之重視也呈現在以下用例中。譬如，〈王霸〉說：「兼足天下之道在明分。」荀子認為「分」之所以重要是因為：「群而無分則爭。」[43] 慎到和荀子都認為：「分」之重要功能在於「止爭」。因此：「無分者人之大害也。」[44] 至此，荀子思想似受到慎到之影響。但是，荀子的思想並不僅停留在主張「分」的重要這一點上。

在《荀子》與資源分配資源相關的探討中，值得注意

---

42 《呂氏春秋・慎勢》引。《意林》也載錄來自慎到的同一段論述，但部分文字不同。全文如下：「一兔走街，百人追之；貪人具存，人莫之非者，以兔未定分也。積兔滿市，過者不顧；非不欲兔也，分已定之後，雖鄙不爭。」

43 〈王制〉，以及〈王霸〉

44 〈王霸〉

的是,《荀子》主張「禮」能夠決定消費最合適的程度。
而這是對墨家「節用」主張的回應。《墨子・節用上》云:

> 聖人為政一國,一國可倍也。大之為政天下,天下
> 可倍也。其倍之,非外取地也。因其國家,去其無
> 用之費,足以倍之。聖王為政,其發令興事,使民
> 用財也,無不加用而為者。是故用財不費,民德不
> 勞,其興利多矣。

其實,在認為「國君不可浪費國家資源」的問題上,上面
的墨家主張與下面的荀子的主張基本上沒有什麼衝突。在
〈富國〉,荀子說:

> 足國之道,節用裕民,而善臧其餘。節用以禮;裕
> 民以政。彼裕民〔節用〕故多餘[45],裕民則民富,
> 民富則田肥以易。田肥以易,則出實百倍。上以法
> 取焉,下以禮節用之,餘若丘山,不時焚燒,無所
> 臧之。夫君子奚患乎無餘。故知節用裕民,則必有
> 仁義聖良之名。

墨家與荀子之間的差別在於:墨家只主張「去無用之
費」。於是,墨家的理想是傾向於無限制的節用,而這卻
是當時王公貴族無法做到的。相形之下,荀子則保證在

---

45 在這裡,梁啟雄(1900～1965)把「裕民」改為「節用」。參見梁啟
雄:《荀子柬釋》(臺北:臺灣商務印書館,1995年;1936年初版),
頁119。

「禮」的規範內所容許的（在墨家意涵上的）「無用」之
消費。如此，一國（或天下）所有的人民，就能夠按照自
己的社會身分來找出最合適的消費程度。

　　那麼，荀子如何界定資源分配論中的倫理準則呢？荀
子在提出「分」之重要性的同時，也同時提出達成「分」
的方法。〈王制〉曰：

> 人何以能群？曰：分。分何以能行？曰：〔以〕[46]
> 義。故以義分則和。

在這裡，荀子認為：社會資源的分配（即官職爵祿的分
配：即「分」）必須透過倫理道德的原則來進行。這是荀
子「禮治論」中的第三個特色。一般而言，中國哲學的研
究者不太注意在《荀子》中，「義」概念於單獨出現時也
具有相當重要的價值功能。[47] 這點與一般的印象不同，
這樣的「義」之用例在不少的地方出現。譬如，荀子說：

> 故天子諸侯無靡費之用，士大夫無流淫之行，百吏
> 官人無怠慢之事，眾庶百姓無姦怪之俗，無盜賊之
> 罪，其能以稱義遍矣。（〈君道〉）

〈大略〉也寫道：「有夫分義，則容天下而治。無分義，

---

46 諸家據宋龔本和元刻本無以字而刪。
47 韋政通是其中少數的例外。然而他雖然蒐集在《荀子》中「義」概念
　單獨出現的例子，卻認為《荀子》中的「義」概念幾乎與「禮」同
　義。請參閱韋政通：《荀子與古代哲學》（臺北：臺灣商務印書館，
　1966年），頁7。

則一妻一妾而亂。」對於荀子而言，「義」係指「不道德的事情絕不觸犯」的「倫理規範」。

那麼，在荀子政治社會理論中，意指「分配」義的「分」和意指「倫理規範」的「義」之兩個概念，如何與「禮」概念相結合起來呢？荀子在〈禮論〉即說：「制禮義以分之」。一般而言，這一句的意思似是：「以社會規範與道德倫理來達成公正的社會分工與資源分配。」其實，這句話還包含著兩種涵義：第一、社會資源的分配必須按照個人的社會地位來決定。換句話說，君主依人民的社會地位來保證其分配到的資源。在〈君道〉中，荀子以「以禮分施」一句表達了這個意思。在〈王制〉中，荀子說明君主的功能是「上以飾賢良，下以養百姓，而安樂之」，而在荀子思想體系中「飾」與「養」正是「禮」重要功能或效果。第二、更重要地，社會地位和資源的分配應該按照社會成員他們所呈現的倫理道德之程度來決定。荀子之所以在「制禮義以分之」這一句中舉出的德目是「禮義」，而不單單是「禮」而已的理由就在這裡。

由是觀之，《荀子》「禮治論」的整體特質可歸納為如下兩點：第一、身處戰國中晚期齊國稷下思想家所探討的「治亂」問題，包括宇宙秩序中「禮」的角色等問題的思想環境中，《荀子》將「禮」概念以「治」概念為媒介，間接地與「道」概念做連結，建立了「禮」就是秩序本身的觀點。第二、荀子「禮」概念與慎到所提倡的「分」概念相結合，就成為能夠解決社會資源分配問題最適當的準則。不過，《荀子》的「禮」概念並不只係指「制度」本身，也意指基於「義」（倫理準則）的規範。

如此，《荀子》的政治社會理論，即結合了「治」、「禮」、「分」以及「義」等四種概念而提出：人類社會之目標（「治」）狀態的實現，在於由合乎倫理準則（義）的「禮」來達成社會成員之間的公正資源分配（「分」）。也就是說，人間的秩序須以倫理的準則（即「義」）來建立，這也是《荀子》的「禮治論」常表述為「禮義論」的理由。對荀子而言，倫理（即「義」）和秩序（即「治」）不可分割。荀子深感發揮「禮」的功能之關鍵處並不在於宇宙或本體論上的領域，而是在相對於天地的「人」的領域。而且，荀子的「人」並不是只居住在某個地區或構成某一國的具體人群，而是能組成社會乃至國家的總體人類。就這樣，荀子的「禮治論」不只是治理某一個國家抽象的形上或宇宙秩序而已，而是為了達成整體人類社會的秩序所提出來的論述。

小結

本章試圖論證，《荀子》政治哲學的「禮治論」包含關於「國家社會秩序論」和「國家資源分配論」的豐富論證，而這些內容可以與亞理斯多德以「正」概念為主的「公共善」論進行有意義的比較。以下整理亞理斯多德政治哲學可以與《荀子》「禮治論」比較之處。

關注要如何達成優良的生活問題的亞理斯多德「公共善」論，和荀子相同始於面對「人」的本質和應達成的目標。亞理斯多德認為，理想政體的基石在於內化「正義之德」的公民，以及能具現此精神之制度準則，即「正」來

達成。如此，一個國家才能保持國家成員之間的「秩序」以及資源的「公正分配」。在亞理斯多德的政治哲學體系中，「正」的顯現由「法」來保證。而亞理斯多德「法」概念的宗旨，既是在於實現國家制度的「正」與公民心性中「正義之卓越德性」，這就和《荀子》所提出的「禮」及「禮義」之德相符合。差別在於《荀子》的「禮」和「禮義」又綜合了亞理斯多德的「法」和「正義」之功能：「禮」一方面能改善人人內在面心性中的「德性」（荀子稱之為「化性」），同時將此「德性」落實於實際國家社會的制度之上（「禮制」是也）。在此意義上，《荀子》政治哲學的「共同善」來自於：一方面人人都盡力以「禮」改善己「性」，使其成為合乎「禮義」之「德」；另一方面透過此原則建立的國家制度（即「禮制」），來保證此國家的成員能夠按照其德性，獲得公正的資源分配，以達成國家和世界的秩序。

不可諱言，亞理斯多德和荀子的思想之間，原本也存在著非常多的差異，甚至也有互相對立的觀點。例如，在荀子的人觀中，人性具有普遍性，因而不會有天生的「奴隸」存在。相比而言，荀子的政體論中並沒有在「統治者」和「被統治者」之間可以交互輪替的「公民」階級。但無論如何，此文僅先試圖提出筆者所觀察到的兩者之間具有意義的共同點。

麥金泰爾在他的西洋倫理學史中不斷的強調，古代希臘的倫理概念和論述，雖然表面上由類似的詞彙來繼承其意，但已成為與近代以來的（西方哲學中）相關概念非常不同。但值得注意的是，在麥金泰爾說明古希臘倫理概念

的特色的時候就指出：在古代希臘哲學中與道德問題相
關的詞彙保持與欲望相關的詞彙相當密切的關係，而這
是古希臘相關詞彙無法翻成近代以來以義務論脈絡上語
言的主要原因之一。[48] 若我們接受如此觀察，就「情欲」
和「禮義」保持密切的關係的《荀子》哲學，在倫理相
關概念和論述的層次上，與亞理斯多德哲學也許會比近代
以來的西方倫理學還更可以彼此進行「有意義的溝通」
（commensurable）的！

　　總而言之，近年，大陸中國哲學研究的環境的急速擴
張和西方漢學界對《荀子》哲學的注視，讓整體《荀子》
研究成長為當今在中國哲學領域中又熱門又含有多樣小議
題的綜合主題。[49] 如此近年研究《荀子》思想環境的快
速變化、發展當中，與《荀子》思想的「當代意義」相關
的議題開始受到矚目，也是必然的趨勢。換言之，當今的
學者和學生在《荀子》的思想中愈來愈期待能看出對於解
決當代的一些政治或社會問題的某種線索。的確，既然對
於兩千多年前亞理斯多德政治哲學的研究不斷地對當代西
方政治社會問題的探討提供新的啟示，我們沒有理由懷疑
「東亞的亞理斯多德」之《荀子》政治哲學中缺乏與此類
似的啟示。何況，荒木勝堅信亞理斯多德的「公共善」概
念正是可以成為東亞各國共同的思想價值。我們更沒有理
由懷疑《荀子》的「禮義」政治哲學本身也能成為東亞各
國共同的思想價值。

---

48 Alasdair MacIntyre: *A Short History of Ethics*, p. 87。
49 關於近年所謂「《荀子》研究產業」（Xunzi industry）正逐漸成形的情
　形，請參閱本書「緒論」中的相關探討。

第八章
作為共生理念之基礎價值的荀子「禮」概念

序言

　　在日本，「共生」一詞跨越了人文與理工領域，成為能夠建構理想的「整體」（從每個個體到整個地球）未來之關鍵詞。過去十年間，「共生」一詞時常在日本政府、工商團體或大型公司的公開言論中出現，人們幾乎把「共生」視為實現未來理想社會之代名詞。趁著政府和這樣的社會風潮，東京大學和京都大學等研究及教育機構大力推動有「共生」之名的研究或講座，日本全國也如雨後春筍誕生了許多以「共生」為主題的研究會和研究計畫。從實際層面來看，當代日本人心中針對「人際關係（從家人、學校、社區共同體）之瓦解」、中東問題背後儼然存在的「宗教與文明之間的對立」，以及「全球規模進行中的環境破壞」之危機感，而根植於日本獨特文化與價值的「共生」一詞，便成為近年日本各界探尋解決方案時經常提到的關鍵概念。

　　前述日本圍繞著「共生」概念的情勢，一般臺灣人文學界人士尚不知悉。有鑑於此，本文試圖傳達日本各界使

用的「共生」一詞的含義，及其概念淵源，也將特別探討
為何「共生」概念在日本大受歡迎的理由與問題。同時作
為中國古代哲學之研究者，在此也試圖闡析《荀子》
「禮」概念與當代日本「共生」論中所提出的幾個主要論
點之相似事實。如此，本章的探討乃分成四個部分：第
一、首先整理「共生」一詞成為了解近年日本社會動向的
關鍵詞之情形。第二、接著探討以「共生」一詞來構想未
來理想社會之困難。第三、介紹日本學者在中國哲學中找
出「共生」理想之嘗試，及其得失。第四，筆者提出《荀
子》「禮」概念及其理想國家社會藍圖，與「共生」一詞
建構未來社會藍圖之相近性。

第一節　日本社會「共生」思想之崛起

　　在日本社會，無論是政府或民間、商業公司或教育機
構、理工領域或人文領域之中，「共生」一詞都大為流
行。根據渡邊章梧的調查，內閣府組織了「共生社會政
策」之政策統籌部門，為了「達成共生社會」之目標，推
動「青少年育成」、「少子、高年齡化之對策」、「殘障者等
的福利設施建設」等政策。日本最大的工商經營者團體的
「日本經濟聯合會」也在一九九四年組織了「共生委員
會」。令人驚訝的是，政府推動的教育、研究補助，在平
成十四年（2002）和十五年（2003）的通過案件中，冠上
「共生」之名的計畫總計有十二筆。在二〇〇六年，冠有
「共生」一詞的講座或研究課程的學校竟有二十七所（國
立大學十六所、私立大學十一所）。在日本的主要企業中，

佳能（Canon）公司和京セラ（京都 ceramics：Kyocera）都以「共生」為公司活動宗旨之關鍵理念。[1]

日本社會所使用的「共生」一詞，可追溯到椎尾辨匡（1876～1971）在大正十一年（1922）於鎌倉光明寺主辦，以「結合」為契機的「共生（ともいき）運動」。根據椎尾的宗旨，「共生（ともいき）運動」是為了實現「在日常生活中找出阿彌陀佛之真實生命，以及協調與分擔之社會」，而推動信徒之共同生活，以建立「心生；身生；事生；物生，人皆生的共生之里」。[2] 也許椎尾本人對昭和初期日本的擴張主義沒有提出異議，因此第二次大戰之後一段時間，都沒有與「共生」相關的出版品。直到一九七〇年代末到一九八〇年代，小田實、井上達夫，以及黑川紀章陸續出版以「共生」為主題之專著。[3] 渡邊章梧指出，從一八八七年到一九九六年這十年之間與「共生」相關的著作有四六九筆；從一九九七年到二〇〇六年

1　以上詳細內容請參照渡邊章梧：〈現代日本社會共生の諸相〉，《共生思想研究年報2006》（東京：東洋大學共生思想研究センター編，2007年），頁83-86。

2　原文分別為「日常の中阿彌陀佛の真實生命を發見し、同時、すなわち協調と分擔の社會を實現する」；「心生き身生き事生き物生き人皆生くる共生の里」。關於椎尾的共生理念，請參照椎尾辨匡：《共生講壇》（1925年）以及《共生の基調》（1929年）（皆收入於《椎尾辨匡選集》，卷9，東京：山喜房佛書林，1973年）。

3　小田實：《「共生」への原理》（東京：筑摩書房，1978年）；井上達夫：《共生の作法》（東京：創文社，1986年）；黑川紀章：《共生の思想》（東京：德間書房，1987年）。井上達夫也是在廣松涉、子安宣邦他編：《岩波哲學・思想事典》（東京：岩波書店，1998年）中「共生」項目之作者。

更多達一〇六九筆（佔全體出版品的百分之六十）。[4] 在提出「共生」相關的言論之知識分子當中，居最重要地位者非黑川紀章莫屬。

黑川紀章（1934～2007）出生於愛知縣，一九五七年京都大學建築系畢業。他向東京大學教授，也是當時日本最著名的建築家丹下健三拜師，一九七〇年代以新進建築家之姿開始受到世人矚目。晚年積極參與政治活動，組成「共生新黨」，也出馬東京都知事選舉以及日本國會參議院之選舉（但皆落選）。黑川身為建築設計師，他的「共生」概念與其建築設計的經驗息息相關。除此之外，還有如下兩點值得注意：第一、黑川著有《共生の思想》（1987年）、《新共生の思想》（1996年）等以「共生」為主題的專著[5]，其中闡述了他的「共生」思想。經由黑川對共生「理論化」之努力，將原本模糊的「共生」概念重新創造，成為與所謂西方二元主義和科學萬能主義為基礎的世界觀相對稱的概念（詳後述）。第二、事實上，黑川本人正是於椎尾辨匡任董事長傾力經營之東海學園高中畢業，而他也曾受過椎尾之弟子林靈法（1906～2000）關於椎尾所提倡的「共生」理念之薰陶。[6]

接著，我們來看黑川紀章所構想的「共生思想」之內涵。首先，黑川就所認知的當代世界開始典範之轉換（paradigm shift）。黑川說：「這樣的轉換擴大至全世界，包含所有領域的結構性大轉換，此時我們只能藉著克服近代

4　參見渡邊章梧：〈現代日本社會共生の諸相〉，頁84。

5　勉誠出版社在二〇〇六年出版了《黑川紀章著作集》（全18卷）。

6　參見渡邊章梧：〈佛教思想と共生（インド）〉，收於《共生思想研究年報2006》，頁29。

化過程形成的縱向分割之分業化與專門化，並且改採綜合的觀點洞察全體變化，才能看見未來。」[7] 黑川面對此「典範轉換」的時代變化，以透過後現代主義之建築方法來試圖克服西方近代合理主義，特別是其二元論之世界觀。黑川所提出的建築設計之新方法論是：以「理性」和「感性」之合作來進行「與其分析，不如象徵化（symbolization）；與其結構化，不如解構化（deconstruction）；與其組織化，不如構築關係（relation）；與其導入，不如引用（quotation）；與其結合，不如媒介（intermediation）；與其調整，不如變容（transformation）；與其明確化，不如複雜化（sophistication）；與其指示，不如共示（connotation）」之「概念操作」。在此方法論的觀點上，黑川進行「共生」概念之界定。其內涵有如下五種：第一、包含對立與矛盾、競爭與緊張，而從中孕育新創造的關係；第二、互相對立，互相需要，同時還要互相理解對方的正面之關係；第三、原來只憑單方面無法達成，變為能產生新的創造之關係；第四、一方面尊重互相的個性與其中不可侵犯的「聖域」，也試圖擴大共有的領域之關係；以及第五，在授受的大生命環境系中找出自己的定位。

那麼，黑川之「共生」概念所涵蓋的領域範圍為何？黑川提出以下八項：（1）異質文化之間的共生；（2）人類和技術之間的共生；（3）內部和外部之間的共生；（4）部分和整體之間的共生；（5）歷史與未來之間的共生；（6）理性與感性之間的共生；（7）宗教與科學之間的共生；（8）人類（建築物）和自然環境之間的共生。黑川認

7　黑川紀章：《意味の生成へ》（東京：德間書房，1987年）。

為，他提出這樣的「共生」內涵，其源流可追溯到印度之唯識思想和日本的大乘佛學思想。尤其是後者的因素，日本文化所具有的「缺中心、曖昧、開放性、非對稱性、部分之表現、扭軳[8]（解構性）、平面性」之特色可成為近代主義典範轉換的條件。[9]

近年推動「共生」概念學術議題化之竹村牧男則將目前「共生」涵蓋的議題大致區分為如下兩項：第一，以環境倫理學所涵蓋的人類與環境之間的共存和當代人和未來子孫之間的共存之問題；以及第二，當代社會中，不同能力或不同條件之人之間，如何不要忽略彼此的獨立性，而保持彼此的良好關係之問題。針對後者，竹村牧男認為借用倫理學、宗教哲學，以及傳統東洋思想可以找出深入思考人和人之間的「共生」之理論端緒。[10] 無論其學術議題化所進行的程度如何，最令人關注的一點是，日本內閣府公開宣示：「共生社會之形成應為日本社會之目標」，同時政府亦將大量的教育及研究資源挹注於冠有「共生」之名的各項計畫。

第二節　界定「共生」概念時的混淆狀態

如黑川所說，「共生」概念是有著日本文化之特殊性

8　原文為「ずれ」。
9　黑川紀章：《意味の生成へ》（東京：德間書房，1987年），頁493-496。
10　竹村牧男：〈共生學の構想〉，《共生思想研究年報2006》，頁68-69。
　　竹村牧男接著探討佛學思想對「共生」概念之學術議題化之可能的貢獻。

背景的概念。理所當然，日語中的「共生」一詞原本在日文語境裡就具有獨特正面之意義，因而從政府官員、工商界、學者到一般老百姓，只要聽到「共生」，就能感受到正面的意涵。這可能是日本政府在其目標中強調「共生」之意義，同時也有那麼多機構與計畫冠上「共生」之名的原因。然而，「共生」一詞在日語中這樣的獨特意涵，很諷刺地讓不同文化背景的人卻難以捉摸其「正確」意涵。事實上，日本國內的使用者之間也還未形成共識。雖然許多論者都使用「共生」一詞，但事實上大部分只是借用「共生」一詞的語感來陳述自己的想法而已。這樣的狀況也使「共生概念之學術議題化」面臨阻礙。甚至如竹村牧男所憂慮的，「共生」一詞反而可能會淪為當權者遮掩眼前具體社會問題之口號。[11]

　　根據渡邊章梧的調查，日語的「共生」一詞有五種英文翻譯，即（1）"symbiosis"；（2）"conviviality"；（3）"co-viviance"；（4）"living together"；以及（5）"co-living and co-existence"。其中，"conviviality" 是產業文明之批判者之思想家 Ivan Illich（1926～2002）所提倡的概念，意味著「共生、互相親和性」。而 "co-viviance" 則係日本社會學者伊東俊太郎的造詞，他所提出的三種「最低限度的文明條件」之第二條件（第一條件為「不殺生」；第二條件則為「公平性」），乃意指：「承認異己的文化和文明，而互相喜悅對方的存在，同時也指向人類與生態系之間的共生」。就這樣，"conviviality" 和 "co-viviance" 兩個詞雖然也涉及

---

11 竹村牧男：〈共生學の構想〉，頁68。

「共生」一詞之思想重要性，但尚未為人人所廣泛使用。[12]

　　從意義來看，在西方語言中，「共生」一詞分為「共同生活」或「共同生存」的意涵（即 "symbiosis" 和 "conviviality"）和「共同存在」的意涵（即 "co-existence"）兩種。但如尾關周二介紹了一位德國學者的觀點是：「在日文中，環境上、生態上以及社會上的現象都能夠以『共生』一詞表達出來，而在德文中則沒有與此對應的詞彙」。[13] 事實上將「共生」概念以「共同生活」（或「共同生存」）之意涵來了解，和以「共同存在」的意涵了解之間，存在著一種解釋上的混亂狀態。若我們將焦點放在「共生」的「共存」意義上，松本健一指出，「共存」係指「即使分崩離析，仍然努力避免摩擦與鬥爭，能夠獨立並存之狀態」。[14] 但井上忠男卻懷疑說：「我實在不懂需要將『共生』和『共存』概念分開來使用的積極理由」。[15] 與此類似的懷疑也出現在針對「共同生存」的意涵。清水博指出：「我不太喜歡『共生』這樣的名詞，這樣的說法似乎是人類中心的概念，這裡看不出對『死亡』的態度。我個人所傾向使用的概念是能同時包含生死兩者，能相互照亮這樣異質存在的『共存在』一詞。」[16]

---

12 渡邊章梧：〈共生學の英譯はどれが適しているのか〉，《共生思想研究年報2006》，頁95。

13 尾關周二：〈共生學の基本理念を考える〉，《共生思想研究年報2007》（東京：東洋大學共生思想研究センター編，2008年），頁8。

14 松本健一：《泥の文明》（東京：新潮社，2006年）。

15 井上忠男：〈人道は人類共生の普遍的價值規範となりえるか〉，《共生思想研究年報2007》，頁23。

16 清水博：〈共生思想への期待〉，《共生思想研究年報2006》，頁13。

　　光是針對「共生」一詞的內涵，論者之間已有著很大
的落差與好惡，那麼，近年以「共生」一詞來建構的思想
內容自然會演變成各有不同。順此，尾關周二與黑川紀
章、井上達夫以來的「共生論」內容，或是近年來論者所
強調目標的「共生」社會之藍圖可分為如下三種立場：第
一種如黑川紀章所提出，肯定像日本社會中傳統的、保守
的共同體因素的部分。尾關周二將之稱為「聖域共生
論」。第二種是以法律學者井上達夫所主張的，異質的存
在者能互動的開放體制，在此「自由」的價值比「同質
性」還重要，尾關周二將之稱為「競爭共生論」。此立場
警覺到日本文化中有著排斥共同體中異質份子的因素。第
三種是尾關本人所提倡的「共同的共生論」。尾關周二認
為此共生理念異於第二類之處在於異質的成員之間也進一
步指向一種「協助關係」。[17]

　　到此，在探討中國哲學的「共生」意涵之前，稍微理
解佛教和印度教或當代印度社會中的「共生」理念。然
而，很諷刺地，「佛學」和「印度教」或「印度社會」之
間的「共生」觀反而顯現不可彌補的對立，此問題使我們
對「共生」概念的理解更加複雜和混亂。

　　如上所述，目前日本各界所提及的「共生」概念淵源
大致可追溯至椎尾辨匡的「共生（ともいき）運動」，而
椎尾是淨土宗的僧侶，因此活動宗旨主要基於佛學精神。
渡邊章梧說明椎尾辨匡所舉出的「共生運動之五項目
標」，乃重視東洋思想中的「與自然一起生存」，亦即「自

---

17 尾關周二：〈共生學の基本理念を考える〉，頁7-10。

我」與「自然」互相依賴之精神；而為了達成其理想，渡邊先生拈出佛學之「慈悲」概念，尤其是「悲」（karuṇā）概念，即：「憐憫他人之痛苦而想要為他緩和」之心。[18]

另外，竹村牧男則稱，「佛教是包含著從根源的層次提供『共生』概念基礎之思想」，而關注佛教中「無我」和「緣起」觀念。竹村牧男認為，在我們探討「共生」問題時，其根源層次就存在著「如何克服近代以來的原子人觀」的問題，而從此角度來看佛學的人觀時，佛學的「無我」乍看之下就意味著人的「自我」之否定。但竹村牧男指出，佛學中所否定的「我」是「我執」的部分；若能克服「我執」，真正自由的「自我」便會呈現出來。由於此種「自我」係「自他不二」的自我，到此境界便會達成自己與他者之間的「自我之實現」。竹村牧男強調，在「自他不二」的自覺必然帶給個人「凡人是互相依賴的存在」。當然，竹村牧男承認這樣的境界在有「覺悟之智慧」之後才能實現，但他認為，人們可以在佛教的教導下努力理解這點。[19]

然而，印度社會或思想之專家卻指出，印度社會和宗教信仰與日本學者所構想的「共生」理念難以並存。首先，宮本久義指出，從包含佛教形成之前的整體印度文化傳統來探討其中是否具有何種程度的「共生」思想的時候，從古代梵文文學到當前的階級制度，事實上印度文化傳統中有不少觀念，如：徹底的階級分離觀、歧視女性等

---

18 渡邊章梧：〈佛教思想と共生（インド）〉，頁29-30。

19 竹村牧男：〈共生學の構想〉，頁70-71。

與「共生」之理想格格不入。[20] 值得注意的是，宮本久
義在二○○七年參與印度德里（Dehli）的一所梵文大學
所召開的 "International Seminar on Sustainablity and the
Philosophy of Co-existence" 會議，在其報告當中指出耐人
尋味的兩點：第一，雖然與會的許多印度學者一致說梵文
中的 "saha-astitvam" 與「共生」思想中的 "co-existence" 概
念相符，但他們無法舉出相關文獻中的典據。宮本久義接
著指出，此代表 "saha-astitvam" 一詞僅是 "co-existence"
之翻譯的事實。第二、參與會議的印度學者當中，還有人
認為「在印度從未有過『共生』思想這樣的東西，到現在
仍是如此。」宮本久義感慨說，會議中對此點沒有進一步
的討論。[21]

　　另外，橋本泰元則分析印度教的自然觀和一九七三年
印度爆發的「Chipko運動」——當地人民的森林保護運
動——指出，就算「環保運動」可合乎「共生」的精神，
但是仍難以說明為何將現世之物質世界完全置於視野外的
印度教信仰會導出如此活動。而結論說，是運動領導人之
禁欲行為和運動本身所具有的高度倫理性讓此運動成功地
展開。[22] 簡言之，從以上學者對印度人的一般的宗教信
仰和社會特質來看，事實上與日本知識分子所構想的「共
生」思想之內涵有一些距離。

---

20 宮本久義：〈古典サンスクリット文學に見られる共生思想──「ヒ
　　トーバデーシャ」を中心に〉，《共生思想研究年報2006》，頁75-82。
21 宮本久義：〈國際サスティナビリティ・共生セミナー報告〉，《共生
　　思想研究年報2007》，頁111-112。
22 橋本泰元：〈ヒンドゥー教における共生思想──環境保護運動とヒ
　　ンドゥー教の言說〉，《共生思想研究年報2006》，頁101-106。

第三節　中國哲學傳統中的「共生」意涵

　　那麼，中國思想傳統又是如何指引當代日本學者所構想的「共生」概念？下面我們先以吉田公平、山田利明、野村英登三位中國思想、哲學之專家的觀點為線索來探討中國思想傳統中「共生」的理想如何顯現（或不顯現）的問題。

　　首先，吉田公平在東洋大學共生思想研究中心所出版的《共生思想研究年報2006》和《同‧2007》兩本期刊中發表三篇文章，分別是：〈日本思想と共生〉（2006，頁15-18）、〈共生社會に生きる人々〉（2006，頁113-120）以及〈中國思想と共生──萬物一體論について〉（2007，頁95-99）。在此三篇中吉田公平始終一貫地提出的觀點是，當代社會淪於過度的競爭、追逐成果的社會，結果威脅到競爭中的「敗者」、「落後者」或無法參與競爭之「弱者」之存在。吉田公平所構想的「共生」是透過肯定這些「敗者」、「落後者」以及「弱者」之存在，並且在此條件下提供能夠安頓之境界的理想社會代名詞。

　　雖然吉田公平並未說明其「共生」概念之具體內涵，但似乎是以能積極包容「敗者」、「落後者」，以及「弱者」三者的「共生」社會為主要內涵。在此前提上，他說：

　　　　當我們以中國哲學之遺產作為素材來思考共生思想時，立刻會想到保持與他者共存、並且有著共致幸福之意願的儒家（原文為「儒教」）思想，而此原

　　點可追溯至孔子、孟子、荀子等原始儒家，但我認
　　為宋明時代的「新儒教」才深入思考了與「共生」
　　相關的內容。（強調處為引用者所加）[23]

吉田公平主張，將從孟子到朱熹的「性善論」思想，加上
王陽明進一步推及於能肯定所有人之原來狀態之境界，也
因為如此，王陽明的思想具有能夠包容「敗者」、「落後
者」以及「弱者」三者的「共生」理想之思想內容。另外，
吉田公平在〈日本思想と共生〉和〈共生社會に生きる
人々〉兩篇中提及日本德川時代的禪僧——盤珪禪師
（1622～1693）「佛心不生禪」的思想。根據吉田公平的
說明，「佛心不生」一句並非「佛心不產生」的意思，而
是指「人人在出生時皆具備佛心」。吉田公平指出，根據
盤珪禪師的佛法，一般佛學理論中難以得解脫的人也通通
可以得救。雖然盤珪禪師受到當時朱子學者之嚴厲批判，
但在盤珪禪師施法的據點「求道舍」，渴望得救之民眾雲
集如市，盤珪禪師畢生重建或復興了多達兩千所的廢寺。
吉田公平從王陽明和盤珪禪師兩位之思想內涵歸納出「毫
無保留地包容且肯定他者之存在樣式」的精神。[24] 吉田
公平強調，此乃為當代「競爭」與「成績」社會所需要的
思想資源，因此對他來說很有「魅力」。[25] 不過，最後他

---

23 吉田公平：〈中國思想と共生——萬物一體論について〉，《共生思想
　　研究年報2007》，頁95-96。
24 此部分之日語為「他者の存在樣態をありのままにみとめて」。參閱
　　吉田公平：〈共生社會に生きる人々〉，《共生思想研究年報2006》，
　　頁116。
25 吉田公平：〈中國思想と共生〉，頁99。

還加上一段話作為結尾：

> 相形之下，若以「性惡論」或「人類原罪論」為基
> 礎理解人的本質，到底能否構畫出「共生思想」
> 呢？我想知道的是，「性惡論」或「人類原罪論」
> 在理論上是否能夠構畫出「共生思想」這一點，而
> 若是主張以「性惡論」或「人類原罪論」為基礎之
> 人論，為何每個人能於日常生活中努力實踐此原理
> 這一點，尤其是此可能性的原理如何能成為幸福論
> 的基礎？

雖然吉田公平並沒有直接主張「性惡論」或「人類原罪
論」無法提供構想「共生思想」之「素材」，但在「為何
每個人能於日常生活中努力實踐此原理？」一句中表示他
對「性惡論」或「人類原罪論」之「共生論」在日常生活
中是否能獲實踐的疑問。

　　接著我們來看山田利明對中國思想中「共生」因素之
觀點。山田利明也在東洋大學共生思想研究中心所出版的
《共生思想研究年報2006》和《同・2007》兩本期刊中發
表三篇文章，分別是：〈中國思想と共生〉（2006，頁19-
22）、〈共生論としての「禮」〉（2006，頁107-112）以及
〈中國における宗教的共生の一例〉（2007，頁87-94）。
山田利明的第一篇〈中國思想と共生〉與吉田公平前揭論
文同名。山田的〈中國思想と共生〉則主要探討中國古代
的自然觀，而在此山田利明指出，中國中原的自然環境並
不像南方的環境自然資源那麼豐富，所以人民一起改造了

土地，開展了大規模的水利工程。這樣的歷史過程可能造成中國傳統「人類優先」——甚至人類比「上帝」還優先的思維傳統。不過在此篇中，山田利明並沒有展開這樣的中國人自然觀在所謂「共生思想」中的意義。相較之下，山田利明的第三篇：〈中國における宗教的共生の一例〉敘述漢代到魏晉南北朝時期，漢民族和周邊異族之間的「共生」狀況。山田認為隨著漢人的國家版圖擴大，便容納了不少異民族，而這些異民族遭到漢人的各種剝削，怨恨漢人。山田指出，東漢末年到三國時代「五斗米道」在中華世界西隅的異族之間能夠快速擴張之原因，除了「義舍」、「義米」等「福利」政策獲得貧民的支持之外，即是「五斗米道」執行嚴禁「欺騙」之戒律，由此能夠減低漢人對異民族的各種欺騙行為。如此，「五斗米道」涵養了其成員之間的信賴關係，而當時達成了「漢族」與「周邊異族」之間的「共生」。不過，這篇論文也沒有特別提出此歷史觀察在「共生」思想上的意義。

　　事實上，山田利明對「共生思想」的想法在他的第二篇文章〈共生論としての「禮」〉中可觀察出其端倪。據山田利明的觀點，「共同社會」所成立的基礎是，此社會成員之間共有同樣的價值觀以及愛惜之心。若具備此兩者，則共同體內就算有小異，此共同體仍能夠生存下去。古代中國社會的「宗族」就具備這樣的條件。在此社會條件下，滿足上列兩點的規範就是「禮」。山田利明認為，孟子所云「辭讓之心」的「禮」仍保留著孔子時代所具有的簡樸之「禮」的內涵。雖然山田認為現存有關「禮」的

文獻都是直到漢代才蒐集整理出來的[26]，但他認為其中
《禮記‧曲禮》可見與「共生論」相通的內容。另外，山
田也注意到透過「禮」的互動所形成的「溝通作用」。換
言之，若有一個人想要傳達向對方之敬意而透過某種
「禮」來表現，對方也得以知道此「禮」中的「敬意」意
涵。就這樣，山田利明構畫出作為維繫「共同體」之基礎
條件的「禮」功能。在最後，山田指出，在漢代以後
「禮」的功能逐漸轉變於「社會秩序之維持」。他暗示
著，此功能只貢獻於統治者之目的，而這樣的「禮」與作
為「共生思想」的基礎之「禮」的內涵大相逕庭。如此，
針對當今中國大陸處處可聞的「和諧社會」一詞，山田利
明感到其中有著濃厚的政治性。

那麼，最後我們稍微整理野村英登的觀點。野村英登
在〈共生思想與健康──道教修養技法〉（2007，頁101-
108）中展開了「中國思想」在「共生論」中的角色。野
村先生開宗明義地說，「健康」是為了實現「共生社會」
的最重要要素之一，但同時也是難以達成的理想。接著，
他指出，在椎尾辨匡的「共生運動」中，四、五天的共同
生活以及體操、靜坐始終是主要活動項目。野村先生指
出，大正、昭和初期流行這樣的健康增幅的體操和靜坐起
源於德川時代白隱禪師（1685～1768）推廣的修養法，這

---

26 《孟子‧公孫丑下》有「禮曰：『父召，無諾；君命召，不俟
駕。』」一句，而此用例似乎意謂當時已有某種「禮書」存在的事
實。在近年「郭店楚簡」、「上海博物館藏楚簡」中包含與現本《禮
記》以及《大戴禮記》幾乎同樣篇章的文字之事實，也意味著各種
「禮」文獻的形成可溯及戰國早期。

即是道教的內丹法。野村英登在探討「內丹」修養功夫之
內容之後，認為這樣的功夫不但可增進實踐者自己的健
康，而且也有助於增進自己以外的他人之健康。野村結論
說，在道教「內丹修養功夫論」中的「身體實踐的重視」
和「互助」層面，是我們思考「共生思想」時值得參考的
地方。

　　綜觀以上三位對中國哲學、思想中的「共生」因素的
討論，首先，吉田公平對王陽明的「萬物一體論」和盤珪
禪師之「佛心不生禪」之闡述，有說服力地提出在我們構
想「共生社會」的理想時，必須積極關懷容納不同條件之
社會成員這一點。事實上，野村英登的觀點也提出修內丹
功夫的人也需要幫忙增進其他人之健康；而在主張容納社
會弱者這一點來看，此兩位學者之主旨合為一致。不過，
若我們以「共生」概念的涵意構想更廣闊、更綜合性的社
會問題時，吉田、野村兩位所討論的問題，在「共生」議
題只針對微視的具體人際關係或在一個社會共同體裡面的
互動。相對地，山田利明所探討的範圍則比較廣。他在三
篇文章中，分別討論人類與自然環境的共生、不同民族之
間的共生以及一個社會成員之間的共生之三種層面。尤其
是，若我們考慮到吉田公平和野村英登只以「共生」概念
的單面內容（吉田公平針對主體的「心」和野村英登的
「身」），而比較忽略人之間的連帶如何維持這問題本身的
思考。而且兩人針對的核心觀點，即：「對他人的關懷」
（吉田）以及「增進健康」（野村）問題本身在其他文明
和文化傳統中也能找出豐富的例子。而相對地，山田利明
由於把「禮」概念之內涵與意義當作議題，進一步討論到

東亞文化傳統中各種不同層次的人際，以及社會關係「共生」理想如何能夠實現的問題。而且，由於「禮」概念深植於中國文明本身，作為以中國思想為題材的「共生論」，在思考東亞社會中的「共生社會」之實現之可能性時，若結合與「禮」概念相關的探討，無論是對「禮」的價值採正面或負面的評判，當能夠提供當今東亞社會所面對的各種問題提供更貼切的觀察。

不過，筆者要向山田利明對「禮」概念之形成和「禮」概念在中國古代的倫理、政治、以及社會的作用的理解，提出商榷。第一、山田利明將「尊敬對方、並且不讓對方感到不舒服」等在共同體裡面的「規範」當作「禮」的核心內涵，但他同時也將此看作「禮」概念之原意。到了漢代之後，作為「維持社會秩序之基礎」的「禮」概念隨之形成。然而，自《國語》、《左傳》以及「郭店楚簡」和「上海博物館藏楚簡」中有關「禮」的言說中，很明顯地可看出戰國早中期的思想家已經開始主張「作為維持社會秩序之基礎」的「禮」的重要。舉一個例子，山田利明一文中常提及的《孟子》的〈盡心下〉中有：「不信仁賢，則國空虛；<u>無禮義，則上下亂</u>；無政事，則財用不足。」一句。從戰國文獻的用法，「上下亂」一句顯然係指社會秩序之瓦解。如此，界定「禮」的「主觀心理作用」（即「恭敬之心」）層面的孟子也還是使用包含濃厚社會秩序意義的「禮義」一詞。簡言之，「禮」概念應該在其發展的早期，最晚也於戰國早期就有「社會秩序」之意涵。第二、在山田利明整個論述中的最大問題，恐怕即是他進行作為「共生論」（強調點為筆者

所加）的「禮」概念的內涵與意義中[27]，並未提及在中國
思想家們探討過的「禮論」中的各種思想內容。換言之，
假如「禮」概念包含著與我們所構想的「共生」概念相符
的內涵的話，思想家對「禮」的探討——即「禮論」裡應
包含著與「共生論」相涉的思想內涵。在此前提下，山田
利明在〈共生論としての「禮」〉一文中始終沒有提及荀子
的「禮」概念以及「禮論」這一點恐怕為該文最大的缺點。

第四節　《荀子》「禮治論」中的「共生思想」

　　本段要進行《荀子》「禮治論」與當代的「共生論」之
間的思想交流。尤其是想指出，《荀子》的思想在與「共
生論」相關的議題中就包含著有意義的理論思考。由於本
書前幾章的探討已經闡述《荀子》過去研究以及筆者對整
體《荀子》思想在古代政治哲學的定位等問題，下面直接
進入在《荀子》「禮治論」中何種意涵與「共生論」可進
行交流之相關問題。

　　首先，若我們仔細分析《荀子》中的「禮」概念，大
致有如下九種意涵：

　　（1）修身的主要方法；（2）讓倫理行為符合美感的
方法；（3）「養身」、「養心」、「養欲」的最佳方式；（4）
最關鍵的社會資源分配準則；（5）唯一能夠控制國君的規
範；（6）媒介生死兩界，形成統貫歷史時間的規範；（7）

27　「共生論としての禮の機能を考えてみる」（頁107）；「共生論とし
　　て禮を考えた場合」（頁109）；「ところで共生論の基盤として
　　（按：「禮を」）考えた場合」（頁110）。

國君選聘最高人格之臣下的依據；（8）讓「法」和「政」得以順利運作之依據；以及（9）統貫整體宇宙人類之原理與秩序本身。從這九點功能不難看出，《荀子》的「禮」思想所涵蓋的範圍，比先秦任何有關「禮」的文獻更為寬闊。

在以上荀子所構想的「禮」之功能中，我們馬上可以發現其中幾種功能與椎尾辨匡和黑川紀章，以及如上所述的中國思想研究者所構想的「共生」概念內涵相當程度地重合。例如，荀子哲學中的「禮」即如椎尾辨匡和野村英登所提及的，每一個人為了增進「心」和「身」（在《荀子》中謂「養心治氣」）健康的最佳實踐方法。荀子的「禮」也涉及許多共生論者和山田利明所提到的人間和環境的問題。荀子認為，由「禮」來規定才能夠控制統治者對自然與社會資源的浪費。雖然荀子如上所提的「禮」概念之九種意涵皆涉及「共生」理念之某種層面，不過，由於時間與篇幅之限制，本文以專門回應吉田公平對「以性惡說為中心」的世界觀（這裡暗示出吉田先生所想的荀子的世界觀）是否能夠實踐「共生」的理想，以及山田利明對「禮」概念中作為「維持秩序」的功能與他所構想的「禮」的價值不相符的觀點，來試圖釐清荀子「禮論」所涵蓋面的思想意義之廣度與深度。

首先吉田公平在王陽明和盤珪禪師兩位之思想內涵中不斷追求的價值是「毫無保留地包容且肯定他者之存在樣式」的精神，而對吉田公平而言，「性善論」一詞就是此「思想」特質之代名詞。因此，若我們按照吉田公平之思路接受「人性惡」之假設，就會陷入人人無法「毫無保留

地包容且肯定他者之存在樣式」之困境。在此思路當中，
吉田特別強調的一點是，「共生」的理想必須包容社會中
的「敗者」、「落後者」以及「弱者」之存在。不過，這樣
的想法並沒有考慮到如下的關鍵問題：難道荀子的「性惡
論」只為社會的強者和競爭的勝利者著想，而切割了對
「弱者」的關懷嗎？雖然筆者不反對荀子的思想，與當時
其他所有的政治哲學一樣，基本上效力於統治者，而非人
民這一點，但由某種角度來觀察，荀子的「禮治論」更關
懷社會上的「弱者」之存在。如過去荀子哲學之研究不斷
地釐清，荀子的「性論」之前提是，所有的人類之出發
點，即「原材質」是一樣的，而荀子認為若放縱此「材
質」，人就變成傾向追求各種慾望快樂，因此他才將「人
之性」稱為「惡」。[28] 如此，對荀子而言，身為個人所需
要的是為了實踐「道德」的決心，而缺乏此決心的人都只
屬於「材料」之人。在此沒有「強者」或「弱者」之別，
對荀子而言沒有走上修身之路的人都屬於「小人」。而在
荀子的思想體系中，重要的是一個人決心修養之後是否能
繼續下去這一點，在此之前如何，是並不重要的。如此，
在〈非相〉中，荀子強調人的外貌並不重要。其實其
「相」也包含「體力」或「體能」之意。

　　總之，按照吉田公平的說明，王陽明和盤珪禪師是根
據「性善說」的根本義來包容所有的人之原來存在樣貌。
而若借用吉田公平的邏輯，荀子則根據「性惡論」之「起

---

28 在整本《荀子》之中，「人性」一詞唯在〈性惡〉中出現，且全書僅
　　此一次而已。

偽化性」意涵，他並不區分人和人之間的原來存在樣貌，
而是將未來能提升為聖人之可能性保留給所有的人。在實
踐的層次看，吉田公平屢次指出，向王陽明和盤珪禪師求
助者，由於自己原來的存在樣貌受到了肯定而會得救。但
至少荀子的人觀和工夫論之重點在於一個人是否具備未來
修身工夫之意志，而不用面對過去之存在樣貌。因此筆者
相信，假如「弱者」求助於荀子，荀子會說：「就算貴族
王公、或強者、或聰明的人，若他們沒有修身，都屬於小
人；像你這樣的人若能堅持下決心修身，你的境界會比他
們還高好幾層。」這樣一來，他們也一樣會感到獲得救贖。

　　筆者要提出的第二點是針對山田利明將「禮」的意涵
區分為兩種來談。山田指出，「禮」的原意或「本意」應
該係指「尊敬別人」之心理作用，而「維持社會、國家」
之內涵則一直要到漢代才出現。由於後者的意涵在戰國中
期以後的齊學傳統中很明顯，所以「漢代形成說」這一點
似乎已站不住腳。不過在這裡筆者所要釐清的是，荀子所
構想的作為「維持國家社會的秩序」的「禮」到底是為統
治者的方便設計，還是為了人民的福利設計這一點。若我
們觀察山田利明的行論，他的觀點支持前說。然而根據筆
者對展開於《荀子》整本的「禮論」之理解，至少荀子的
「禮治思想」中的「禮」要在控制國君的時候才能發揮其
作用。雖然荀子當時像馬王堆漢墓《黃帝帛書》之作者一
樣[29]，有部分學者將比較高度的規範性授予「法」概念，

---

29 馬王堆帛書《黃帝帛書・經法》：「道生法。法者，引得失以繩，而
　明曲直者也。故執道者，生法而弗敢犯也。法立而弗敢廢。」

並且希望國君也要遵守。然而，就當時實際的法規習慣而言，可說當時並沒有完全能夠約束國君本人的法規。譬如若國君想吃多少東西、要以多少珠寶裝飾宮廷，都沒有法規能夠控制國君的慾望。相對地，「禮」的規範則要求國君尊重祖先以來的慣例，而且當國君想要擴大消費的時候，乃成為能夠控制國君的依據。另外，荀子也認為，若在朝廷的各種儀式無法莊嚴地舉行，則其下屬各衙門的官員也不會遵守法規，推及民眾的各種政策也無法落實（上列荀子「禮」的第八類意涵）。因此，在荀子的政治哲學體系說「以『禮』來維持國家社會的秩序」時，這不外乎意味著統治者必須遵守「禮」的規範的意思。換句話說，在二十世紀以前的東亞國家社會當中，只為了控制人民的行動，基本上發動法令就夠。其實《禮記・曲禮上》的「禮不下庶人；刑不上大夫」之宗旨在說明如此狀況。不但如此，荀子對當時國君和國家領導者的要求不只是遵守「禮」之規範，而且此「禮」之規範一定與道德的原則相符合。對荀子而言，不具倫理道德意涵的「禮」是不可想像的（上列荀子「禮」的第一類和第二類意涵）。簡言之，荀子要求國君「遵守『禮』」的時候之意含乃係指：「遵守道德原則」及「約束自己」，而荀子堅信，若國君奉行對「禮」之遵守，此國君所統治的整個國家就能達成社會秩序。因此，荀子「禮治論」中「秩序國家社會」的功能絕非是為了統治者的方便而設計的；相反地，荀子的宗旨在於要求國君遵守「禮」之規範這一點。

那麼，具有如此內涵的荀子「禮論」帶給我們「共生論」的討論有哪些啟示呢？可歸納於如下兩點：第一，藉

由荀子「禮論」建構之理論工夫可以理解，東方社會中以
「禮」一詞來涵蓋的規範能夠達成我們以「共生論」來涵
蓋的內容——從互相尊敬的互動、增進實踐者之健康、自
然社會資源之適當的利用、由領導人的「倫理道德化」來
達成國家社會之秩序與和諧。此功能比山田利明和野村英
登所想到的「共生論」之內涵的總和還要多。

　　第二、以荀子「禮論」為基礎的「共生論」可以提供
「人之永續發展」之可能性。借用王陽明和盤珪禪師的
「包容所有人原來之存在樣貌」的想法之吉田公平的「共
生論」並沒有說明在受肯定之後的人下一步如何改善自己。
相形之下，以荀子的「禮論」為主而構想的「共生論」，
則一方面確認人類都是一樣像「材質」般存在之事實，但
一方面也確認了人類都需要讓自己向道德的方向努力發展
這一點。換言之，從荀子「禮論」可構想的「共生」社
會，是其中社會成員不斷自我努力、自我改善的社會。

小結　井上圓了、《荀子》、「共生思想」之間

　　東洋大學的創辦人井上圓了（1858～1919）在東京大
學畢業之際將荀子哲學選為他的畢業論文。這篇論文的名
稱〈讀荀子〉，竟是模仿日本《荀子》詮釋傳統之開山祖
師荻生徂徠的〈讀荀子〉[30]，可見，他對自己的《荀子》
詮釋懷抱著極大的自信。在此論文中，井上曾兩次以「活
眼卓識」一詞讚嘆荀子的主張，又兩次稱許為「卓見」，

---

30 此文發表於《學藝志林》，卷15號85（1883年）。

甚至有一次將《荀子》之哲理評為「蘊含真理」的。雖然
井上圓了本人最欣賞（他說「最卓見」）的內容是他的
「天人之分」與「排斥迷信」之思想[31]，在井上對荀子
「禮治思想」的討論中，井上正確地掌握荀子的「禮」概
念不只「坐作進退」之謂，而涵蓋著「社會之秩序、自他
之分限、上下之關係之合稱」。畢竟椎尾辨匡開始「共生
運動」的時期在井上已離世後的一九二二年，我們難以想
像井上的「荀子論」和椎尾的「共生論」之間的影響關
係。然而，井上對荀子「禮」概念如此的理解，充分地預
見與當代「共生論」交流的可能性。

---

31 眾所周知，「妖怪」一詞見於《荀子·天論》。井上對《荀子·天
　論》深深認同之態度與他後來非常具有個人特色的「妖怪學」完全
　一致。

結論

　　本書是以現今《荀子》研究快速成長的情形為背景，以未來欲加入《荀子》研究的學者和研究生為主要對象，提供當今《荀子》研究的現況和前景之鳥瞰圖而寫。如緒論所述，本書的主要目的在於《荀子》研究的「交通整理」。在本結論中，整理本書所探討的主要內容以及過去筆者所進行的研究合作計畫中產出評述論文的相關訊息之後，筆者欲提供對未來《荀子》研究的前景之若干看法，一方面作為本書的結尾，一方面亦砥礪筆者對自己未來發展此領域研究之志望。

一　經過本書的探討所獲得的若干心得

　　本書探討過的內容主要分成三個部分：第一部分、「文本和生平相關的問題」；第二部分、「荀子思想研究的回顧與思想意義」；以及第三部分、「荀子思想與當代思潮」。

　　第一部分將討論在研究《荀子》的內容時首先碰到的兩個問題：即其文獻與生平的問題。這兩章所討論的主要目標並不在於提出相關問題的定論，而是努力讓讀者能理

解探討這些問題時一定會碰到的幾個困難。

第一章為「《荀子》文獻與荀卿思想的關係探析」，本章首先闡述《荀子》的成書、編輯以及流傳；其次，則針對《荀子》是否能代表荀卿本人思想這個問題之五種觀點，比較評述其得失。筆者並沒有贅述文本流傳的文獻學上的問題；而是由思想史的觀點，試圖闡述劉向、楊倞等人之編纂所帶來的思想意義。另外，有鑒於中文學界對《荀子》版本流傳至日本之後的情形較不熟悉，故本章也將敘述《荀子》「臺州刊本」東傳之後，直到一八八四年黎庶昌和楊守敬將之重刊於《古逸叢書》的過程。

第二章為「荀子的生平」。「敘述荀子生平」一事，始終要靠當代學者對歷史資料的詮釋和建構故事的一種「構想力」。在文獻資料有所限制之情況下，本文所勾勒出的荀子的生平大概為：荀子約在前三一六年出生於趙國，而在十五歲左右曾到齊國。在齊國首都臨淄所展開的所謂「稷下學」的學術環境下鑽研到三十歲左右，燕國戰勝齊國迫使荀子離開臨淄，並在前二八六年到二七八年間居留於楚國。後來，秦軍攻進楚國都郢城，以及齊襄王奪回臨淄的事件讓荀子回到臨淄稷下。隨著前輩思想家陸續去世，荀子逐漸成為在「稷下學」的環境中最年長且最博學的學者，使得他更受尊敬，在這時期三度被任命為祭酒。之後，襄王的薨逝可能引起荀子探求新生涯的念頭。在前二六五年，趙國由孝成王繼位，應侯范雎在秦國掌政，荀子應該在這一年到前二六二年之間曾拜見他們以及秦昭王。此時也是秦趙爭霸最後交鋒的前夕。前二五六年楚國滅魯，荀子接受楚國春申君的邀請，接任蘭陵令。我們無

法確定前二三八年他被解任前是否曾一度離職赴趙國，但他在卸任後繼續居住在蘭陵直到去世。如果說荀子是在前二三七到二三五年間去世的話，他的年紀應該是七十歲後半到八十歲。

筆者始終懷疑在目前的資料狀態，一口氣證明有關荀子的生涯（如荀子在公元前幾年做了什麼事；也寫了現本中哪一章）和文本真偽（如某某篇能代表荀子本人的思想；而某某篇則否）問題的某個論點仍然無法完全達成。因此，對初學者而言比較重要的是，譬如對文本真偽和文本內容的基本性格問題上，了解研究者自己——包括讀者自己未來——要站在何種立場。

在第二部分則整理由國際視野來回顧二十世紀的《荀子》研究的主要脈絡，也介紹筆者過去出版的兩本專書 The Confucian Quest for Order 以及《荀子禮治思想的淵源與戰國諸子之研究》的主要論點。筆者同時一邊試論《荀子》哲學在二十一世紀與人文、社會科學領域的探索中的新的可能性和意義，另一邊試圖以「綜合」與「變化」為切入點來理解《荀子》思想的特質。

第三章為「二十世紀《荀子》研究綜述：由國際視野的比較回顧」。撰作本章的目的有二：第一、試圖由國際視野和比較方法來評述二十世紀《荀子》研究；第二、介紹過去日本《荀子》研究的主要脈絡和特色。由以下四個步驟來進行討論：（一）首先從三種途徑整理《荀子》思想研究的主要方法；（二）以此為切入點，大致評述整個二十世紀《荀子》研究的主要見解的長處和短處；（三）回顧日本《荀子》研究之早期（約1880～1922，即：明

治、大正年間）的歷史；（四）點出日本學者研究中國古
代思想的三個視角。經過如上探討，筆者觀察出以下兩
點：第一、綜觀二十世紀《荀子》研究的長、短處，未來
較可期待的探討方向，是將「禮」概念視為整個《荀子》
哲學系統之關鍵因素的研究。其中，筆者認為，杜國庠、
赤塚忠、Lee Yearly、陳大齊、韋政通以及龍宇純等人的
研究，值得繼續發展。第二、關於日本明治‧大正時期的
《荀子》研究的情形，日本的《荀子》研究從明治初期以
來超過一百三十年的歷史，但昭和初期以來迄今有影響力
的學者——如武內義雄、重澤俊郎、內山俊彥等人，皆幾
乎沒提及上一輩學者豐富的《荀子》相關著作的「研究」
成果。此種情況應該要改善。

　　第四章為「《荀子》『禮治論』的思想特質暨歷史定
位」。本章提出筆者基於過去近二十年研究《荀子》思想
（尤其是其「禮治思想」的淵源和思想意義方面）所獲得
的若干見解。筆者將主要探討如下四項問題：第一、整理
過去「禮」思想的研究脈絡，思考它為何與荀子「禮」思
想過去一直無法一起討論。第二、簡述拙作 The
Confucian Quest for Order 中，如何探討過此項問題。第
三、提出能顯現《荀子》「禮」思想的思想特質和歷史角
色的分析架構：即以「禮論」、「禮制論」以及「禮治論」
來區分廣闊的「禮」思想進而分析的觀點。以及第四、闡
述《荀子》「禮治論」的若干思想特色。據此，筆者試圖
論證：荀子「禮治論」是具備超過「一王朝」、「一國家」
之框架的視野，能涵蓋整個人類社會的歷史與生存方式之
政治哲學。

　　第五章為「二十一世紀《荀子》思想研究的意義與前景」。如上所述，在過去二十年之間華語和英語兩大語言圈的中國哲學研究趨勢中，能觀察到荀子思想研究之崛起或復興。簡言之，荀子哲學在此兩個語言圈的研究中正在開始獲得新的生命。以這種對荀子研究的「新」趨勢為背景，本章以荀子思想對東亞國家、社會以及倫理觀帶來了整體性巨大影響的基本理解之基礎上，關注荀子對「禮」的理論之集大成者的角色，並且主張荀子的「禮治」思想對二十一世紀的倫理學、社會、政治哲學等各方面的論述都能帶來新的啟示和意義。本章的論述經過如下四個步驟：第一、荀子的思想對東亞國家、社會以及倫理觀帶給了整體性的巨大影響。第二、對荀子思想的探求，尤其是與各哲學思潮的比較將會繼續啟發我們的學術見解。第三、荀子對「人」的理解和理想社會的構想依然能對生活在二十一世紀的我們具有十分重要的實踐意義。以及第四、在我們探討荀子思想的核心內容時，我們應該注意從荀子是「禮」的理論集大成者之角色來重新著手，以期能取代所謂「性惡論」提倡者的形象。

　　第六章為「《荀子》哲學研究之解構與建構：以中日學者的嘗試與其「綜合」與「變化」為線索」。本章之主要目的在於藉以解構當代學者理解《荀子》哲學的兩組框架——「性惡論」和「天人之分」，來探索建構荀子哲學之另一種可能性。本章的探討主要分為兩個部分。在前半筆者與在臺灣一九九〇年代以來開創著《荀子》研究的新視野之三位臺灣學者——蔡錦昌、王慶光以及劉又銘——的主要見解進行對話，接著評述針對此問題的日本荀子研

究的相關成果。後半部分，再以「綜合」和「變化」為切入點，由三個維度闡述《荀子》思想體系的特質。藉此筆者試圖將「性惡論」與「天人之分」兩項核心主張的重要性放入括弧，以期作為未來能夠建構更為代表《荀子》思想的整體性之基礎作業。

第三部分是對筆者而言的一種「應用荀學」的嘗試。筆者分別選出在美國流行的「公共哲學」領域和在日本流行的所謂「共生哲學」領域，而將之與《荀子》哲學中的「禮」和「禮義」概念進行比較探析。

第七章為「《荀子》禮治思想所追求的『公共善』是什麼？：以與亞理斯多德政治哲學的比較為中心」。本章以努力將亞理斯多德「公共善」概念落實於未來理想東亞政治社會的建立之政治學者荒木勝（Araki, Masaru）對亞氏「正義」概念的研究為切入點，探索在亞理斯多德的「正義論」與《荀子》「禮義論」之間能夠有意義的比較分析的可能性。亞理斯多德認為，理想政體的基石在於內化「正義之德」的公民，以及能具現此精神之制度準則，即「正」來達成。如此，一個國家才能保持國家成員之間的「秩序」，以及資源的「公正分配」。在亞理斯多德的政治哲學體系中，「正」的顯現由「法」來保證。而亞理斯多德「法」概念的宗旨，即是在於實現國家制度的「正」與公民心性中「正義之卓越德性」。相形之下，《荀子》政治哲學的「禮義論」也包含相關於「國家社會秩序論」和「國家資源分配論」的豐富論證。為了達成此社會目標，兩者的「秩序論」也提供如何提升「人」的素質（亦即其「德性」）的教育論（荀子的話「修身論」）。兩者的思想

之間的主要差別則在於：在荀子的人觀中，人性具有普遍性，因而不會有天生的「奴隸」存在。同樣地，荀子的政體論中也沒有在「統治者」和「被統治者」之間可以交互輪替的「公民」階級。但無論如何，本章所提供的探討僅先試圖提出筆者所觀察到的，兩者之間能夠具有比較意義的共同點。

第八章為「作為共生理念之基礎價值的荀子『禮』概念」。在日本，「共生」一詞時常在政府、工商團體或大型公司的公開言論中不斷出現，而人們幾乎把「共生」視為實現未來理想社會之代名詞。就學術層次而言，學者則將此詞視為跨越人文與理工領域，能夠建構理想的「整體」關係（從每個個體到整個地球）之關鍵詞。在此章，筆者先梳理日本各界使用「共生」一詞的含義、其思想淵源及「共生」概念在日本何以大受歡迎的理由與問題之後，從中國哲學的當代意義之角度試著將《荀子》「禮」概念與當代日本「共生」論中所提出的幾個主要論點進行交流。本章的探討乃分成如下四個階段：第一、先整理「共生」一詞成為了解近年日本社會動向的關鍵詞之狀況。第二、接著探討以「共生」一詞來構想未來理想社會之困難。第三、介紹日本學者在中國哲學中找出「共生」理想之嘗試及其得失。以及第四、筆者提出《荀子》「禮」概念及其理想國家社會藍圖，與「共生」一詞建構的未來社會藍圖之相近性。

經過如上的分析，筆者所要提出的觀點是《荀子》的「禮論」其實含有對當代的「共生論」的內容更為豐富的內容。其主要者為二：第一、藉由荀子「禮論」建構之理

論工夫可以理解，東方社會中以「禮」一詞來涵蓋的規範
能夠達成我們以「共生論」來涵蓋的內容——從互相尊敬
的互動、增進實踐者之健康、自然社會資源之適當的利
用、由領導人的「倫理道德化」來達成國家社會之秩序與
和諧。第二、以荀子「禮論」為基礎的「共生論」可以提
供「人之永續發展」之可能性。由荀子的「禮論」為主而
構想的「共生論」，一方面確認人類都是一樣像「材質」
般存在之事實，但一方面也確認了人類都需要讓自己向道
德的方向努力發展這一點。換言之，從荀子「禮論」可構
想的「共生」社會藍圖，是其中社會成員不斷自我努力、
自我改善的社會。

二　對《荀子》研究的回顧、嘗試以及前景

近現代《荀子》思想、哲學研究的歷史迄今也已有一
百三十年之久，其研究成果之數量也相當龐大。近年來許
多學者和研究生所關注的比較哲學——德性（也用「德
行」）倫理學、建構理論、後現代理論或與某個哲學家的
比較——等方式，將《荀子》思想、哲學的研究放在更廣
闊且多樣主題的學術領域中。面對這樣的情況，再問：當
今和未來的《荀子》研究還需要什麼呢？又該往什麼方向
走去？雖然本書的目的並不在於直接回答如上的問題，但
將根據筆者對《荀子》研究相關文獻之整理與若干研究心
得來提供針對未來《荀子》思想研究的一些構想，也許會
有一點意義。下面，將先回顧筆者過去進行「《荀子》研
究的脈絡化」的嘗試，接著在筆者自己研究過《荀子》思

想的脈絡上提出未來可以發展的三個方向，以當作本書的
結尾。

　　正如本書緒論所述，《荀子》相關研究著作數量快速
增加的情形，大概在二○○○年至二○○五年的時段較為
明顯地呈現，而當時就不難預料到近未來會引起「對過去
研究的消化不良」的問題。針對此問題，筆者從二○○四
年左右開始推動世界各地過去《荀子》研究主要成果的整
理與評述，藉此期盼世界各地從事《荀子》研究的學者以
及研究生，尤其是在不同語言的《荀子》研究之間，把不
同研究脈絡上的研究成果引進於自己的研究脈絡。這就是
筆者所指的《荀子》研究的「脈絡化」嘗試。筆者透過一
系列的學術活動如舉辦研討會、翻譯以及出版相關成果的
努力，以期達成此目標。

　　為此，筆者自己先發表了兩篇有關日本《荀子》研究
的評述。第一篇為由筆者所負責籌劃編輯的《國立政治大
學哲學學報・國際荀子研究專號》出版的〈日本近一百年
荀子研究之回顧與前景〉一篇（第11集，2004年12月，頁
39-84）。此篇評述了日本自一九三○年來約八十年《荀
子》研究的特點。該文由於幸運地得到荀子研究同仁的正
面回應，再收入於黃俊傑主編：《東亞儒學研究的回顧與
展望》乙書中[1]，也由當時京都大學博士候選人鄭宰相先
生譯成韓文出版。[2] 第二篇則為〈漢學與哲學之邂逅：明

1　佐藤將之：〈二十世紀日本學界荀子研究之回顧〉，收入於黃俊傑主
　　編：《東亞儒學研究的回顧與展望》（臺北：臺灣大學出版中心，
　　2005年），頁75-123。
2　此文在《오늘의 동양사상（今日東洋思想）》，號15（2006年10
　　月）；以及號16（2007年6月）出版。鄭先生也在二○一○年由《荀

治時期日本學者之《荀子》研究〉，由國立雲林科技大學
《漢學研究集刊》出版（第3期，2006年12月，頁153-
182）。此篇闡述了日本明治大正時期（大約1880年～1930
年），當「哲學」領域正在被引進、發展時，《荀子》研究
呈現出的軌跡。

　　筆者自己在梳理日文《荀子》研究的作業同時，也接
著推動如上所述的「不同語言間的《荀子》研究交流」的
合作活動，並邀請學者們撰寫分別對於大陸、臺灣、韓國
以及德國學界之《荀子》研究情況。由此合作產出的成果
是蔡錦昌的〈「不若」說變成「基於」說——對臺灣地區
荀子研究之檢討〉、廖名春的〈近二十五年大陸荀子研究
評述〉、鄭宰相的〈現代韓國荀子研究之評述〉。[3] 以上三
篇文章均在筆者與國立雲林科技大學漢學資料整理研究所
（現在改名為「漢學應用研究所」），與該所所長，亦是研
究《荀子》思想的前輩李哲賢教授共同籌備的「荀子研究
的回顧與開創」國際學術研討會（2006年2月18-19日）上
宣讀。廖文和鄭文後來也收入於該研究所出版的《漢學研
究集刊：荀子研究專號》（第3期，2006年）。關於近年英美
學界相當活躍的《荀子》研究新動向，除了如上所述《國
立政治大學哲學學報・國際荀子研究專號》中收錄了王靈
康的〈英語世界荀子研究概況〉一文，也有李哲賢的〈荀

　子思想の研究》題目獲得了該校博士學位。此文的提要和審查文在
　該校資料庫網頁中可以閱覽：http://repository.kulib.kyoto-u.ac.jp/dspace/
　handle/2433/120775。
3　廖名春也提供有關大陸和臺灣學者對《荀子》思想到一九八○年代
　以前主要研究的評述。參見廖名春：《荀子新探》（臺北：文津出版
　社，1994年），頁1-12。

子名學研究在美國〉[4] 以及〈荀子人性論研究在美國〉
《政大中文學報》（第8期，2007年）等兩篇文章。至於在
德文的《荀子》研究情況，蔡錦昌出版了〈細柔的「一」
與粗硬的「一」——評德國漢學界的兩種荀子研究〉乙
文。[5]

　　除此之外，雖然不屬於筆者推動的研究活動之脈絡，
江心力也出版了《20世紀前期的荀學研究》（北京：中國
社會科學出版社，2005年）一書。臺灣的周德良也扼要地
整理出郭沫若、錢穆、牟宗三等十一位中臺學者對《荀
子》「性論」的主要觀點。[6] 美國學者 Kurtis Hagen 也曾
用日文撰作〈荀子における「理」「類」そして「名」に
ついて：荀子に関する英語文獻の檢討（在荀子思想中的
「理」、「類」以及「名」：由英語文獻的評論）〉乙文。[7]

　　雖然如在這裡所列的評述論文中，唯有 Kurtis Hagen
的論文稍微涉及美國和日本研究之比較，其他評述論文基
本上只整理單一語言圈內的《荀子》研究[8]，但至少可以

4　此文目前網路上公布（http://140.125.168.74/china/teachers/newleeweb/
　　writing/荀子名學研究在美國.doc）。
5　此文則收入於《漢學研究》，卷25期2（2007年12月），頁347-364。
6　周德良：《荀子思想理論與實踐》（臺灣：學生書局，2011年），頁1-
　　16。只是周德良似乎並不在意個別學者的見解之間的前後關係，因
　　此光靠其整理，讀者還是難以捕捉中文學界研究《荀子》「性論」的
　　脈絡和彼此的影響關係本身。
7　Kurtis Hagen（カーティス・ヘイゲン）：〈荀子における「理」
　　「類」そして「名」について：荀子に関する英語文獻の檢討〉，收
　　於日本大學文理學部人文科學研究所《研究紀要》，號69（2006年6
　　月），頁9-27。
8　中英日文學界在二十世紀後半大約五十年研究《荀子》思想的綜合
　　評估，請看本書第三章的相關論述。

說，由過去近十年學者們的努力，對《荀子》研究相關成果的評述的情況，與其他中國思想相關的任何題目相比，在份量和品質上都稱得上其成果已相當豐富。因此透過這樣的嘗試，新進《荀子》研究領域的學者和研究生只要參考這些評述論文，便可以理解主要中、英、日、韓、德五種語言所進行的《荀子》研究的主要脈絡。

不用說，在不同時代和不同語言的研究之間的一種綜合性梳理是在二十一世紀為了提升《荀子》研究水平的首項課題。不過，除此之外，針對剛開始進行《荀子》相關研究的學者和研究生，提供「在龐大的相關文獻當中，哪一些文獻需要先閱讀，並且界定參考文獻的範圍」的一種指南，亦是當今從事《荀子》研究者另一件重要的工作項目。藉此能夠一方面幫助提高初學者進行研究時的作業效率，另一方面也有效避免同樣「成果」的重複出現。為達到這樣的目標，需要的作業可分成如下三種：（一）整備可以蒐集的範圍內，全部過去《荀子》相關研究文獻的目錄。（二）進行不同語言之《荀子》研究的成果之間的交流。具體而言，整理且評述中文以外的《荀子》研究的主要脈絡，讓能夠使用中文以外的語言的學者之間了解彼此中文以外的研究成果。（三）可以的話，以盡量跨越語言侷限之方式，按照《荀子》相關的不同主題來梳理過去主要研究的評述。關於第一點的相關文獻的目錄，傳統的《荀子》文本和註解的主要者，在嚴靈峰（1903～1999）的《無求備齋荀子集成》中影印他蒐集的文本和到二十世紀初的相關主要研究著作的全文。二十世紀中日學者《荀子》研究的目錄，有原誠士於一九九七年於日本廣島大學

《東洋古典學研究》（第4集，1997年，頁1-25）上發表的
〈荀子研究文獻目錄〉。該篇收錄了一○二二筆有關《荀
子》文本、註解、口語翻譯、研究專書以及研究論文的資
料。其中也包含二二二篇以日文出版的論文。近年林桂榛
也提供與《荀子》相關過去的研究專書暨論文的電子目
錄。[9] 除此之外，廖名春、王靈康、鄭宰相以及筆者分別
提供大陸、歐美、韓國以及日本大概到二○○五年的相關
研究出版著作的目錄。[10] 何況，一九九○年代以後的相
關研究著作的絕大多數經過一般的學術網路資料庫也能蒐
集到。關於（二）的情形，已如上所述，針對各國語言進
行的過去《荀子》研究的評述論文的數量也相當可觀。只
要能閱讀中文，就能夠理解中文、英文、日文、韓文以及
德文的過去《荀子》研究的主要脈絡。相比而言，筆者在
這幾年向相關學者呼籲的課題則是，按照各個主題來重新
評論過去的成果。譬如，要研究「性惡論」的研究者，無
妨先撰作與此相關過去主要研究比較詳細的評述論文。這
一點下文再提及。

　　如上所述的是為了提供研究《荀子》的工具性資訊。
接下來，筆者也欲試談筆者自己所構想的《荀子》思想研
究的三個主題。這些題目均是在筆者過去研究《荀子》思

9　請參閱林桂榛編：《荀子研究書目初編》（http://linguizhen.blog.sohu.
　　com/241249483.html）；以及林桂榛編：《近60年荀子性惡論╱人性論
　　研究論文目錄》（http://www.confucius2000.com/admin/ list.asp?id=
　　5557）。

10　王靈康整理的英文《荀子》研究相關著作的目錄收入於《國立政治大
　　學哲學學報》，期11（2004年12月），頁26-37；其他三種目錄則都收
　　入於國立雲林科技大學《漢學研究集刊》，期3（2006年12月）中。

想的過程中所為自己未來的研究而設想。只是筆者也期待
這些觀點有助於讀者理解當今《荀子》思想研究的現況和
未來方向。

　　首先第一個主題，其實是筆者在本書中反覆提出的觀
點，或許這裡應該用「課題」一詞會比較正確一點。就是
要重建我們對《荀子》「人」觀的理解。筆者相信，克服
以「性惡論」為中心的《荀子》觀來評斷《荀子》思想之
整體性格的習慣仍然是當今荀學的首要任務。其實，過去
研究《荀子》思想的學者（在臺灣的話，譬如龍宇純、鮑
國順等）提出過與此類似的觀點，但被其數量好幾十倍的
「將性惡論看作為荀子思想的核心」相關論述所埋沒。唯
在最近十多年來學者重新提出「弱性性善論」（劉又銘）
或「性樸論」（周熾成）[11] 等論述，試圖反駁以「性惡
論」來理解《荀子》思想的觀點。不過，這樣的嘗試反而
表明：學者們無論採取何種看法，迄今還是難以完全離開
以「性論」來說明《荀子》思想之核心的研究模式。

　　有鑑於此，當今非常需要梳理過去歷代主要學者探討
《荀子》「性惡論」主要論點的脈絡之作業。如此對於學
說的「系譜研究」將會表明：過去許多論者對此問題的理
解，哪怕表面上借著當代哲學的概念或思潮，大部分並沒
有離開「宋明理學」的理解模式。另一方面也同時能釐清
過去一百年的《荀子》研究之不少著作其實反對過如此觀
點的事實。倘若沒有做這樣的作業，無論初學者何時開始

---

11 不過，如前文所述，這點早在一九七〇年代兒玉六郎曾經大力主張
　　過。請參閱本書第六章第三節的相關論述。

研究《荀子》思想都將會陷入「先吸收宋理學模式的理解
→發現荀子性論其實並非性本惡」的研究《荀子》的「方
程式」。

　與此相關，為了理解《荀子》的「性論」或其「人
觀」，也需要進一步探討的主題是其「變化」觀。換言
之，對《荀子》而言，一切現象和生物都會經過「變
化」，而「善」的東西可能變壞；「惡」的東西則可能變
好。過去論述《荀子》的「性惡論」的學者幾乎沒有注意
在「變化」觀構成整體《荀子》「人」觀的基礎這個事
實。也就是說，《荀子》在其「變化」觀的基礎上提出他
的「性」概念，而這無疑大異於魏晉時代到宋理學中非常
固定不變之「性」概念。到此，我們也應該重新關注荀子
自己所使用「化性」一詞的思想意義：這裡並不應該基於
如上固定不變的「性」觀而反覆拿「既然性惡，為何能
化？」的提問來誹謗《荀子》的「化性」論。其實，《荀
子》這樣「本質也會變化」的世界觀與《易傳》和《莊
子》的世界觀（即「變化」觀）具有共同的思想因素。

　接著，第二個需要進一步探討的主題是《荀子》
「禮」和「禮治」思想在比較廣範的中國古代「禮」思想
發展脈絡中的角色和意義。因為過去無數的學者和研究生
撰寫過《荀子》中有關「禮」的各種問題，讀者聽起來應
該會覺得筆者如此的想法並不具有什麼新意。然而若仔細
看過去的相關研究就會發現，由於大部分的論述比較缺乏
對《荀子》「禮治」思想中「禮」的理論層次，與其他文
獻的理論層次相比高得多這個事實的體會，因此，就算他
們進行《荀子》「禮」和其他文獻「禮」的比較，往往無

法掌握《荀子》「禮」思想的理論性涵義，也因此無法看到在中國古代「禮」思想的發展脈絡中《荀子》「禮治」思想的獨特意義。如上所述，荀子思想的特質長期以來遭到「人性本惡論」的烙印（荀子只說到「人之性惡，其善者偽也」），過去學者針對將《荀子》的「禮治」思想與西漢文獻，如陸賈《新語》、《賈誼新書》以及《韓詩外傳》中的相關論述進行比較研究，一直沒有引起大家的興趣。同樣的態度，在《荀子》「禮治」和《禮記》各篇中的「禮」相關言論之間的比較研究中也觀察到。若我們總是一直無法克服這一點，在《荀子》和其他文獻中的「禮」思想相比較時，就會掉落在「因為《禮記》中的某一篇的思想傾向於『性善』」→「其『禮』概念也異於《荀子》的『禮』概念」之傳統荀學推理習慣之陷阱中。

第三個方向是將《荀子》思想與戰國楚簡如「郭店楚簡」和「上海博物館藏楚簡」中的各種思想之間作比較研究。由於特別富有思想成分之文獻「郭店楚簡」諸篇的出土，並且其下葬年代可以推測為公元前三〇〇年上下的事實，在古代中國思想的研究上，幾乎可以說是我們第一次獲得了可以把其思想的絕對年代設定為戰國早中期——即與《孟子》同時或稍早——的思想文獻。這意味著，這些文獻的撰寫年代最晚也應該是在荀子本人的思想活動（應該在公元前300～230左右）之前，因而很有可能荀子自己讀過的。在此前提上，我們未來能夠有機會闡明「孟子→荀子」發展模式以外的比較廣範的儒學思想史的可能。尤其是談回到如前的《荀子》「禮治」思想之形成這一題目上，「郭店楚簡」和「上博楚簡」的相關內容（譬如其

「禮」論、「君子」論等）均會提供非常有幫助的材料。

　　然而，筆者在這裡還有一點要提出的。這一點就是，其實我們對「郭店楚簡」和「上博楚簡」的文獻性格，不需要按照司馬遷的「六家」分類的理解方式來分成「儒」和「道」「兩家」的作品文獻之「合集」來看待。也就是說，我們需要保持不要將「郭店楚簡」和「上博楚簡」諸文獻的思想內容以「此部文獻屬儒家；那部文獻則屬道家」的方式預先界定其思想性格。筆者懷疑在「郭店楚簡」也好，「上博楚簡」也好，對其墓主們而言，這些文獻的思想性格應該無法以「儒－道」二分法來清楚界定。當然，這並不意味著荀子閱讀屬於「郭店楚簡」和「上博楚簡」文獻的時候，他自己沒有按照學派歸類。畢竟荀子的分類意識和學派意識均相當顯著。因此，在這裡筆者所提出的觀點是，現本《老子》或《道德經》（馬王堆的話：《德道經》）中的很多章節已經被膾炙於在戰國早中期的知識分子之口中，在《荀子》中的「道家」思想成分也有可能吸收過原來屬於中國思想的廣泛傳統，甚至是當時的儒家也早已享有的內容。

　　總之，由於戰國楚簡的文獻中有許多還沒有公開，而且未來勢必會繼續發掘到其他新的文獻，因而根據戰國楚簡的資料來勾勒出戰國早中期的思想環境，可能還需要二、三十年。藉此《荀子》研究也將能開拓更多新的研究題目，這至少對現在的年輕學子而言，算是個好消息。有可能，我們近未來甚至有機會獲得竹簡或帛書上所寫的《荀子》文本。不過，哪怕沒有，在二十一世紀的《荀子》研究還是可以開創出許多富有意義的新研究方向。

引用文獻

一　中文資料

（一）古籍

《管子》，《四部備要・子部》。臺北：臺灣中華書局，1982年（臺3版）。

《慎子》，《四部備要・子部》。臺北：臺灣中華書局，1981年（臺1版）。

《呂氏春秋》，《四部備要・子部》。臺北：臺灣中華書局，1979年（臺4版）。

〈毛詩序注〉，林慶彰編：《詩經研究論集》卷1。臺北：臺灣學生書局，1987年。

班　固：《漢書》。北京：中華書局，1985年。

陸　璣：〈毛詩草木鳥獸蟲魚疏〉，《四庫全書》卷70。

晁公武：《郡齋讀書志》，張元濟輯：《續古逸叢書・史部》。南京：江蘇古籍出版社，2001年。

顏之推：《顏氏家訓彙注》。中央研究院歷史語言研究所專刊，41，1975年。

熙時子（注）：《孟子外書》。臺北：藝文，1967年。

紀　昀：《四庫全書總目提要・子部儒家類》。

瀧川龜太郎（註）：《史記會注考證》。東京：東方文化學
　　　院東京研究所，1932年。

王先謙（註）、久保愛（增）、豬飼彥博（補）：《增補荀子
　　　集解》，《漢文大系》卷15。東京：冨山房，1912
　　　年。

梁啟雄：《荀子柬釋》。臺北：臺灣商務印書館，1983年
　　　（原出版於1936年）。

王天海譯注：《荀子校釋》。上海：上海古籍出版社，2005
　　　年。

孫怡讓（撰）、戶崎允明（考）、小柳司氣太（校訂）：《墨
　　　子閒詁》，《漢文大系》，卷14。東京：冨山房，
　　　1913年。

許維遹：《呂氏春秋集釋》。北平：國立清華大學，1935年。

（二）中文專著

方爾加：《荀子新論》。北京：中國和平出版社，1993年。

孔　繁：《荀子評傳》。南京：南京大學出版社，1997年。

王慶光：《荀子與戰國思想研究》。臺中：大同資訊出版
　　　社，1989年。

王慶光：《荀子與戰國黃老思想的辯證關係》。臺北：文史
　　　哲出版社，1997年。

王慶光：《荀子與齊道家的對比》。臺北：大安出版，2014
　　　年。

江心力：《20世紀前期的荀學研究》。北京：中國社會科學
　　　出版社，2005年。

牟宗三：《荀學大略》。臺北：中央文物供應社，1953年。

任繼愈：《中國哲學史》，卷1。北京：人民出版社，1963
　　　　年。

吳　怡：《中庸誠字的研究》。臺北：華岡出版社，1972年。

吳文璋編著：《新四書》。臺北：智仁勇出版社，2011年。

吳樹勤：《禮學視野中的荀子人學——以「知通統類」為
　　　　核心》。濟南：齊魯書社，2007年。

李德永：《荀子：公元前三世紀中國唯物主義哲學家》。上
　　　　海：上海人民出版社，1959年。

佐藤將之：《中國古代「忠」論研究》。臺北：臺灣大學出
　　　　版中心，2010年。

佐藤將之：《荀子禮治思想的淵源與諸子思想之研究》。臺
　　　　北：臺灣大學出版中心，2013年。

周　何：《禮學概論》。臺北：三民書局，1997年。

周德良：《荀子思想理論與實踐》。臺灣：臺灣學生書局，
　　　　2011年。

林素英：《古代生命禮儀中的生死觀：以禮記為主的現代
　　　　詮釋》。臺北：文津出版社，1997年。

林素英：《古代祭禮中之政教觀：以〈禮記〉成書前為
　　　　論》。臺北：文津出版社，1997年。

胡　適：《中國哲學史大綱》，上卷。上海：上海商務印書
　　　　館，1919年。

高　正：《荀子版本源流考》。北京：社會科學出版社，
　　　　1992年。

高春花：《荀子禮學思想與其現代價值》。北京：人民出版
　　　　社，2004年。

馬積高：《荀學源流》。上海：上海古籍出版社，2000年。

勞思光：《新編中國哲學史》，卷1。臺北：三民書局，
　　　1984年。

曾瑋傑：《打破性善的誘惑——重探荀子性惡論的意義與
　　　價值》。臺北：花木蘭，2013年。

陸建華：《荀子禮學研究》。合肥：安徽大學出版社，2004
　　　年。

徐復觀：《中國人性論史》。臺北：臺灣商務印書館，1969
　　　年。

孫　偉：《道與幸福：荀子與亞理士多德倫理學比較研
　　　究》。北京：北京大學出版社，2015年。

陳大齊：《荀子學說》。臺北：中央文物供應社，1954年。

陳飛龍：《孔孟荀禮學之研究》。臺北：文史哲出版社，
　　　1982年。

張心徵：《偽書通考》。上海：上海商務印書館，1956年。

韋政通：《荀子與古代哲學》。臺北：臺灣商務印書館，
　　　1966年。

馮友蘭：《中國哲學史》，卷1。上海：上海商務印書館，
　　　1933年。

馮友蘭：《中國哲學史新編》，卷1。北京：人民出版社，
　　　1962年。

馮　振：《荀子性惡篇平議》，《無求備齋荀子集成（卷
　　　38）》（原出版於1920年）。

姜忠奎：《荀子性善辨》，《無求備齋荀子集成（卷38）》
　　　（原出版於1920年）。

梁　濤：《郭店楚簡與思孟學派》。北京：中國人民大學出
　　　版社，2008年。

廖名春：《荀子新探》。臺北：文津出版社，1994年。

蔡錦昌：《從中國古代思考方式論較荀子思想之本色》。臺
　　　　北：唐山出版社，1989年。

蔡錦昌：《拿捏分寸的思考：荀子與古代思想新論》。臺
　　　　北：唐山出版社，1996年。

楊　寬：《古史新探》。北京：中華書局，1965年。

劉道中：《荀況新研究》。桃園：各大書局，1995年。

劉　豐：《先秦禮學思想與社會的整合》。北京：中國人民
　　　　大學出版社，2003年。

顏一、秦典華共譯：《亞理斯多德政治學》。臺北：知書
　　　　房，2001年。

龍宇純：《荀子論集》。臺北：臺灣學生書局，1987年。

龐　樸：《五行篇研究》。山東：齊魯書社，1988年（第2
　　　　版）。

（三）中文期刊暨專書論文

于學平、黃春興：〈荀子的正義理論〉，戴華、鄭曉時合
　　　　編：《正義及相關問題》。臺北：中央研究院中山
　　　　人文社會科學研究所專書，1991年。

王忠林：〈荀子的生平〉，王忠林（譯注）《新譯荀子讀
　　　　本》。臺北：三民書局，1978年。

王天海、宋漢瑞（校）：〈《荀子集解》點校本校勘檢討〉，
　　　　（上）（中）（下），《邯鄲學院學報》，2013年期
　　　　4、2104年期1以及2104年期2。

王慶光：〈晚周天道心性說及荀子之回應〉，《興大人文社
　　　　會學報》，期5（1996年）。

王慶光：〈晚周氣論應變說及荀子之回應〉，《興大人文社會學報》，期6（1997年）。

王慶光：〈先秦內聖觀由「神文」向「人文」之轉型〉，《興大人文社會學報》，期6（1997年）。

王慶光：〈論晚周「因性法治」說興起及荀子「化性為善」說的回應〉，《興大中文學報》，期13（2000年）。

王慶光：〈荀子駁正「黃老之學」並倡導「文化生命」〉，《興大人文學報》，期34（2004年）。

王靈康：〈英語世界荀子研究概況〉，《國立政治大學哲學學報》，期11（2004年）。

任　強：〈研究綜述：20世紀的儒家禮法思想研究〉，氏著：《知識、信仰與超越：儒家禮法思想解讀》。北京：北京大學出版社，2007年。

吳文璋：〈荀子哲學與權威主義〉，氏著：《儒學論文集——追求民主科學的儒家》。高雄：復文圖書出版社，2006年。

朱曉海：〈《荀子‧性惡》真偽辨〉，《張以仁先生七秩壽慶論文集》。臺北：臺灣學生書局，1998年。

勞思光（苞桑）：〈牟宗三荀學大略讀後感〉，《民主潮》，卷4期12（1954年）。

勞思光：〈荀子與儒學之歧途〉，《大學生活》，卷7期13（1961年）。

林素英：〈從「修六禮明七教」之角度論荀子禮教思想之限制〉，《漢學研究集刊‧荀子研究專號》，期3（2006年）。

林桂榛:〈荀子生卒年問題新證〉,《邯鄲學院學報》,卷24
　　　期1(2014年3月)。

祁潤興:〈人性:自然奠基、人文化成與價值創造——先
　　　秦人性論的現代詮釋〉,《孔子研究》,期1(1997
　　　年)。

杜國庠:〈略論禮樂的起源及中國禮學的發展〉,氏著:
　　　《先秦諸子的若干研究》。北京:生活・讀書・
　　　新知三聯書店,1955年。

杜國庠:〈荀子從宋鈃慎到學了什麼?〉,氏著:《先秦諸
　　　子的若干研究》。北京:生活・讀書・新知三聯
　　　書店,1955年。

李德永:〈道家理論思維對荀子哲學體系的影響〉,《道家
　　　文化研究》,輯1(1993年)。

佐藤將之:〈二十世紀日本荀子研究之回顧〉,《國立政治
　　　大學哲學學報》,期11(2003年)。

佐藤將之:〈中國古代的「變化」觀念之演變暨其思想意
　　　義〉,《國立政治大學中文學報》,期3(2005年)。

佐藤將之:〈戰國時代「誠」概念的形成與意義:以《孟
　　　子》、《莊子》、《呂氏春秋》為中心〉,《清華學
　　　報》,期35號2(2005年)。

佐藤將之:〈漢學與哲學之邂逅:明治時期日本學者之
　　　《荀子》研究〉,《漢學研究集刊》,期3(2007年
　　　10月)。

佐藤將之:〈荀子哲學研究之解構與建構:以中日學者之
　　　嘗試與「誠」概念之探討為線索〉,《國立臺灣大
　　　學哲學論評》,號34(2007年10月)。

佐藤將之：〈掌握變化的道德──《荀子》「誠」概念的結構〉，《漢學研究》，卷27期4（2009年）。

赤塚忠（著），佐藤將之、林明照（合譯）：〈荀子研究的若干問題〉，《國立政治大學哲學學報》，期11（2004年）。

周天令：〈「荀子是儒學的歧出」之商榷〉，《孔孟學刊》，卷42期10（1993年）。

高　正：〈荀子的生平和思想〉，氏著：《諸子百家研究》。北京：中國社會科學出版社，1997年。

菅本大二（著），佐藤將之、張哲廷、盧彥男（譯）：〈荀子對法家思想的接納〉，《國立政治大學哲學學報》，期11（2003年）。

唐端正：〈荀子善偽所展示的知識問題〉，《中國學人》，期6（1977年）。

陳大齊：〈孟子性善說與荀子性惡說不相牴觸〉，《孔孟學報》，期13（1967年），後收於中華民國孔孟學會主編：《孟子思想研究論集》。臺北：黎明文化，1982年。

陳哲儒：〈對勞思光先生與牟宗三先生荀子詮釋的考察與反省〉，《衍學集》，卷5（2012年）。

陳飛龍：〈孔孟荀三家禮學之異同〉，《中華學苑》，期21（1978年）。

張西堂：〈荀子勸學篇冤詞〉，羅根澤編：《古史辨》，卷6。香港：太平書局，1963年。

黃進興：〈荀子：孔廟從祀的缺席者〉，氏著：《從理學到倫理學：清末民初道德意識的轉化》。臺北：允晨文化出版公司，2013年（原發表於2006年）。

黃俊傑：〈馬王堆帛書《五行篇》「形於內」的意涵〉，氏著：《孟學思想史論》。臺北：東大圖書公司，1991年。

梅　　廣：〈釋修辭立其誠：原始儒家天道觀與語言觀〉，《臺大文史哲學報》，總期55（2001年）。

楊秀宮：〈荀子「統類」及其哲學〉，收於《邯鄲學院學報》，卷22期4（2013年12月）。

趙吉惠：〈論荀子是稷下黃老之學〉，陳鼓應（編）：《道家文化研究》，輯4（1994年）。

劉又銘：〈荀子哲學典範及其在後代的變遷轉移〉，《漢學研究集刊》，期3（2006年）。

劉又銘：〈《大學》思想的歷史變遷〉，黃俊傑編：《東亞儒者的四書詮釋》。臺北：臺灣大學出版中心，2005年。

劉又銘：〈當代新荀學的基本理念〉，龐樸主編：《儒林》輯4（2008年）。

劉又銘：〈儒家哲學的重建──當代新荀學的進路〉，《邯鄲學院學報》，卷22期1（2012年3月）。

劉笑敢：〈「反向格義」與中國哲學研究的困境──以老子之道的詮釋為例〉，《南京大學學報》（哲學·人文科學·社會科學版），卷43期2（2006年）。

劉笑敢：〈中國哲學，妾身未明──「反向格義」之討論的回應〉，《南京大學學報》（哲學·人文科學·社會科學版），卷45期2（2008年）。

劉澤華：〈先秦禮論初探〉，《中國文化研究集刊》，號4（1987年）。

劉振維：〈荀子「性惡」芻議〉，《東華人文學報》，總期6
　　　　（2004年），後收於氏著：《從性善到性本善》。
　　　　臺北：光鹽出版社，2006年。

楊秀宮：〈孔孟荀思想中蘊含的兩式正義論〉，《樹德科技
　　　　大學學報》，卷6期2（2004年6月），頁19-32。

楊筠如：〈關於荀子本書的考證〉，羅根澤編：《古史辨》
　　　　卷6。香港：太平書局，1963年。

梁啟雄：〈荀子傳徵〉，氏著：《荀子柬釋》。臺北：臺灣商
　　　　務印書館，1983年（原出版於1936年）。

梁啟超：〈要籍解題及其讀法〉，梁啟超：《梁啟超學術論
　　　　集：通類》，卷2。臺北：南嶽出版社，1978年。

梁　濤：〈荀子行年新考〉，《陝西師範大學學報》（2000年
　　　　4期）。

董俊彥：〈從思想看中庸成篇最早在孟子之後〉，《師大學
　　　　報》，期29（1984年）。

羅根澤：〈孟荀論性新釋〉，氏著：《諸子考察》。北京：人
　　　　民出版社，1958年（原出版於1930年）。

錢　穆：〈荀卿年十五之齊攷〉，氏著《先秦諸子繫年》。
　　　　上海：上海商務印書館，1936年。

蕭振聲：〈論人性向善論──一個分析哲學的觀點〉，《中
　　　　央大學人文學報》，期51（2007年）。

王　楷：〈性惡與德性：荀子道德基礎之建立一種德性倫
　　　　理學的視角〉，《哲學與文化》，卷34期12（2007
　　　　年12月）。

（四）研討會論文

王慶光：〈荀子以禮解《詩》的教化義〉，《通俗文學與雅正文學──文學與經學研討會論文集》（臺中：國立中興大學中國文學系，2006年）。

王慶光：〈荀子「化性起偽」淵源於孔子之研究〉，「荀子研究的回顧與開創系列研討會：中日荀子研究的評述」宣讀論文（臺北：國立臺灣大學，2006年11月6日）。

楊秀宮：〈荀子學說中「虛壹靜」說之釋義：一個現象學進路之研究〉，「荀子研究的回顧與開創」國際學術研討會會議論文（斗六：國立雲林科技大學漢學資料研究所，2006年）

劉又銘：〈從「蘊謂」論荀子哲學潛在的性善觀〉，《「孔學與二十一紀」國際學術研討會論文集》（臺北：國立政治大學文學院編印，2001年10月刊）。

劉又銘：〈合中有分：荀子、董仲舒天人關係論新詮〉，第二屆「中國文哲之當代詮釋：文本、對話與詮釋學術研討會」宣讀論文（臺北：國立臺北大學中語系，2005年10月22-23日）。

劉又銘：〈論荀子哲學典範及其流變〉，「荀子研究的回顧與開創國際研討會」宣讀論文（斗六：國立雲林科技大學漢學資料研究所，2006年2月18日）。

蔡錦昌：〈「不若」說變成「基於」說──檢討台灣的荀子研究〉，「荀子研究的回顧與開創國際研討會」宣讀論文（斗六：國立雲林科技大學漢學資料研究所，2006年2月18日）。

（五）學位論文

王慶光：《荀子禮樂教化論研究》。臺中：東海大學博士論文，2010年。

王靈康：《荀子哲學的反思：以人觀為核心的探討》。臺北：國立政治大學哲學研究所博士論文，2008年。

田富美：《清代荀子學研究》。臺北：國立政治大學中國文學研究所博士論文，2006年。

伍振勳：《語言、社會與歷史意識——荀子思想探義》。新竹：國立清華大學中國文學研究所博士論文，2005年。

曾暐傑：《打破性善的誘惑——重探荀子性惡論的意義與價值》。臺北：國立政治大學中國文學研究所碩士論文，2012年。

蕭振聲：《荀子的性向善論》。臺北：國立臺灣大學哲學研究所碩士論文，2006年。

（六）電子檢索系統（含外文）

中央研究院：漢籍電子文獻瀚典全文檢索系統

先秦諸子中國哲學電子化計畫（http://ctext.org/zh）

李哲賢：〈荀子名學研究在美國〉（http://140.125.168.74/china/teachers/newleeweb/writing/荀子名學研究在美國.doc）。

林桂榛：〈荀子生平、墓地研究及荀子研究的回顧與展望〉，收於「Confucius 2000」網站（http://www.confucius2000.com/admin/list.asp?id=5923）

林桂榛編：《荀子研究書目初編》（http://linguizhen.blog.
　　　　sohu.com/241249483.html）

林桂榛編：《近60年荀子性惡論／人性論研究論文目錄》
　　　　（http://www.confucius2000.com/admin/list.asp?id
　　　　=5557）

Perseus Digital Library（http://www.perseus.tufts.edu/hopper/）

二　外文資料

（一）日文專書

小田實：《「共生」への原理》。東京：筑摩書房，1978年。

小野澤精一（編）：《氣の思想》。東京：東京大學出版會，
　　　　1978年。

石黑俊逸：《荀子》。東京：日本評論社，1943年。

木村鷹太郎（著）、井上哲次郎（校閱）：《東洋西洋倫理
　　　　學史》。東京：博文館，1898年。

井上達夫：《共生の作法》。東京：創文社，1986年。

內山俊彥：《荀子》。東京：講談社，1999年。

加藤常賢：《禮の起源と其の發達》。東京：中文館，1943
　　　　年。

竹內照夫：《仁の古義の研究》。東京：明治書院，1964年。

池田知久：《馬王堆漢墓帛書五行篇研究》。東京：汲古書
　　　　院，1993年。

赤塚忠：《赤塚忠著作集》，卷1-4。東京：研文社，1986年。

松本健一：《泥の文明》。東京：新潮社，2006年。

和辻哲郎：《孔子》。東京：岩波書店，1990年（1938年初版）。

金谷治：《荀子》。東京：岩波書店，1962年。

金谷治：《秦漢思想史研究》。東京：日本學術振興會，1960年。

兒玉六郎：《荀子の思想：自然・主宰の兩天道觀と性樸說》。東京：風間書房，1993年。

板野長八：《中國古代における人間觀の展開》。東京：岩波書店，1972年。

信夫淳平：《荀子の新研究：殊に性惡說とダルウィニズムの關聯性について》。東京：研文社，1959年。

栗田直躬：《中國上代の思想》。東京：岩波書店，1949年。

荒木勝：《アリストテレス政治哲學の重層性》。東京：創文社，2011年。

荒木勝：《東アジアの共通善を實現する、深い教養に裏打ちされた中核的人材養成プログラム－2012年3月3日、スタートアップ・セミナーのための基調報告》。

黑川紀章：《共生の思想》。東京：德間書房，1987年。

黑川紀章：《意味の生成へ》。東京：德間書房，1987年。

津田左右吉：《論語と孔子の思想》。東京：岩波書店，1964年（1946年初版）。

渡邊浩：《東アジアの王權と思想》。東京：東京大學出版會，1997年。

椎尾辨匡：《共生講壇》，《椎尾辨匡選集》，卷9，東京：山喜房佛書林，1973年（原出版於1925年）。

椎尾辨匡:《共生の基調》,《椎尾辨匡選集》,卷9,東京:山喜房佛書林,1973年（原出版於1925年）。

諸橋徹次（編）:《大漢和字典》,卷8。東京:大修館書店,1976年。

鄭宰相:《荀子思想の研究》。京都:京都大學文學研究科博士論文,2009年。

淺野裕一:《黃老道の成立と展開》。東京:創文社,1992年。

中島隆博:《殘像の中國哲學——語言と政治》。東京:東京大學出版會,2007年。

（二）日文論文

カーティス・ヘイゲン（Kurtis Hagen）:〈荀子における「理」「類」そして「名」について:荀子に關する英語文獻の檢討〉,《研究紀要》（日本大學文理學部人文科學研究所）,號69（2006年）。

フランソワ・ジュリアン（François Jullien）著;中島隆博、志野好信合譯:《道德を基礎づける》。東京:講談社,2002年;原書為François Jullien: *Fonder la morale: Dialogue de Mencius avec un philosophe des Lumières*. Paris: Bernard Grasset, 1995。

大濱皓:〈老子はいつ頃の思想か〉,氏著:《老子の哲學》。東京:勁草書房,1962年。

工藤卓司:〈近一百年日本《禮記》研究概況——1900-2008年之回顧與展望——〉,《中國文哲研究通訊》卷19期4（2009年12月）。

三浦吉明：〈「荀子」における對天の思想〉，《日本中國學
　　　　會報》，集32（1980年）。

丸山真男：〈思想史の考え方について〉，武田靖子
　　　　（編）：《思想史の對象と方法》。東京：創文社，
　　　　1967年。

井上圓了：〈讀荀子〉，《學藝志林》，卷85（1884年）。後
　　　　收入於《井上圓了選集》，卷25。東京：東洋大
　　　　學，2004年。

木村英一：〈荀子三十二篇の構成について〉，《支那學》，
　　　　卷8（1935年）。

木村英一：〈讀荀子二則：書誌學的劄記〉，木村英一：
　　　　《中國哲學の探求》。東京：創文社，1981年。

末永高康：〈『禮記』中庸篇の「誠」の說について〉，《京
　　　　都大學人文科學研究所研究報告：中國の禮制と
　　　　禮學》。京都：朋友書店，2001年。

井上哲次郎講述、井上圓了筆記：《東洋哲學史‧卷一》
　　　　（第十六講，1883年5月24日）。

井上忠男：〈人道は人類共生の普遍的價值規範となりえ
　　　　るか〉，《共生思想研究年報2007》（2008年）。

井上達夫：「共生」，廣松涉‧子安宣邦他編：《岩波哲
　　　　學‧思想事典》。東京：岩波書店，1998年。

片倉望：〈荀子思想の分裂と統一：「天人之分」の思
　　　　想〉，《集刊東洋學》，號40（1978年）。

片倉望：〈「性偽之分」と性惡說：荀子思想の分裂と統
　　　　一〉，《日本中國學會報》，集32（1980年）。

石黑俊逸：〈荀子性惡說の構造〉，《漢學會雜誌》，卷6號1
　　　　（1938年）。

石黑俊逸：〈荀子に於ける禮成立の過程〉，《斯文》，卷20
　　　　號12（1938年），後收入於《支那學研究論叢》
　　　　卷1（1939年）。

石黑俊逸：〈荀子の禮說〉，《斯文》，卷22號12（1941年）。

石黑俊逸：〈荀子における先王と後王〉，《山口大學文學
　　　　會誌》，號1（1950年）。

石黑俊逸：〈史記孟子荀卿列傳の構成〉，《支那學研究》，
　　　　號12（1955年）。

加藤弘之：〈性善惡について〉，《東洋哲學》，編5號6
　　　　（1898年）。

吉永愼二郎：〈墨子兼愛を說かず〉，《集刊東洋學》，號67
　　　　（1992年）。

吉田公平：〈中國思想と共生──萬物一體論について〉，
　　　　《共生思想研究年報2007》（2008年）。

吉田公平：〈共生社會に生きる人々〉，《共生思想研究年
　　　　報2006》（2007年）。

西村茂樹：〈性善說〉，《東京學士院雜誌》，編3號6（1880
　　　　年），後來再錄於《西村茂樹全集》，卷2。1976
　　　　年復刊版。

西晉一郎、小糸夏次郎合著，〈儒家の禮說〉，西、小糸合
　　　　著，《禮の意義と構造》。東京：畝傍書房，1936
　　　　年。

相原俊二：〈荀子の霸と五霸〉，《三上次男頌壽記念東洋
　　　　史・考古學論集》。京都：朋友書店，1979年。

兒玉六郎：〈荀子性樸說の提出〉，《日本中國學會報》，集
　　　　26（1974年）。

兒玉六郎：〈荀子の事跡〉，氏著：《荀子の思想》。東京：
　　　風間書房，1993年。

竹村牧男：〈共生學の構想〉，《共生思想研究年報2006》
　　　（2007年）。

余崇生：〈《韓詩外傳》研究（一）──《荀子》引用文と
　　　の對照表〉，《待兼山論叢》，號17（1983年）。

米田登：〈荀子性惡論管見〉，《文藝と思想》，號15（1958
　　　年）。

金谷治：〈荀子の文獻學的研究〉，《日本學士院紀要》，卷
　　　9號1（1950年）。

金谷治：〈荀子「天人の分」について：その自然學の特
　　　色〉，《集刊東洋學》，號24（1970年）。

金谷治：〈欲望のありか：荀子の所說をめぐって〉，《死
　　　と運命：中國古代の思索》。東京：法藏館，
　　　1986年。

松田弘：〈荀子における儒家理念と天の思想的位置〉，
　　　《筑波大學‧哲學思想學系論集》，集1（1975
　　　年）。

池田知久：〈儒家の「三才」と老子の「四大」〉，《中村璋
　　　八博士古稀記念東洋學論集》。東京：汲古書
　　　院，1996年。

秋山陽一郎：〈劉向‧劉歆校書事業における重修の痕跡
　　　（上）──『山海經』「山海經序錄」の事例か
　　　ら──〉，《中國古代史論叢》，集8（2015年7月）。

桂五十郎（湖村）：〈敘說〉，收於桂五十郎譯注：《漢籍國
　　　字解全書‧荀子（上卷）》。東京：早稻田大學出
　　　版部，1913年。

宮本久義：〈古典サンスクリット文學に見られる共生思想——『ヒトーバデーシャ』を中心に〉，《共生思想研究年報2006》（2007年）。

宮本久義：〈國際サスティナビリティ・共生セミナー報告〉，《共生思想研究年報2007》（2008年）。

佐藤將之：〈二十世紀日本學界荀子研究之回顧〉，黃俊傑主編：《東亞儒學研究的回顧與展望》。臺北：臺灣大學出版中心（2005年）。後收於《오늘의 동양사상 （今日東洋思想）》（號15，2006年10月；以及號16，2007年6月）。

赤塚忠：〈荀子研究の二三の問題〉，氏著：《儒家思想研究》卷3。東京：研文社，1986年。

赤塚忠：〈序言〉，赤塚等（編）：《思想概論》。東京：大修館，1968年。

尾關周二：〈共生學の基本理念を考える〉，《共生思想研究年報2007》（2008年）。

清水博：〈共生思想への期待〉，《共生思想研究年報2006》（2007年）。

菅本大二：〈荀子における法家思想の受容〉，《日本中國學會報》，集43（1991年）。

重澤俊郎：〈荀況研究〉，氏著：《周漢思想研究》。東京：弘文堂，1943年。

橋本泰元：〈ヒンドゥー教における共生思想——環境保護運動とヒンドゥー教の言說〉，《共生思想研究年報2006》（2007年）。

豐島睦：〈荀子文獻批判の一方法〉，《哲學》（廣島大學），
　　　卷5（1955年）。

豐島睦：〈韓嬰思想管見——《韓詩外傳》引用荀子句を中
　　　心として〉，《支那學研究》，號33（1968年）。

蔣樂群：〈『荀子』天論篇の再檢討——その意圖と意
　　　義〉，《中國哲學研究》（東京大學中國哲學會），
　　　號10（1996年）。

綱島榮一郎：「荀子」，氏著：《春秋倫理思想史》（《梁川
　　　全集》，卷1。東京：春秋社，1921年，撰寫時期
　　　為1907年左右）。

關村博道：〈海外荀子研究における多彩な問題意識——
　　　「荀子研究的回顧與開創國際研討會」參加報
　　　告〉，《中國哲學》（札幌：北海道大學中國哲學
　　　會刊），號34（2006年）。

渡邊信一郎：〈荀子の國家論〉，《史林》，卷66-1（1983
　　　年）。

渡邊章梧：〈現代日本社會共生の諸相〉，《共生思想研究
　　　年報2006》（2007年）。

渡邊章梧：〈佛教思想と共生（インド）〉，《共生思想研究
　　　年報2006》（2007年）。

渡邊章梧：〈共生學の英譯はどれが適しているのか〉，
　　　《共生思想研究年報2006》（2007年）。

蟹江義丸：〈荀子の學を論ず〉《太陽》，卷3號8、9、10
　　　（1897年）。

蟹江義丸：〈荀子學說の心理學的基礎について〉，《東洋
　　　哲學》，編10號8（1903年）。

（三）英文專書

Ahern, Emily Martin: *Chinese Ritual and Politics*. Cambridge: Cambridge University Press, 1981.

Creel, Herrlee G.: *Confucius, the Man and the Myth*. NY: John Day, 1949.

Cua, Antonio S.（柯雄文）：*Ethical Argumentation: A Study in Hsün Tzu's Moral Epistemology*. Honolulu: University of Haiwaii Press, 1985.

Cua, Antonio S.（柯雄文）：*Human Nature, Ritual and History: Studies in Xunzi and Chinese Philosophy*. Washington D.C.: Catholic University of America Press, 2005.

Chong, Kimchong（莊錦章）：*Early Confucian Ethics: Concepts and Arguments*. La Salle: Open Court, 2006.

Dubs, Homer H.: *Hsüntze: The Moulder of Ancient Confucianism*. London: Probsthain & Co, 1927.

Dubs, Homer H.: *The Works of Hsüntze: Translation from the Chinese with Note*. London: Probsthain & Co, 1928.

Feng Yu-lan（Feng Youlan 馮友蘭）：*A Short History of Chinese Philosophy*. NY: Macmillan, 1948.

Fehl, Edward Noah: *Li: Rites and Propriety in Literature and Life*. Hong Kong: The Chinese University of Hong Kong, 1971.

Goldin, Paul R.: *The Rituals of the Way: Philosophy of Xunzi*. La Salle, Ill.: Open Court, 1999.

Ho, Shu-ching（何淑靜）：*Practical Thought in Aristotle and Mencius*, Doctoral Dissertation, Duquesne University, 2004.

Hutton, Eric L.（何艾克）：*Virtue and Reason in* Xunzi, Doctoral Dissertation, Stanford University, 2001.

Knoblock, John: *Xunzi: A Translation and Study of the Complete Works*, vol. I. California: Stanford University Press, 1988.

Lee, Janghee（李樟熙）：*Xunzi and Early Chinese Naturalism*, NY: SUNY press, 2004.

Lords, Carnes (trans.): *Aristotle: Politics*. Chicago: The University of Chicago Press, 1984.

Machle, Edward J.: *Nature and Heaven in the Xunzi*. NY: SUNY Press, 1993.

MacIntyre, Alasdair: *A Short History of Ethics—A History of Moral Philosophy from the Homeric Age to the Twentieth Century*. London: Routlgedge & Kegan Paul, 1967.

Radcliffe-Brown, Alfred R.: *Structure and Function in Primitive Society*. London: Cohen and West, 1952.

Reding, Jean-Paul: *Comparative Essays in Early Greek and Chinese Rational Thinking*. Farnham (UK): Ashgate, 2004.

Ross, W.D. (trans.): *Ethica Nicomachea, The Work of Aristotle*. vol.9, Oxford: Clarendon Press, 1925.

Ross, W.D. and Jowett B. (trans.): *Politica, The Work of Aristotle*. vol.10, Oxford: Clarendon Press, 1921.

Sato, Masayuki（佐藤將之）：*The Confucian Quest for Order: The Origin and Formation of the Political Thought of Xun Zi*. Leiden: Brill Academic Publishers, 2003.

Schwartz, Benjamin（史華茲）：*The World of Ancient Chinese Thought*. Cambridge: Harvard University Press, 1985.

Stalnaker, Aaron. *Overcoming Our Evil: Human Nature and Spiritual Exercises in Xunzi and* Augustine. Georgetown University Press, 2006.

Zhao, Yanxia（趙燕霞）：*Father & Son in Confucianism & Christianity: A Comparative Study of* Xunzi & *Paul.* Eastbourne (UK): Sussex Academic Press, 2007.

（四）英文論文

Defoort, Carine: "Is There such a Thing as Chinese Philosophy? Arguments of an Implicit Debate", *Philosophy East & West*, vol. 51-3 (July 2001).

Duyvendak, J.J.L.: "The Chronology of Hsün-tzu", *T'oung P'ao*, vol. 26 (1929).

Duyvendak, J.J.L.: "Notes on Dubs's Translation of Hsün-tzu", *T'oung P'ao*, vol. 29 (1932).

Hutton, Eric L.（何艾克）："Moral Reasoning in Aristotle and Xunzi", *Journal of Chinese Philosophy,* (29:3), 2002.

Knoblok, John: "Chronology of Xunzi's Works", *Early China*, vol. 8 (1982-1983).

Loewe, Michael（魯惟一）："Hsün Tzu", Loewe (ed.): *Early Chinese Texts: A Bibliographic Guide* (CA: University of California, Berkeley, 1993).

MacIntyre, Alasdair: "Incommensurability, Truth, and the Conversation between Confucians and Aristotelians about the Virtue", Eliot Deutsch (ed.): *Culture and Modernity: East-West Philosophic Perspectives* (Honolulu: University of Hawaii Press, 1991).

Pines, Yuri: "Disputers of *Li*: Breakthrough in the Concept of Ritual in Pre-imperial China", *Asia Major*, 13-1 (2000).

Sim, May（沈美華）："Categories and Commensurability in Confucius and Aristotle: A Response to MacIntyre", Gorman, Jonathan and Sanford, Michael (ed.): *Categories: Historical and Systematic Essays*, Washington D.C.: The Catholic University of America Press (2004).

Stroud, Scott R.: "Moral Cultivation in Kant and Xunzi", *Journal of Chinese Philosophy*, vol. 38-4 (December 2011).

Yearley, Lee H.: "Hsün Tzu on the Mind: His Attempted Synthesis of Confucianism and Taoism", *Journal of Asian Studies*, vol. 39-3 (1980).

人名索引

英文

中日文

五劃

八劃

十二劃

語詞索引

七劃

十一劃

文獻索引

九劃

十劃

跋

在這裡,按照筆者過去出版專書時的習慣,提供了構成本書各章原型論文的宣讀和最初出版之訊息。不過,構成本書的許多內容是長期以來以演講、主持導言或講評的方式表示過的大小稿子而發展出來的,因此無法列出這些相關內容的每一場研討會之名稱和時點。敬請讀者諒解在下面所列寫的只限於在相關論述已成為一篇文章以後的發表情形。接著,筆者也表達出在擱筆之際浮現於腦中理路的一些感想。此感想實主要為筆者從抱志研究《荀子》至今完成本書之路上引導、合作以及協助的前輩、夥伴、同學們的衷心謝意。

首先,構成緒論和結論(的一部分)的原型論文在二〇一五年四月二十六日在中國人民大學國學院舉辦的「海峽兩岸荀子研究的新拓開展」研討會中以〈「《荀子》研究產業」成形的時代的《荀子》研究〉為題目宣讀。

第一章原屬拙作 *The Confucian Quest for Order: The Origin and Formation of the Political Thought of Xun Zi*(Leiden: Brill Academic Publishers, 2003)的第二章第一節,經翻譯成中文並且大幅修改後,以〈《荀子》文獻與

荀卿思想的關係探析〉為題目，由《邯鄲學院學報》（第23卷第4期，2014年12月，頁1-7）出版。

第二章原屬拙作 *The Confucian Quest for Order* 的第二章第二節，經翻譯成中文並且大幅修改後，以〈荀子的生平事跡新考〉的標題由《臨沂大學學報》（第37卷第3期，2015年3月，頁32-41）出版。

第三章原屬拙作 *The Confucian Quest for Order* 的「緒論」，經翻譯成中文並且大幅修改之後，再加上「日本《荀子》研究之早期歷史」部分的論述，在邯鄲學院荀子與趙文化中心主辦「海峽兩岸荀子研究的回顧與新探索」國際學術研討會（中國邯鄲，2014年6月9日、10日）中以〈二十世紀《荀子》研究綜述：由國際視野的比較回顧〉為題目宣讀。而後以〈二十世紀《荀子》研究綜述──由國際視野的比較回顧〉的題目收入於《邯鄲學院學報》（第23卷第2期，2014年6月，頁5-16）出版。

第四章在中國邯鄲學院主辦「荀子思想的地位與價值」國際學術研討會（中國邯鄲，2012年10月13日）以〈《荀子》「禮治論」的思想特質暨歷史定位〉為題目宣讀，後以〈《荀子》「禮治論」的思想特質暨歷史定位〉為題目收入於《邯鄲學院學報》（第22卷第4號，2012年12月，頁57-68）。後再收入於康香閣等編輯的《荀子研究》（北京：人民大學出版社，2014年，頁95-119）。此文後來也構成了拙著《荀子禮治思想的淵源與戰國諸子研究》（國立臺灣大學出版中心，2013年）的「緒論」和「結論」的論述。

第五章在中華民國孔孟學會主辦「2014年國際儒學交

流研討會」（臺南：嘉南藥理大學，2014年11月1日-2日）
以〈21世紀《荀子》思想研究的意義與前景〉為題目宣
讀；再於中國人民大學國學院、同哲學系合辦：「中西哲
學會通：科學方法與倫理價值的對話」國際學術研討會
（北京：中國人民大學國學院，2015年4月25日）中以
〈《荀子》哲學的意義暨其研究的二十一世紀前景〉為題
目宣讀，後以〈二十一世紀《荀子》思想研究的的意義與
前景〉收入於《杭州師範大學學報（社會科學版）》（第6
期，2015年11月，頁25-31）。此文的韓文版則在韓國漢陽
大學文學院主辦「第六屆東亞人文學論壇（*The Sixth East
Asian Humanities Forum*）」（韓國首爾，2014年11月1日2
日）以〈21世紀 荀子思想研究의 意義와 展望〉為題
目宣讀。此文的日文版則以〈二十一世紀における『荀
子』思想研究の意義と展望〉為題目收入於《中國研究集
刊》（夜號，總61號，2015年12月，頁34-57）。

　　第六章在國立臺灣大學政治系主辦「儒家思想與民主
政治研討會」（2005年5月7日）以〈荀子政治思想中的
「誠」：從非語言統治之角度的詮釋〉為題目宣讀，後以
〈荀子哲學研究之解構與建構：以中日學者之嘗試與
「誠」概念之探討為線索〉為主題由《國立臺灣大學哲學
論評》（第34期，2007年10月，頁87-128）出版。在收入於
本書之際，加以大幅修改，並加上「為了理解荀子思想的
特質——以「綜合」與「變化」為切入點」部分的論述。

　　第七章在國立臺灣大學哲學系與日本岡山大學合辦
「東亞共同善之探求：亞理斯多德和儒學的哲學對話國際
學術研討會」（2012年10月6日）中以〈《荀子》禮治思想

所追求的「公共善」是什麼？——以與亞理斯多德政治、倫理哲學的比較為中心〉為題目宣讀。

　　第八章在國立臺灣大學哲學系與日本東京大學共生哲學研究中心（UTCP）合辦「東西方哲學傳統中的『共生哲學』建構之嘗試國際學術研討會」（2009年3月28日）中以〈作為共生理念之基礎價值的荀子「禮」概念〉為題目宣讀，後以〈作為共生理念之基礎價值的荀子「禮」概念〉的題目收入於中島隆博、小林康夫（合編）《共生の哲學のために》（東京：東京大學グローバル（UTCP），ブックレットシリーズ13，2009年，頁23-41）。

　　在寫作第五章的原型論文以及第三章有關日本《荀子》研究的部分內容時，曾以「《荀子》研究視野中的日本近代之漢學、東西哲學與支那學」為主題獲得了國科會之補助（100-2410-H-002-106-，2010年-2011年）。特此表示謝意。

　　回顧一下二十四年前的時間點，那是我在臺大政治學研究所就讀政治學碩士班的一九九一年，當時是我進入碩士班的第二年。在此年我第一次接觸到有關《荀子》的學術研究。地點則是在我當時起居的臺大法學院男四宿舍的四樓走道，在那裡遇見了住在同樓層正在就讀臺大社會研究所博士班的蔡錦昌教授。蔡「學長」聽了我的自我介紹（我應該提過我那時準備以《孟子》政治思想為碩士論文的主題）後，回到他房間中拿出一本書借給我看。那一本書就是蔡學長剛出版不久的《拿捏分寸：從中國古代思考方式論較荀子思想之本色》（臺北：唐山出版社，1989

年）。回想起來，該書應是我接觸到第一本以中文撰寫的
《荀子》研究之專著。只是當時的我滿腦子都在思考原始
儒家的政治起源問題，因此雖然我借了該書拜讀了一下，
但印象較深的僅限於蔡學長以相當強烈的語氣批判過去中
文學界的《荀子》研究；而關於論述內容的本身，我還沒
有辦法領悟他解釋《荀子》思想的論證理路之重要性。由
於我於不久後就離開宿舍前往韓國，在此「一期一會」之
後便沒有再遇到蔡學長。我當時在首爾大學研究的題目也
是以孟學為主的韓國儒家思想。然而，沒想到在此四年之
後，在讀完首爾大學碩士之後於一九九五年進入荷蘭萊頓
大學研讀博士學位，很奇妙地，我竟然決定將《荀子》作
為博士論文的題目。更沒想到的是，我在獲得博士學位之
後竟然回到了臺灣，隔了整整十年的時光，再次碰到蔡錦
昌教授，並且一起推動了國科會「《荀子》研究的脈絡
化」的研究活動（請看本書「結論」的相關敘述）。蔡錦
昌教授是引起我對《荀子》思想之注意的第一位學者；後
來也成為了研究夥伴；更是迄今對我研究觀點進行尖銳的
批判者。我藉此機會表達對蔡錦昌教授長期引導我《荀
子》研究衷心之謝意，並透過本書的第六章所評論蔡教授
大作之內容，向蔡教授在當時對荀學「逆風」的環境中仍
對《荀子》相關研究做出的巨大貢獻致上敬意。

　　如我在本書「結論」中的敘述，在二〇〇二年就職於
臺大哲學系之後，進行了許多與《荀子》相關主題的研究
計畫和大小型研討會。其中與國立雲林科技大學漢學資料
整理研究所（現為「應用漢學研究所」）的李哲賢教授在
二〇〇六年十二月共同舉辦的「《荀子》研究的回顧與前

展」國際學術研討會應該說是最為重要的活動。那一次會
議，除了邀請到北京清華大學的廖名春教授、以色列耶路
撒冷希伯來大學的尤銳教授（Yuri Pines）、美國賓州大學
的金鵬程（Paul R. Goldin）教授、日本筑波大學的佐藤貢
悅教授等國際《荀子》研究的著名學者之外，國立政治大
學的劉又銘教授、國立中興大學的王慶光教授、樹德科技
大學的楊秀宮教授等學者，以及當時為政大哲學研究所博
士生的王靈康教授（目前在淡江大學任教）和日本京都大
學博士生的鄭宰相博士等，不分資深或年輕都全力全程參
與。至此以臺灣學者為核心的國際《荀子》研究團隊逐漸
成形。我也衷心感謝參與且支持當時我所推動各項《荀
子》研究相關活動的學者和研究生們！

　　在臺灣舉辦過的幾次《荀子》相關研究活動也刺激了
其他地區的《荀子》相關研究。首先在中國大陸，山東大
學和邯鄲學院陸續舉辦有關《荀子》的國際學術會議。特
別關於後者，在邯鄲學院《邯鄲學院學報》當時的副總編
輯康香閣先生，與中國人民大學的梁濤教授和我的密切合
作下，分別在二〇一二年和二〇一四年於邯鄲學院舉辦過
兩次非常成功（此「成功」當然是依我的學術觀點而言）
的《荀子》國際學術研討會。從此開始，《邯鄲學院學
報》迄今在中文學界成為了蒐集《荀子》研究最前線研究
成果之學術期刊。對於在大陸近五年的《荀子》研究發展
而言，康香閣先生的貢獻功不可沒，茲特記於此。

　　除了上述臺灣和大陸有關《荀子》相關主題的國際學
術研討會之外，我個人的《荀子》研究，在與其他領域的
學者和研究機構的合作過程中，也獲得了新的見解和研究

方向。其中，與日本東京大學共生哲學研究中心的中島隆博教授的合作，讓我注意到當今日本流行的「共生思想」思潮中荀子思想的意義。其實，中島教授在東京大學碩士論文的主題也是與《荀子》政治哲學相關（中島隆博：〈『荀子』における"正しい言語の暴力とそのほころび"〉，收於《中國哲學研究（東京大學中國哲學研究會》，創刊號，1990年3月，頁1-199）。同樣地，與日本岡山大學的荒木勝教授和日本都留文科大學的邊英浩教授的團隊合作之研究活動中，我清楚地意識到荀子的「禮義」概念與亞理斯多德的「正義」概念之間進行比較研究的重要（因此我從這一年開始苦讀古希臘文）。與日本東洋大學竹村牧男教授和該校國際井上圓了研究學會的三浦節夫教授的合作也引導我開拓井上圓了以來日本近代知識分子的《荀子》觀之變遷這樣的研究主題。

到此，也請讀者允許我回想與二〇一一年已故的廣島大學橋本敬司教授（1960～2011）的交流。橋本教授在一九九〇年代就已開始研究以身體論觀點來探析《荀子》哲學的意義（橋本敬司：〈荀子の「身體」──性惡說と化性說の戰略──〉，收於《哲學（廣島哲學會）》，第52集，2000年10月，頁77-88），而從二〇〇五年與我結識之後就積極地推動他自己研究的國際合作。而且，特別是在二〇一〇年前後也陸續出版了有關《荀子》思想高水準的論文，他可以說是當時日本《荀子》思想研究之牽引者。並且在當時《荀子》相關的研究議題上，在日本學界幾乎是唯一以自己最新的研究成果而能與我辯論的學者。我失去了享年僅五十一歲，與我屬於同世代的橋本教授，在我

學術生涯中是最遺憾的事件之一。每逢想到橋本教授，不禁想起《莊子》〈徐无鬼〉中所載的「郢人堊慢其鼻端若蠅翼，使匠石斲之」的故事。

在回顧我過去二十年的《荀子》思想研究，我的目標一直在於對過去相關研究所留下的疑問提出解答，以期一步步開展探討相關主題的視野和可能性。在此意義上，我研究的競爭以及對話對象主要是過去的研究（甚至一百三十年前的相關「研究」）之著作，或在當今學界的前輩們。然而，在過去幾年間，我也逐漸感受到年輕學者和學生對《荀子》研究的興趣和力量之增加。我再度表示，我希望本書的內容對將要開拓《荀子》研究新局面的年輕學子會有幫助。只不過我並不願意將此書的內容作為我自己《荀子》研究的總結；我還是會繼續努力研究《荀子》。大家一起加油！

在此書稿將要成冊出版之際，首先非常感謝萬卷樓圖書公司梁錦興總經理長期的友誼，尤其對此次「萬卷樓荀子研究叢刊」的開創之大力支持。筆者對張晏瑞副總經理的各項安排和協助、邱詩倫小姐的悉心編輯、兩位匿名審查人對書稿提供富有建設性的意見也表示衷心的謝意。也感謝致理科技大學的工藤卓司教授、筆者研究室的林彥廷同學在編輯過程中提供給我的不少幫助。

二〇一五年十二月二十五日

於日本東京的東京大學白金台國際宿舍

佐藤將之　謹識

哲學研究叢書·荀子研究叢刊 0703001

荀學與荀子思想研究：評析・前景・構想

作　　者　佐藤將之
責任編輯　邱詩倫
特約校稿　林秋芬

發 行 人　陳滿銘
總 經 理　梁錦興
總 編 輯　陳滿銘
副總編輯　張晏瑞
編 輯 所　萬卷樓圖書(股)公司
排　　版　林曉敏
印　　刷　森藍印刷事業有限公司
封面設計　斐類設計工作室

發　　行　萬卷樓圖書(股)公司
臺北市羅斯福路二段 41 號 6 樓之 3
電話　(02)23216565
傳真　(02)23218698
電郵　SERVICE@WANJUAN.COM.TW
大陸經銷
廈門外圖臺灣書店有限公司
電郵　JKB188@188.COM
香港經銷
香港聯合書刊物流有限公司
電話　(852)21502100
傳真　(852)23560735

ISBN 978-957-739-983-0

2017 年 11 月初版二刷
2015 年 12 月初版

定價：新臺幣 520 元

如何購買本書：
1. 劃撥購書，請透過以下帳號
　帳號：15624015
　戶名：萬卷樓圖書股份有限公司
2. 轉帳購書，請透過以下帳戶
　合作金庫銀行　古亭分行
　戶名：萬卷樓圖書股份有限公司
　帳號：0877717092596
3. 網路購書，請透過萬卷樓網站
　網址　WWW.WANJUAN.COM.TW
大量購書，請直接聯繫，將有專人
為您服務。(02)23216565 分機 10

如有缺頁、破損或裝訂錯誤，請寄
回更換

國家圖書館出版品預行編目資料

荀學與荀子思想研究：評析・前景・構
想 / 佐藤將之著.
 -- 初版.-- 臺北市：萬卷樓, 2015.12
　面；　公分.
ISBN 978-957-739-983-0(平裝)

1.（周）荀況 2.荀子 3.研究考訂 4.學術
思想

121.277　　　　　　　104028742